価値観の侵略から日本の子どもを守る

著述家・元児童家庭支援士
近藤倫子

ハート出版

はじめに

私が実践してきた愛国心を育む子育てとは「どんなこと」なのか

愛国心は理屈ではない

私が一人目の子供を産んだのは平成12年（２０００）、今から24年前のことです。私の世代は就職氷河期の中、やっとの思いで就職をして、その後にやってきた小泉・竹中構造改革の煽《あお》りを食って「失われた世代（ロスト・ジェネレーション）」と呼ばれました。そして、この世代は左側に傾いた歴史教育をしっかりと受けてきましたので、日本が好きと言えば「お前は右翼か？」と聞かれる状態でした。

私が小学5年生の時、社会科の授業で「日本は南京で大虐殺を行った」と先生が言っていましたので、私は帰宅後すぐに、満洲引き揚げ経験者の父方の祖母に連絡を取って当時の話を聞きました。すると、答えは「そんなことは断じてなかった」と。

また、東京大空襲を経験した母方の祖母からは、「同じ人間がすることとは思えなかった」と、よく聴《き》かされていました。また私は、物心がつく前から愛国者の父母に連れられて皇居の一般参賀に行っておりましたので、日の丸の小旗が波のように輝いている景色が心象風景の中にあり、「天皇陛下万歳！」と言わずにはいられないといった気持ちが長和《ちょうわ》殿《でん》を満たしているのを、幼心に感じておりました。あの美しい光景は愛国心の発露であると、今でも感じています。

「愛国心」というと、一般の方々の中にはアレルギー反応を起こす人が一定数います。これは日本独自の特殊な状況ではないでしょうか。アメリカ人はアメリカを愛し、イギリス人はイギリスを愛しています。そして、その気持ちをはっきりと表明します。世界各国どの国民を見ても、普通は自分の生まれ育った国を愛しています。国を愛せない日本独自の現象は、学校教育で「愛国心＝戦前の軍国主義」と教えられて刷り込まれているからだと感じます。

そんな一般の方に私が例えとしてお話しする内容があります。

「オリンピックやスポーツの国際大会で、特に意味はなくても、なんとなく日本チームや日本人選手を応援するよね。例えば大谷翔平選手のことを日本人はみんな日本の宝と思っているし、野球やサッカーの国際試合があれば自然と日本チームを応援する。それが愛国心なのですよ」と。そう言うと、皆さん納得してくれます。

愛国心というものは、一部の人の特別な思想や感情ではなく、全ての日本人が持っている心で、自然と日本や日本人に共感したり応援したりする心のことなのです。そして、これはとても大事なことなのですが、愛する気持ちに理屈は必要でしょうか。恋人や夫や妻、子供を愛する時に、皆さんは理屈で愛するのでしょうか。

「愛する心に理屈は必要ない」。これが私の考えです。

それでは子育てとは、なんでしょうか。

子供の体を大きくすること（子供の身長を伸ばすこと等）に躍起になり、なんとなく人生の体験を与えるために外に連れ出して、なんとなく大学進学のために学習塾や英語教室に通わせたり、体育で良い成績を取らせるためにスポーツ塾に通わせたり、お母さんは仕事が忙しくて子供の時間には気を配らずに、父親はイクメンという言葉に縛られる昨今。子供の心の発達に目を配る人は、どこにいるのでしょうか。

子供たちは自分の両親が大好きですから、小さい頃はお母さんの期待に応えようとして一生懸命に頑張るでしょう。心を休息させる間もなく、学校や学童から習い事や塾に行きますので、帰宅は仕事帰りの両親と同じような時間となり、そこから食事や入浴、宿題もしなくてはなりませんから寝る時間は遅くなります。仕事と家事に追われる両親は、子供の話に耳を傾けているでしょうか。うんうんと言いながら心ここにあらずではないでしょうか。

これで、(いわゆる)ちゃんとした子供が育つのでしょうか。立派な日本人が育つのでしょうか。残念ながら私はそうとは思いません。なぜなら、子供たち・青年たちの性加害や性被害、オーバードーズといわれる薬の過剰摂取、東京歌舞伎町のトー横キッズ（大阪では心斎橋のグリ下キッズ）と呼ばれる、行き場所を失った子供たちの悩み苦しむ姿を見ると、なぜ今の日本人は「心を大事に育む」ことを忘れてしまったのかと悲しい気持ちになるからです。日本は古来より子供を大切にする民族だったはずです。子供の心を大事に丁寧に育むことは、その子の人生を強くしなやかにします。

心の基地はお母さん

イギリスの小児科医で精神分析家のＪ・ボウルヴィ（１９０７～１９９０）は、子供の健やかな心の発達にはお母さんとの愛着行動が必要不可欠だとする「アタッチメント理論」を提唱しました。日本では１９７０年代に大妻女子大学の名誉教授で小児科医だった平井信義《のぶよし》先生（故人１９１９～２００６）が「心の基地はお母さん」と提唱しました。アタッチメント理論を簡単に説明すると、「不安や恐れを抱いた時に信頼できる人との触れ合いで自分の心を落ち着かせる」というものです。もっと簡単に言いますと、子供とのスキンシップを大切にしましょう、ということです。親の感情に任せて怒るのではなく、大事にかわいがって慈しみを持って子供と接しましょう、という考え方です。

実は私自身が壮絶な虐待を受けて育ってきましたから、子供を産み育てることに対してとても不安な気持ちを抱いていました。ちゃんと大事にできるだろうか、カッとならないだろうか。父と同じような言動をしないだろうか……と、とても不安でした。しかし、児童家庭支援センターの本棚で平井信義先生の『心の基地は「お母さん」』（企画室　1984）と出会って、私は自分の生い立ちと向き合いました。そして、父の子供時代の環境や背景にも思いを寄せました。父を理解したかったのです。そして、理解することにより父の寂しさを知りました。そうか、お父さんは寂しかったんだ、愛する気持ちの表現方法を知らなかったんだ……と、思いました。

人間は弱い存在です

心にしっかりと「基地」となる母親の存在が内在化（心理学的用語で、心の中にその姿が残ること、印象深く残ること）されている子供は何歳になっても、不安になった時に自分の心の中にあるお母さんを思い出して心を癒して、一連の心の動きの繰り返しを通して、強くしなやかな心を育んでいきます。

お母さんとの信頼関係が幼児の心の発達には大切であると言っていたのはボウルヴィと

平井だけではなく、アメリカの精神分析家のE・H・エリクソン（１９０２〜１９９４）も「ライフサイクル理論」の中で言っています。この理論でも、お母さんの存在は特別である、としています。人間は誰一人例外なく、みんな母親から生まれてきます。お母さんはこの世で特別で大切な存在なのです。

男性も女性も育児をしなければならないと言われる時代ですが、日本の歴史を正しく『古事記』まで遡《さかのぼ》ると、男性も女性も分け隔てなく子育てを行っていた事実が分かります。子育てとは、ご飯を食べさせて体の成長を促すことや勉強のできる環境を用意することだけではありません。両親が共働きで忙しくても、短い時間で構いませんので、しっかりと子供の話を聴き、子供を大切に丁寧に扱い、心が落ち着く時間を確保して、子供に安心感と信頼感を与えることが本当の子育てであり、お母さんとの信頼関係を通して愛国心が育まれると私は考えています。

私は三人の子供たちの心を大事に丁寧に育むことに主眼を置いて、子育てを行ってきました。寝る前に昔話（私のオリジナル含む）を話して聞かせて、学校で身につけてきた偏った知識を浄化させました。価値観に関する部分やお行儀に関する部分も、古事記や伝承されてきた昔話を楽しく伝えて、『礼法』や『修身』を通して日本人らしさを育みました。

私は子育てを大阪で行っていたので、橿原《かしはら》神宮や大阪護国神社、氏神様の神社に連れて行くことを習慣化しました。東京に移ってからは靖国神社、明治神宮、武蔵野《むさしのの》陵《みささぎ》に連れて行きました。その代わりと言ってはなんですが、かの「夢の国」には連れて行きませんでした。子供たちがあまり興味を示さなかったのです。その理由は、幼い頃に日本の昔話に親しんだからかな、と私は思っています。

この本を手に取って下さった方は保守思想に興味を持っておられる方だと思います。でも私は全てのお母さんと、お母さんとの関係に悩んでいる方に読んでいただきたいとも思っています。反抗期の子供との接し方についても、本書の中で扱っています。

私の三人の子供たちは、「母さんの子で良かったと思っている……」と、言っています（「概《おおむ》ね良かったということだからね」と、ツンデレ発言でしたけれど）。この言葉は、私にとっての勲章です。

子育てはすぐには答えが出ません。誰に褒められるものでもありません。間違いはあっても正解はないのです。しかし忘れてはならないのは、子供が良いと評価してくれることです。子供に良いお母さんだと思ってもらえることに喜びを感じる母親であってほしいと思います。

本書を手に取り、心を育む子育てをしてくれるお母さんお父さんが増えることを、子供の代弁者として願っています。そして、そのような子供とお母さんとの信頼関係が愛国心の土台となることを知ってほしいと思います。

令和6年9月　吉日

近藤倫子

［目次］

価値観の侵略から日本の子どもを守る

第1章　子供の心を育む

第2章　「良妻賢母」とは

第3章　内なる国防は家庭にあり

第4章　橋本琴絵さんと考える「日本の子育て」

第1章　子供の心を育む

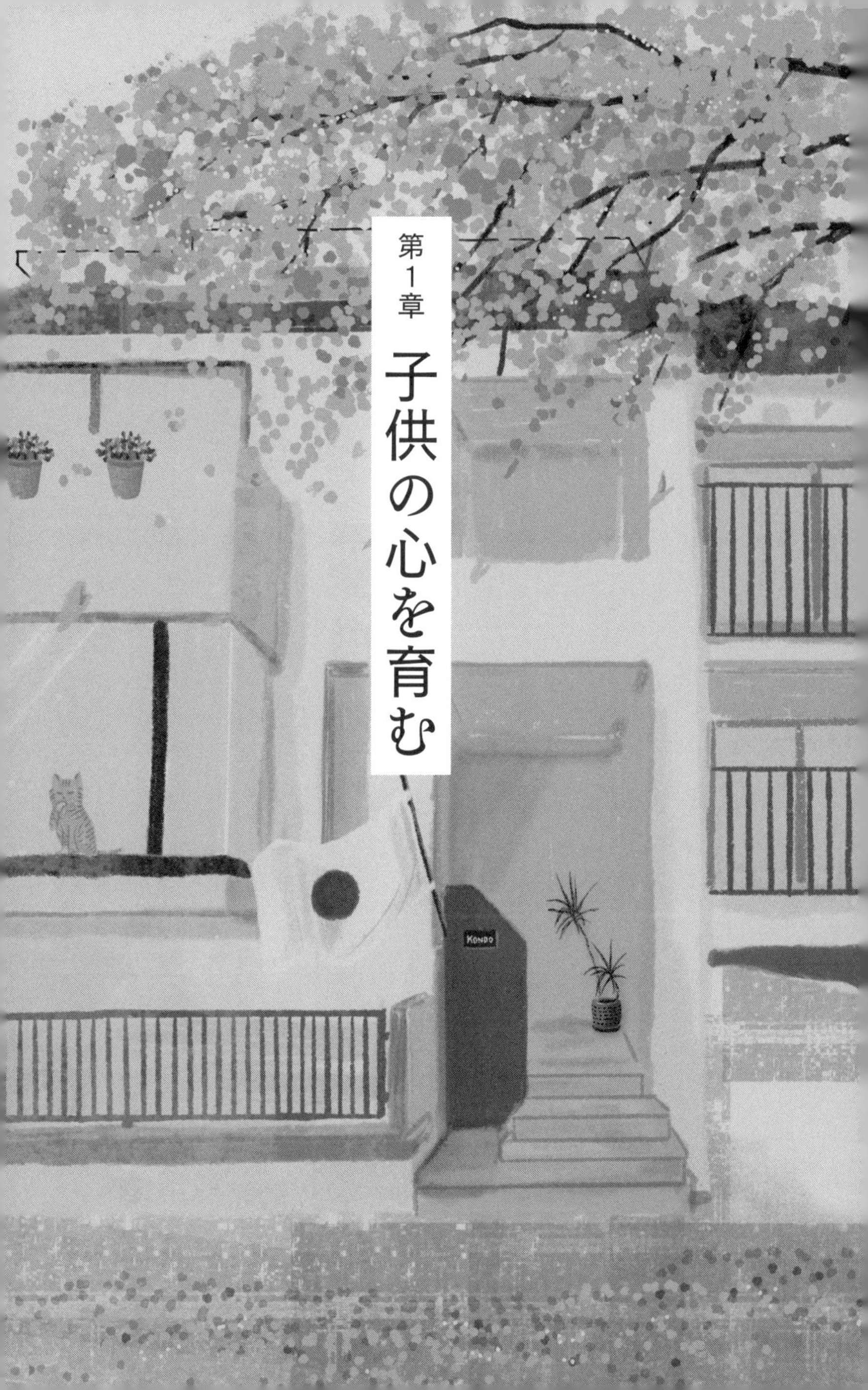

日本人は子供を大切にする民族

まず本書を手に取った方々、タイトルや帯のどこに惹《ひ》かれましたか。家庭や子育て、あるいは価値観の侵略でしょうか。子育てに興味を持って手に取った方は、きっとお母さんでしょう（もちろんお父さんだってＯＫです）。愛国心に興味を持った方は、いわゆる保守思想と言われる国を愛する気持ちをお持ちの方でしょう。この両方に興味を持った方は、もしかしたら少数かもしれません。しかし、それでよいのです。本書を読み終わった頃には子育ても愛国心も、日本人として日本人の子供を育てるには、どちらも大切だと気づくからです。

古来より日本人は子供を大切に育む民族でした。奈良時代初期の貴族で歌人の山上憶良《やまのうえのおくら》（６６０～７３３頃）は、『万葉集』に子供に関する歌を多く残しています。私が大好きな歌に、「子等を思ふ歌（万葉集巻五）」の一首または序に「瓜《うり》食《は》めば、子ども思ほゆ、栗食めば、まして偲《しの》はゆ、いづくより、来《きた》りしものぞ、眼交《まなかひ》に、もとなかかりて、安眠《やすい》し寝《な》さぬ」

とあります。

私の現代語意訳では「旅先で瓜を出してもらって食べていると、美味しいなぁ、子供たちにも食べさせてあげたいなぁ、と子供たちを思い出して、栗を出されて食べると、また、さらに子供たちを思い出す。子供というこんなにも愛おしい存在は一体どこからやってきたのだろうか。その愛おしい姿が瞼《まぶた》に焼き付いて、寝ることができない」となります。なんて慈愛に満ちた、子供への愛がたっぷりと詠まれた歌なのでしょう。

これに対する反歌（長歌の後に添える短歌）に、あの有名な「銀《しろかね》も、金《くがね》も玉も、何せむに、まされる宝、子にしかめやも」という子供を大切に思う歌が詠まれています。

私の現代語意訳では「シルバーよりも、ゴールドよりも、パールよりも、何よりも優っている宝って、子供だよね」となります。子供、幼い者への慈愛と敬愛がこの歌にも詠まれており、山上憶良の心の優しさが溢れています。

『万葉集』は7世紀後半から8世紀後半にかけて編纂された、現存するわが国最古の歌集です。第34代舒明《じょめい》天皇の時代から第47代淳仁《じゅんにん》天皇の時代にかけての約１３０年間に詠まれた、天皇陛下から庶民までの歌を収録している歌集です。万葉集が作られた時期は、日本史の歴史区分でいうと、おおよそ飛鳥《あすか》時代となります。この頃の世界では、例えば7世紀初頭にイスラム教が興《おこ》りイスラム帝国が成立しました。7世紀前半に支那大陸で唐《とう》朝が成立して栄華を極めましたが、9世紀後半には衰退して五代朝となりました。ヨーロッパの各地を見ても戦乱の時代でありましたが、その中で日本人は自然を愛でて歌を詠み、子供は宝物だといった感性を持った民族でした。

渡辺京二（1930～2022）著『逝《ゆ》きし世の面影』（平凡社　2005）の第十章には、江戸時代後期に日本に訪れた西洋人たちが、「日本人がこんなにも子供を大切にしている！」と、驚いたという内容が書かれた文献がたくさん収録されています。この第十章は「子どもの楽園」という副題が付いているほどです。

なぜかというと、当時のヨーロッパには「子供」が存在していなかったからです。こう書くと皆さんビックリされます。「なんでヨーロッパに子供がいないんだ、子供はいたでしょう」と大抵の人は思いますよね。ところが当時のヨーロッパでは、私たち日本人が頭に思い浮かべる子供ではなく、「体のサイズが小さい人」という考え方が子供に対する感覚だったのです。簡単にいうと、大人と同じ、ただ小さいだけ……。だから大人と同じ扱いを受けていました。

当時のヨーロッパは職業によって服装が分かれておりましたので、子供たちも親と同じ服装をしていました。親が貧困の場合や孤児の場合は厳しい労働環境におかれて、もっとひどい場合は不衛生な場所に集められて浮浪者と同じ生活をしている子供たちもいました。そんな時代が18世紀末まで続きました。そして、やっと気付いたのです。「あれ？子供がいるぞ」と。

振り返って日本を見てみましょう。先ほども書きましたように日本ではすでに7世紀後半には万葉集で子供がいかに大切な存在なのかと歌で詠まれています。ヨーロッパで子供の大切さに気付いたのが19世紀のはじめ。だから、江戸の幕末や明治開国の頃に日本に来たヨーロッパ人はみんな驚いたのです。日本は子供の楽園だと（渡辺京二著「逝きし世の面影」平凡社　２００５）。

子育てって、なんでしょう

最近の子育て事情を見ていると、なんだか、とても子供が不憫《ふびん》に思えることが多々あります。本当はお母さんと一緒にいたいのに、乳児のうちから保育園に預けられてお母さんは仕事に行ってしまう。「お母さんがいい、行かないで！」と思っている証拠として、子供たちはお母さんと離れるときに泣きます。その声を聞くと私は胸が締めつけられるのです。働かざるを得ない事情があるのも分かります。日本の経済が低迷して、お父さん一人の収入で家族を養っていけないからお母さんも働いてお金を稼ぐ、そうしないと家計が立ち行かない、それも分かります。だけど、子供の心はお金では育まれません。

また、皆さんは子育てと聞くと、「小さい子供を大きな大人に育てること」や、「勉強ができる頭の良い子にしよう」や、目に見えて判断できる部分を「育てよう」とすることだと考えるでしょう。さらに目に見える部分でいえば、高身長が良いとか、学歴が高い方がよいとか、良い会社に入るといった昭和の時代に流行った３Ｋ（高身長、高学歴、高収入）

が思い出されますが、これは本当の子育てなのでしょうか。目には見えない心は、どうやって育てるのでしょうか。

皆さんは、心を眼で見たことがあるでしょうか。「これが私の心です」と言って、体の中から取り出して見せることができればよいのですけれど、実際にはできません。心は物体ではないので、眼で見ることはできません。では、どのようにして心を見たらよいのでしょうか……。それは、子供の表情や行動で心の様子を知ることができます。

アタッチメントと人見知り　子育てと愛国心の関係性①

私は展転社から刊行されている『國の防人《さきもり》』という雑誌で「内なる国防は家庭に在り――アタッチメントと愛国心」というタイトルの連載コラムを書いています（註：執筆当時。書籍刊行時には「ライフサイクル論と愛国心」になっています）。この連載では、イギリスの小児科医で精神分析家のＪ・ボウルヴィが唱えたアタッチメント理論を用いて、子供の心の発達と愛国心を結びつけて持論を書いています。

アタッチメント理論について簡単に説明すると、アタッチメントは「愛着行動」と日本語では訳されています。愛着行動と聞いて、皆さんは、どんなイメージが湧きますか？

ボウルヴィは「子供の不安な心を癒す行動」と言っています。私はそれを「スキンシップ」と捉えています。不安になる時、怖いなと思う時、大人も無意識にアタッチメント行動を行っています。例えばお化け屋敷に入って、お化けに驚いて「きゃー！」となると、恋人や夫、妻、友人の腕にしがみついたり手を繋いだりしませんか？　ジェットコースターに乗っている時、怖くてドキドキして隣にいる恋人や配偶者の手を握ったりしますよね？　そうすると、少し心が落ち着くような気がしませんか？　それがアタッチメント行動です。そうして落ち着く心がアタッチメントの効果です。

赤ちゃんは温かなお母さんのお腹の中からこの世に生まれて、最初は不安でいっぱいです。寒いし、お腹は空くし、まだ目は見えないし、聞こえる音と肌との触れ合いだけが頼りです。だからこそ、お母さんとの肌の触れ合いを大切にしてほしいのです。スキンシップをたくさん行って、お母さんの体温を感じて、心を落ち着かせてあげてほしいのです。そういった時間を多く過ごしますと、赤ちゃんはだんだんとお母さんを信頼するようになります。大好きなお母さんに微笑《ほほえ》みを見せるようになります。一部の心理学者はこの微笑みを、「赤ちゃんの生存競争をかけた戦略」と言いますが、そんなつまらないことを言わないでほしいと私は思っています。赤ちゃんの微笑みを見ると、大人はみんな幸せな気持ちになります。幸せのお裾分けを頂いているのです。ありがたいことですね。

赤ちゃんの視力が少しずつはっきりしてくると、お母さんの顔や姿が分かるようになります。そうすると「人見知り」が始まるのです。人見知りは悪いことのように言う方が一部にいますが、そんなことは決してありません、お母さんとの間に信頼関係ができている証なのです。お母さんがとても大切な存在として乳児の心に映し出されているので、「ママがいい！」と思うわけです（『パパは嫌！』も大歓迎してあげて下さい）。

人見知りが始まったら、お母さんは誇りに思ってよいのですよ。

喃語といたずら　子育てと愛国心の関係性②

お母さんへの信頼感、これは安心感と言い換えることができます。安心できるからこそ信頼する、それは大人も同じですね。信頼できるから安心するとも言えます。この信頼、安心を土台として、乳幼児はますますお母さんを中心とした心の発達をなしていきます。

活発に体が動き出す時期、だいたい生後3ヶ月くらいになりますと、手を使った一人遊びが始まります。目が見えてきているので、（これは一体なんだろう?）と思って手を見つめることから始まります。そして少しずつ喃語《なんご》と言われる赤ちゃん語が出始めます。「あーあ」とか「うーうー」とか、時には宇宙人みたいな「うばうばうばば」と言う子もおりまして、こちらも大変に楽しい時期となります。この時期は、お母さんやお父さんは、できる限りお話し相手になってあげてほしいと私はお願いしています。赤ちゃんの言語発達の基礎となりますし、喃語は1歳を過ぎたあたりで言わなくなります。一語文（ママ、パパ、にゃんにゃん等の意味を持つ名詞）が出てくると喃語は消えてしまうのです。だから一生の思い出として、子供が大きくなった時に伝えてあげる思い出として、両親はたくさん喃語で会話してあげて下さい。この時間は宝物になりますよ。

次に現れる赤ちゃんの特徴として、いたずらがあります。私は、いたずらは子供にとって非常に大切な自発性の初期段階であると考えています。自発性とは、自分で考えて自分で取り組む心の状態です。自主性とも言い換えることができます。自発性、自主性は、小学生以降の学校生活の場においても、大人になってからも大切な心になります。その自発性の初期段階がいたずらなのです。

だから、両親は安易にいたずらを止めないであげて下さい。もちろん、赤ちゃんが触ったり口に入れたら危険なものは、赤ちゃんの手が届かない所に収納しておいて、触ったり口に入れたりしても大丈夫なものを配置しておいて下さい（わが家での『いたずら体験記』は、後のコラムに載せておきます）。

スキンシップ　子育てと愛国心の関係性③

いたずらは「探索欲求」「知的好奇心」と言い換えることができます。これは大人にもある気持ちで、これは何だろうか？　と思ったら、皆さん色々と調べてみますよね。それと行動の原理は同じなのです。ですから、乳幼児にも思う存分に探索欲求と知識欲求を満たせてあげてほしいと思います。この気持ちが、学童期以降の子供の自発性をさらに一段と大きくする土台となります。

自発性がある乳幼児はよく動きます。行動範囲が広がっていきますので、お母さんから少しずつ離れていきます。しかし、ちょっと不安に思ったり、驚いたり、心が揺れますと、お母さんの元に戻りスキンシップを求めます。これもアタッチメント行動ですから、お母さんは体の甘えをしっかりと受け止めてあげて下さい。お母さんとの触れ合いで心が癒されて落ち着いたら、また探索行動に出かけていきます。

この一連の流れは、実は中学生の頃まで続いていきます。ある程度の年齢になれば、体での甘えは減少していきますが、話を聞いてほしいと言ったり（それは愚痴だったり文句だったりします）、そっと隣に座ってきたりします。その年齢なりのスキンシップや甘え方があるので、お母さんはそれを拒否しないでほしいと切に願います。心に不安や悩みがあるから、お母さんの近くにやってくるのです。高校生になってもお母さんの近くにやってきて、そっと体をくっ付けてくることもあります。年が幾つになっても、お母さんのそばにやってきて癒しを求めるのは、子供に信頼されている証拠です。「この子はいつまでも甘えん坊で困るわ」と思わずに、お母さんの勲章だと思ってほしいなと感じます。

お父さんの存在と役割　子育てと愛国心の関係性④

お母さんについては、子供の心の土台となってほしい、安心できる安全な「心の基地」になってほしい、子供と心を通わせる時間を作ってほしいと書いてきましたが、お父さんはどうしたらよいと思いますか？

お父さんは、しっかりと子供と遊んで、子供心を忘れずに、子供と一緒に夢中になって遊ぶ人でいてほしいと思います。それでお母さんに注意を受けることもあるでしょう。それでも「うるさい」なんて言わずに子供と一緒に「ごめんなさい」と言えるお父さんでいてほしいと願います。お父さんと一緒に怒られた経験は、子供の心にお父さんへの信頼と安心感を育みます。大人でも、自分が理由を作ったにもかかわらず一緒に怒られてくれた先輩や上司は、頼もしく思えて信頼できるのではないでしょうか。家庭の中におけるお父さんの役割は、子供と同じ感性を持って一緒に楽しむことです。この楽しい記憶が子供の心を強くしなやかに育てるのです。お母さんとの優しい癒しの時間と、お父さんとの夢中になる楽しい時間、この両方の時間が小学生の低学年頃までは必要です。

赤ちゃんから2歳児くらいまでの時期は、感覚（聴覚、触覚、視覚など）と運動（ものに手を伸ばして掴む、握るなど）を通して、自分の周りの様子を少しずつ理解していきます。この時に、お父さんも一緒に赤ちゃんのペースに合わせて同じものに手を伸ばして掴むや握るなどの行動を一緒にやってみるのも楽しいと思いますし、愛おしさが湧いてくると思います。お母さんのお腹にいた頃によく話しかけていたお父さんの場合、赤ちゃんがお父さんの声を覚えていますので（聴覚はかなり早い段階で完成されるので、妊娠中期には両親の声を聞き分けていると言われています）、お父さんの声に反応するでしょう。成長と共に動ける範囲が広がってきたら、お父さんも一緒にハイハイして、赤ちゃんの行くところについて行ってみて下さい、きっと楽しい発見があると思います。

2歳～4歳くらいになりますと、言葉が徐々に話し言葉になっていきます（にゃんにゃん、パパ、ママ等の一語文から、にゃんにゃんきた、パパすき、ママすき等の二語文に成長します）。そこから、想像する力が発達します。「にゃんにゃんきた」と嬉しそうな顔をしていれば、猫が来てくれたことが嬉しいので一緒に嬉しさを感じてみましょう。困った顔で「にゃんにゃんきた」と言った場合は、猫に対して心配なことがあるのか、もしくは不安に思っているのか、子供の表情や雰囲気から感じ取ってみて下さい。この想像力が第二次反抗期に役に立ちます。

もう少し大きくなって、４歳～７歳くらいになると、直感や見た目のイメージを頼りにして物事を思考するようになりますので、自分以外の人間じゃないモノにも命があると感じる心（アニミズム的思考、無生物にも命が宿っていると考える）が芽生えます。車の絵に目や口が書いてあったり、お花に笑顔が書いてあるのは、子供の心が順調に発達している証です。正確に書かせようとしないで下さい。お父さんは（お母さんも）子供の絵を一緒に楽しんで下さい。絵から受け取ったイメージを記録しておくと、後で思い返した時に楽しい思い出話の材料になると思いますよ。

７歳以降となると、小学生の児童になって友達の幅が一気に広がり、経験したり体験する内容が幼稚園とは変わってくるでしょう。このパートは「お父さん」となっていますが、ここからはお母さんにも読んでいただきたいパートです。小学校や課外活動で具体的に経験や体験ができるものであれば、見かけに左右されず、論理的に理解できる力が（これを難しくいうと『保存の概念の獲得』と言いますが、覚えなくてよいです。ちゃんと理解しているんだなぁ……、と思ってくれたらよいです）育っていますので、経験や体験に対する自分なりの感想を持ったり、論考をすることができるようになります。そうした時にお父さんお母さんは、子供の感想や論考をじっくりと聞いてあげてほしいと思います。否定や批判をせずに、まずはじっくりと聞いて、前向きな感想を伝えてあげて下さい。大人でも頭ごなしに否定や批判をされたら、それ以降は自分の感想や論考を伝えようとは思えなくなりますよね……。だから、自分がされて嫌なことは子供にはしないと考えて、子供の話に耳を傾ける時間を持ってほしいなと思います。

また、この時期は、相手の立場に立って物事を考えることができるようになりますので、「思いやりのある子に育ってほしい」と思うご両親は、思いやりを持って子供に接してあげて下さい。夫婦の関係においても思いやりを忘れずにいて下さい。

子供は自分の両親を良くも悪くも「大人の手本」としていますから、お父さんお母さんが思いやりのある関係性で、子供に対しても思いやりのある接し方をしていると、親の姿から学びます。口だけで行動が伴っていない親の場合は、子供は本物の「思いやり」が理解できないので、思いやりのない子供になってしまいます。また12歳～15歳くらいになりますと、抽象的思考【注1】を用いて物事を捉えて判断できるようになりますから、ご両親のちょっとした行動や言動から嘘を見抜いたり、真実を感じたりすることができるようになります。

だからこそ、この時期から第二次反抗期が始まり、精神的な離乳期を迎えるのです。この時期に重要となってくるのが、母子間の信頼感、父子間の信頼感です。

（1）具体的には本質的な要素を取り出し考えを深めて行くことを、抽象的思考と言う。一見するとかけ離れているものでも、本質的な部分を見抜き、それをつなぎ合わせて物事の本質を考えるようになる。

信頼関係と反抗期(1)　子育てと愛国心の関係性⑤

乳幼児期から少しずつ育まれたお母さんとの信頼関係は、その後の子供の心にどのような影響を与えるでしょうか。

前項でも書きましたように、お母さんを信頼している子供は探索欲求と知的好奇心を存分に満たしながら心の安定も叶っているので、年齢が上がると共に自発性がさらに養われていきます。自発性（これは自主性と言い換えることができます）は、何でも自分でやってみたいという心の表れです。2歳ごろに現れる「イヤイヤ期」も、自主性の表れです（第一次反抗期とも呼ばれます）。なんでも「イヤイヤ」、お母さんにも「イヤイヤ」、自分でしなきゃ「イヤイヤ」、それならお父さんがやってみようとすると「イヤイヤ、お母さんがいい」となり、手に負えないと思ってしまうことがあります。

しかし、この状態は自主性、自発心の芽なので、怒ったりして芽を摘み取らないで下さい。

そして、小学校3年生頃の「ギャングエイジ期」と呼ばれる、友達同士で秘密を共有して遊ぶことも自発性の表れです。女子の、仲間を作って他のお友達とは一緒に過ごさないというのも自発性の表れです(チャムシップと発達心理学では呼びます)。ですから、両親は、無闇にそういった行動を叱ったりせず、心が順調に発達している証拠として受け止めて下さい。もちろん、「これは注意しなくてはならない」と思うときは、怒ったり怒鳴ったりせずに、「ダメなものはダメ」と伝えてほしいと思います。

小学生くらいになると、「なんで⁉」と聞いてくようになるでしょう。なぜダメなのかと理由を話して理解してくれればそれはOKです。それでも「わからない、なんで⁉」と聞いてくる時もあるでしょう。それでも淡々と説明すればよいと思います。これは根比べです。ご両親と子供の根比べ、そういうものだと割り切って付き合ってあげて下さい。これも子供との信頼関係の構築にとって必要なプロセスだからです。

思春期になり反抗期を迎えると、この「なんで⁉」は、さらに語彙力が豊かになって、その子なりの理屈で展開されます。これは、子供の自発性がしっかりと発達して、言語能力も思考力もしっかりと発達している証ですから、両親は大いに喜んで下さい。「うちの子はちゃんと心が育っている。スキンシップ等のアタッチメントを通して信頼関係が構築できているんだ」と大喜びして下さい。信頼できる相手だから子供は自分の心の「なんで⁉」をぶつけることができるのです。しかし、このぶつける相手が家族以外の人だったら大変なことになります。暴言や恐喝や傷害につながりかねません。だからこそ家庭の中で発散できるように、両親に「なんで⁉」をぶつけることが子供を守ることにつながるという意識を持って接してあげて下さい。

この反抗期が喜ばしい状態で発現しないことがあります。それは家庭内での暴力や家庭外での不良行為などです。この場合は、当然その子を落ち着かせることが最優先されますが、同時に両親は今までの子育てを振り返って、子供の心を丁寧に育んできたのかと内省してみて下さい。前記したように、子供の心の発達に寄り添い信頼関係を構築してきたか、子供の心に癒しを与えられるような接し方をしてきたか、子供の安心感の土台になれていたのか、しっかりと振り返って下さい。自分への言い訳は通用しませんので、子供にとって自分はどんな姿であったのかをしっかりと振り返り、申し訳ないことをしてきたなと感じたら、真摯な姿勢で子供に謝って下さい。それは大人同士の人間関係でも同じです。間違いがあったら真摯に謝る、訂正して謝罪する。

今後どのような行動を取れば信頼関係が回復するのか、子供の様子をしっかりと受け止めて、夫婦あるいは自分自身でしっかりと子供の立場に立って考えてみて下さい。夫婦で考える場合は決してお互いを責めないで下さい。どちらが悪いということではありません、どちらも悪かったのです。わが子をそんな状態の心にしてしまったことについて、ご夫婦はそれぞれの行いを振り返って下さい。

子育ては大人の人間関係と同じなのです。

信頼関係と反抗期⑵　子育てと愛国心の関係性⑥

親子が関わる時期で最大級のインパクトがあって互いに思い返すのは、「第二次反抗期」と言われる思春期での反抗ではないでしょうか。今この本を読んで下さっている読者の皆さまも反抗期は経験したと思います。おそらく青春の思い出に入っていると思います。

反抗期は、発達心理学的には「心理的離乳」と呼称されて、私は「精神的な離乳」と呼んでいます。Ｅ・Ｈ・エリクソンの「ライフサイクル理論」では、自律性（自分の心を律する）を獲得して、自我を確立する時期としています。皆さん自身の経験からも分かるように、大人のすること全てが気に入らなくて、抑えられない気持ちの昂《たかぶ》りや、自分のやりたいようにやりたい、といった自分以外の外に対する不平不満や批判的な思考、そういった気持ちが湧き上がってくるのが第二次反抗期です。

2歳児頃の第一次反抗期の「イヤイヤ期」と少し似ていますが、異なる点は、第一次反抗期と比べるとあまりかわいく思えない、といった点です。特に女子の場合は口が達者であることが多いので親側が言葉に詰まる場合もあるでしょうし、男子の場合は万が一暴力を振るうようになったら、その暴力の原因がどこにあったのかというところに両親は思いを馳せてほしいと思います。男子女子に関わらずあまりにも反抗がひどい場合は、自身のこれまでの子育てを振り返ってほしいと思います。子供を力で抑え込んでこなかったか、子供の気持ちを考慮せずに親の都合ばかり押し付けて来なかったか、無理に「良い子」にさせていなかったか……。

かつての昭和40~50年代に比べると、少年による家庭内暴力【注2】は減少しているように思います。子供たちの力による反抗が減ってきているのは一見すると良い現象のようにも感じられるでしょう。しかし、非社会的【注3】な行動が増えてきている現状を見ますと、暴力という力さえ湧かない青少年が増えている、とも言えます。

意欲がない、外に出られない、学校に行けない、これらは言い換えると「不満を表現することができない」と言えます。それはなぜでしょうか？　親や社会に対して不満がない、だから反抗ができない、というわけではないと筆者は考えています。その意欲すらないということは、「いたずら」の項目で書いたように、自主性、意欲の芽を摘まれてしまった可能性が考えられるからです。「いたずら」を止められて、自主性が育たないままに幼児期から学童期までは大人の言うことに従って過ごしてきたけれど、第二次反抗期を迎えて、急に大人や親の言うことに従えなくなり、無気力状態になって勉強に向かうことができない。不登校や引きこもりになる、といった事例は残念ながら存在します。そのような状態を迎えた時は、無理に子供の心や現状を変えようとしても（親の都合の良い状態にしようとしても）、それは無理です。

子供の心に溜まってきた親への不信や不満を解消するには、それが溜まった時間と同じくらいの時間が掛かると思って下さい。およそ15年かけて溜まった親への不信を取り戻すには親が相当の覚悟を決めない限りは、やはり15年くらいは掛かるでしょう。固く閉ざされた子供の心をスキンシップで温めようとしても、中高生の子供はスキンシップを受け入れないでしょう。親が近づくことさえ拒否するでしょう。だからこそ、乳幼児期での親との信頼関係を構築しておくことが非常に大切なのです。

親との信頼関係が構築されている子供の場合は、第二次反抗期であっても不満やイライラを親に対してしっかりと表現します。たとえ自発性がなく無気力や不登校や引きこもりになったとしても、親とのコミュニケーションは取るでしょう。なぜ勉強に意欲が湧かないのか、なぜ学校に行けないのか、外に出られないのか、その気持ちを親に話してくれるでしょう。

どうかお願いです。乳幼児期の子供との関わり合いをおろそかにしないで下さい。スマホ育児なんてもってのほかです。ちゃんと子供と向き合い、見つめ合って、心を込めて育てて下さい。心が育まれないままに第二次反抗期を迎えた子供は不憫です。なぜなら、不満をぶつけることができる相手が身近にいないわけですから。また、不登校や引きこもりといった非社会的行動だけではなく、反社会的行動【注4】を起こす子供たちもいます。

（2）令和2年度犯罪白書より引用のグラフ参照（42頁）。
（3）社会から乖離してしまう行動。例としては不登校や引きこもりが挙げられる。
（4）いわゆる非行。家出や盗みや暴力行為、売春、暴走行為。

子供の問題行動が多発している

最近の新聞やニュースを賑わしている【注5】「オーバードーズ」。市販されている風邪薬や頭痛薬を大量に摂取して頭がぼんやりとしたり、ふわふわした感じ、ひたすら眠くなったりして多幸感が味わえるとして青年たちに流行っている問題行動です。一昔前のドラッグの横行に似ていると言えるでしょう。

なぜ子供たちは（青年たちは）そのような状態になるのでしょうか？　普段から幸せを感じられずに辛い思いばかりをしていると簡単に決めつけてよいのでしょうか？　その気

少年による家庭内暴力 認知件数の推移（就学・就労状況別） ※平成12～令和元年

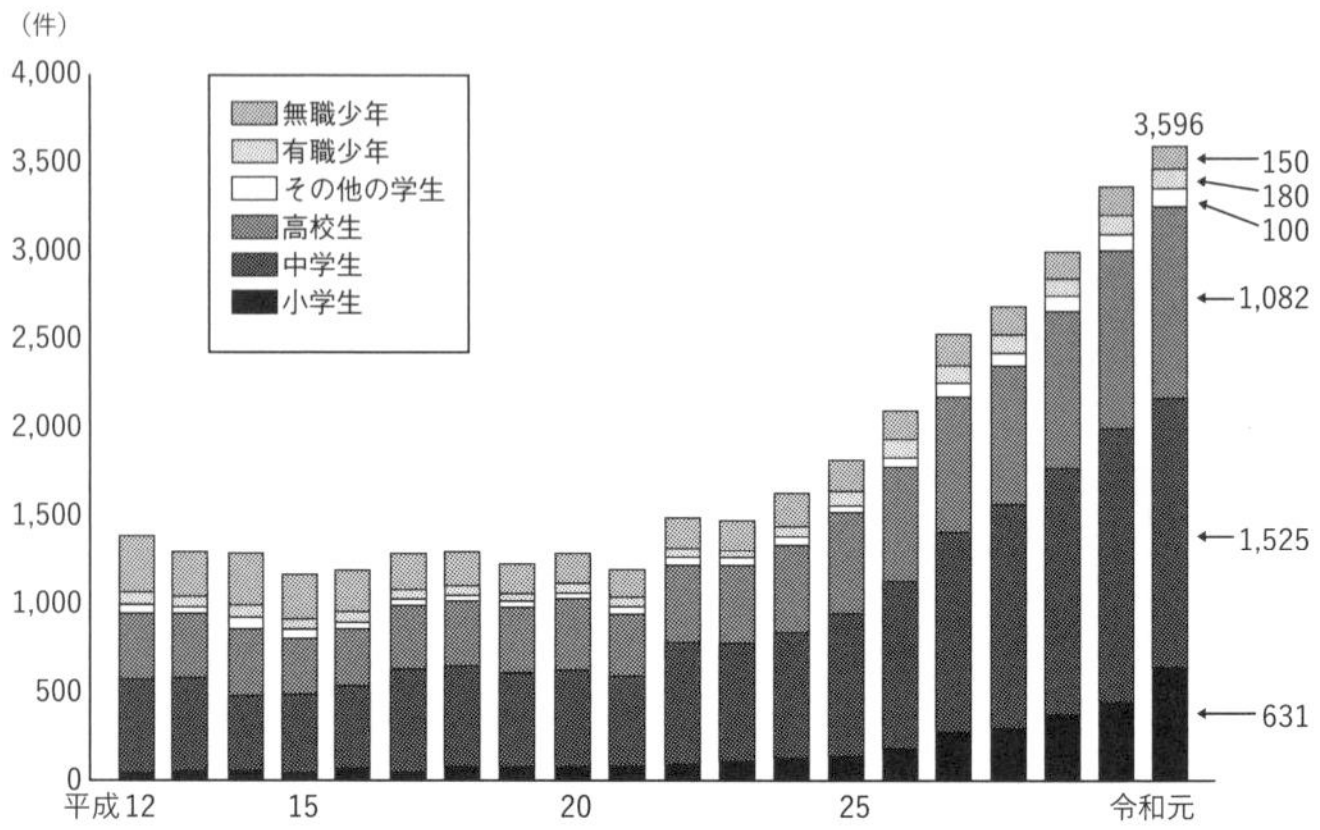

（法務省「犯罪白書」令和２年版より）

持ちの背景には何があるのでしょうか？

また、最近報道を賑わしている「ホス活」ですが、なぜそこまでホストに入れ上げてしまうのでしょうか？ 親の忠告を聞かずにホストの言いなりになるのは、なぜでしょうか？

筆者はその根底にある原因として、「寂しさ」があるのではないかと考えています。一人ひとりの成育史を見てみないと断定することはできませんが、寂しさや不安を解消されなかった乳幼児期や学童期があるのではないか、と筆者は考えています。

大人でも寂しさや不安を抱えたらそれ

を解消しようとして、お酒を飲んだり恋人や配偶者に癒しを求めたりします。しかし、特定の相手がいない場合はどうしますか？　男性だったら女性が話し相手をしてくれるお店に行くでしょうし、スポーツクラブや趣味に精を出すでしょう。女性だったら買い物をしたり、お友達とおしゃべりをしたりして気持ちを紛らわせるでしょう。それでも解消されない寂しさがある場合は、ギャンブル依存症、買い物依存症、アルコール依存症などになったりします。それは青年たちと同じ心理状態であると言ってよいでしょう。

青年たちも寂しさや不安を解消したくて市販薬の大量摂取をしてみたり、ホストに寂しさを埋めてもらったり、時には女子の場合は肌の温もりがほしいがために簡単に男性に体を許すこともあるでしょう。男子の場合、稚拙な性欲の解消という方法で心の寂しさを紛らわそうとするでしょう。昨年、世間を騒がせた某大手進学塾の講師による集団での盗撮行為は、もしかしたら加害者たちの「解消されなかった寂しさ」があったのかもしれません。「頂き女子」にも根底には寂しさがありました。

ホス活にハマる娘を取り戻そうとして奮闘している【注6】「親の会」というものがあります。【注7】近頃では「悪質ホスト」への対策として相談体制を強化すると厚労省が発表しました。しかし筆者はこう考えます、どんなにホストを取り締まっても、相談体制を強化しても、若年女性が寂しさを抱えている限り、このホスト問題は解消されないのではないかと。

だからこそ幼児期のスキンシップを通したアタッチメントと、心を込めた時間を子供と過ごしてほしいとご両親にはお願いします。幼児期のスキンシップが子供を守る防波堤となるからです。親との信頼関係が構築されていれば、たとえ少々非行傾向があったとしても必ずや親の元に帰ってきます。親の言葉を聞きますし、しっかり防波堤の効果が現れます。子供から信頼される親になりましょう。特にお母さんは、日頃から子供がなんでも話せる対象になるために、乳幼児期から子供としっかり向き合って下さい。そのためにもなるべく家にいてあげて下さい。保育所や託児所に預けるのは4歳からにしてほしいと切に願います。

（5）令和6年5月7日付産経新聞。
（6）青少年を守る父母の連絡協議会　https://seiboren.jp/

（7）令和6年5月23日付産経新聞。

ご先祖への信頼感が愛国心となる　子育てと愛国心の関係性⑦

ここまで子供の心の発達にとってお母さんがいかに大事か書いてきました。男女平等と言われて久しい現代ニッポンですが、私は子供の発達においてお母さんの存在を非常に重要視しています。なぜなら私たちは誰一人の例外もなく、お母さんから生まれてきているからです。お母さんの胎内で十月十日《とつきとおか》を過ごしてこの世に誕生してくるのです。私たちはお母さんとの関係性を中心として、お父さんやお祖父《じい》ちゃんお祖母《ばあ》ちゃんへと関係性を広げていくのです。

信頼感も同じルートを辿って広がっていきます。お母さんを信頼して（お母さんとお父さんの連携がしっかりと取れていることが前提ですが）、お父さんをも信頼して、その信頼感が祖父母、曾《そう》祖父母（今の子供たちは曾祖父母が生きていることが多いので会うことができます）、高祖父母……、と子供の信頼感が広がっていきます。日本は大変に歴史が長いので、辿ろうとすれば何世代上までも辿ることが可能で、日本人は天皇陛下に連なる子孫であることも分かっていきます。その興味と関心は日本の歴史（国史）へと繋がっていくでしょう。そうしますと、自分の信頼しているご先祖への愛着が湧いてきます。ご先祖が生きた時代を正しく知り、正しく理解することで、地域や国に対する愛着が湧き、その気持ちが愛国心へとなっていくのです。

戦後の教育は日本人が日本に誇りを持てないような内容に改悪されていますので、学校で愛国心を育むことはまだまだ難しいと感じます。ですから、家庭の中で、子育てを通して、親との信頼関係を通じて、愛国心を養ってほしいと切に願うのです。このことに関しては第三章で詳しく触れます。

なぜ丁寧に心を育むことが大事なのか

前記したように、子供の心というものは一足飛びには発達しません。また、年齢と心の発達は比例しないということもお分かりいただけたかと思います。

皆さんに思い出してほしいのですが、お母さんのことがお父さんより大好きだった方が多いと思います。子供たちの多くはお母さんのことが大好きですから、一生懸命にお母さんの要求に応えようとします。お母さんがお仕事に行ってしまって寂しくても、保育園、幼稚園、こども園、託児所で一生懸命に過ごします。そして、お母さんの元に戻った時に今日一日どんなことをしたか話してくれるでしょう。

「あのね、今日ね、○○君がね、○○ちゃんがね、○○先生がね、何とかでね……」といった感じで、幼いなりにお母さんにたくさんお話ししてくれると思います。

これも一種のアタッチメントなのです。僕・私の話を聞いてほしい。お母さんにも気持ちを共有してほしい。楽しかったことや悔しかったことを一緒に味わいたい……。追体験をお母さんと一緒に行って心を落ち着けようとしているのです（楽しかった思いはお母さんにも楽しんでほしい、という思いやりです）。

そんな時にお母さんが「はいはい、そうだね、今忙しいから。ちょっと待って、あとでね」などと、つれない態度をとってしまうことがあると思います。その気持ちは分かります。

私も三人の子供を育てる中でゆっくりとお話を聴いてあげられる時間的な余裕がなかった時期がたくさんありました。仕事に出ていた時期もありましたし、家事に追われてゆっくりと子供たちの話に耳を傾ける時間や心の余裕がなかった時期もありました。すると子供たちはあからさまにガッカリした顔をするのです。そこで「あ、ごめん。お風呂で聴くね」とか「寝る時に聴くね」と言って、必ず子供たちの話を聴くようにしていました。

ここで「聞く」ではなく「聴く」と私が書いていることに気付かれたでしょうか。辞書で意味を引くと、「聞く：音や声が耳に入ってくる」「聴く：積極的に耳を傾ける」という違いがあることが分かります。子供の話を「キク」と一言で表現しても、それが「聞く」か「聴く」なのかで、子供の気持ちは変わってくるわけです。

ここで一つの例を示します。あなたが配偶者や恋人に話をしていると想像してみて下さい。これを読んでおられる方が男性なら奥様あるいは彼女、女性ならご主人あるいは彼。どんな受け答えをされたら、「話を聴いてくれてありがとう」と思いますか？

大人も子供も基本的な感情は同じです。相手が、しっかりと意識をこちらに向けて、適切なタイミングで相槌を打ち、こちらの気持ちに寄り添った意見などを言ってくれると「聴いてくれているな」と思いますよね。子供も同じなのです。幼い頃は大人のように上手に説明することができませんので、つい適当な返事をしてしまったり、お母さんの善悪で判断してしまったりするでしょうが、ご自分がそうされたら嫌だな……、と思うことは子供も嫌だなと感じます。ですから短時間でも構いませんので、なるべく、ゆっくりと話を聴く時間を作ってほしいと願います。

私の場合は子供たちと一緒にお風呂に入る時に、のんびりと話を聴いていました。お湯の温度を子供の好む温度に設定して（私にはちょっと温《ぬる》めの温度）、顔にパックをして、三人それぞれの話を聴いておりました。そうしますと、私のお肌はプルプルになり、子供たちもしっかりと体が温まってよく眠れて、三人とも話をして姉妹間でのコミュニケーションも取れて、水道代とガス代の節約にもなりました。何よりも今思い出すと、あの時間は私の宝物になっています。

寝る前に子供たちの話を聴くこともありました。トントンしながら子供の話に耳を傾けて、その気持ちを共有しました。年齢が上がるにつれて、話の内容が人生相談のようにもなり、それぞれが思春期の入り口に立った時などは夜《よ》を徹して話を聴いたこともありました。思春期というのは、様々な物事に対して批判的な考えを持つことができるようになり、精神的な自立に向けた大切な時期です。また発達心理学的には、「自我の統一」に向けた大事な時期であると言います。批判的な目は外に向けるばかりではなく自分自身に向けられますので、「自分とは一体、何者なんだ……」と思い悩む時期なのです。勉強のこと、将来のこと、友人関係のこと、学校や先生への不満と批判、自分って何なんだろう……、から発展して、歴史や政治や宗教や家事やお料理の話など、本当に色々と話をしました。三人それぞれが全く違う視点で世の中や物事を見ていることが、私には面白くもあり頼もしくもあり、気づいたら朝だった……、なんてこともよくありました（このようなことを行うのは、週末がおすすめです。または連休中）。

小さい頃から丁寧に子供たちの心を育み、丁寧に心に寄り添ってきた私は、どうやら信頼できる相手として子供たちに認められたようでした。一番目の子供に聞きますと「父さんより母さんの方がちゃんと話を聴いてくれる」、二番目に聞きますと「母さんは昔から受け止めてくれていた」、三番目に聞きますと「母さんが一番安心できる」とのことでした。

だから外で嫌なことがあっても、家に帰れば何でも言える母さんがいて、文句を言ったり嫌味を言ったり、または悪い言葉で独り言のように愚痴を言っても、母さんがいると安心するから家には帰ることができる……と、いつも言ってくれていました。

大人も安心できる場所に帰って心を癒したいですよね。心が癒されると、明日もがんばろうと思いますよね。子供も同じなのです。だから丁寧に子供の心を育んでほしいなと、私は世の中のご両親に対して願っています。

心の発達は体の成長のように目で見てすぐに分かるものではありません。だからこそ大事に丁寧に育むのです。目には見えないからと言って疎《おろそ》かにしてしまうと、先に書きましたように、第二次反抗期で大変な事態が起こります。それは子供にとっても親にとっても大変に辛いことです。だからこそ子供の心を丁寧に育んでほしいと願っています。子育ては長期計画で考えることが大切なのです。

母子の信頼関係が構築されれば、子供は健やかに育つ

皆さんに思い出してもらいたいことがあります。

「あなたが信頼している人は誰ですか？」

その信頼を寄せている人がお母さんである場合、その人はお母さんとの関係性は良好であったと私は推測します。もちろん、お父さんであっても同じです。例えば学生時代の先輩や友人とか、職場の上司や先輩、配偶者でもよいと思います。その信頼を寄せている人も、あなたを信頼していますか？

信頼関係とは、お互いに信頼し合っている関係を指しますので、一方的な信頼より相互に信頼している方が心の状態は落ち着くと思います。なぜならば、一方的な信頼は、時に信頼している側に心理的な負担が生まれる可能性があるからです。

この構図を母子に当てはめて考えみましょう。子供は無条件にお母さんが好きですから、お母さんを信頼しています。なにせ乳児の頃は自分の生存をお母さんの手に委ねているわけですから、信頼している証拠と言ってよいでしょう。そして、成長する時間の中で、お母さんとの信頼関係をより一層深めていくことを皆さんにお伝えしてきました。お母さんを信頼して、お母さんも子供を信頼して、良い関係性を保って乳幼児期から学童期、思春期、青年期を経て、立派な日本人に育つと書きました。

大人もお互いに信頼を寄せている関係性の中にいると、心が落ち着きませんか？　安心して話すことができる相手、一緒にいるだけで落ち着く相手、心を許せる相手、そのような人との会話では、素直に信じられる内容もたくさんあるでしょう。「そんなのだめ、そんなこともあるんだね」「そういう考え方もあるんだな」と、受け入れることができますよね。

ペットも飼い主を信頼していると、大人しくて良い状態を保つのではないでしょうか。私は猫が大好きで（猫しか飼ったことがないので犬の場合は分からないのですが）、猫は飼い主の言うことを聞かないと言われますが、信頼関係が構築されていると、気ままな行動の中にもなんとなくこちら（飼い主）の意に添ってくれようとしているのが伝わります。何か持って回ったような言い方をしているのは、猫と人間の信頼関係については正確な文献や論文にあたっておらず、愛猫家としての視点だけで書いているからです。また個人差（個猫差？）も非常に大きいと感じますが、犬も同じなのではないでしょうか。信頼している飼い主には聞き分けもよく、態度も信頼していない人間に対するものとは違うのではないでしょうか。

子供との信頼関係ができていれば、親も子供を信じていますので、多少のことも許容できます。それは「うちの子に限って」という表面的な甘やかしではなく、子供の話の本質に想いを寄せることができます。また子供側も親に対して信頼感を持っていれば、家の中で安心して過ごすことができますから、学校での出来事や友達との出来事などを話してくれるでしょう。

家の玄関から一歩外に出ればそこは公共の場ですから、家の外では我慢して耐えていた想いも家の中では吐き出すことができます。お母さんが聴いてくれるから、お父さんが対処法を教えてくれるからなど様々な理由があると思いますが、家の中で不満や愚痴を吐き出せることは、とても大切です。大人も同じです。帰宅したら会社や職場の不満や愚痴を誰かに聴いてもらいたい時があるでしょう、子供も同じなのです。

そのためにも、子供が家の中で安心して過ごすために親との信頼関係が大切になります。緊張感のある関係性は疲れますが、家で安心できると、外で嫌な出来事があっても家で心を落ち着かせることができますから、わざわざ繁華街や何かしらの場所に行って悪い仲間と付き合うこともないのです。安心できる、信頼できる、その対象が親であるというのは、親にとっても子供にとっても、幸せな状態なのです。

なぜ信頼関係の構築を放棄するのか

先ほどから書いていますように、お母さんと子供の関係性というのはお腹にいる頃から始まっています。お母さんの血流音、鼓動、声を聞いて胎児は約10ヶ月お母さんのお腹の中で過ごします。この妊娠期間中は、お母さん自身の体のためにも、安全な環境で安心して暮らしてほしいと思います。お腹の赤ちゃんのためにストレス（心の過労）を溜めずに、ゆったりとした気持ちでお家の中の環境を整えながら、赤ちゃんを迎える気持ちを少しずつ育んでほしいなと思います。

しかし昨今では、このような気持ちを育めないままに出産を迎えるお母さんが多いように感じています。妊娠期間中も仕事をして、中には出産直前まで働いている場合もあります。お腹の中に赤ちゃんがいても、頭の中は仕事のことや保育所のことばかりで、出産というものに対して「イベント（出来事、行事）」と捉えている様子が窺《うかが》えます。

そもそも出産とは、お母さんの命、赤ちゃんの命に危険が及ぶ可能性のある、文字通り必死になって取り組むべき神秘的な行いなのです。私は三人産みましたので3回とも必死でした……。三人目は比較的安産でしたが（それでも低出生体重児でしたので、その後が少し心配でした）、それでも陣痛は激しくて（想像を絶する痛み。男性には耐えられないと言われています）、産科のお医者さんや助産師さん、看護師さんがいなかったら無事に娘たちとは対面できなかったと思います。あの痛みや苦しみを乗り越えて、必死になって産んだからこそ、「生まれましたよ」の助産師さんの声で安堵して、初めて対面した我が子（吾子《あこ》）に対して「なんて、かわいいんだろう！」と心の底から愛おしさが湧きました。「私の命より、この子が大事、守らなければ」とも思いました。

最近の子育て事情を観察していると、お母さんたちから、この気持ちが少しずつ薄れてきているように感じます。理由として挙げられるのは、無痛分娩の流行ではないでしょうか。お母さんにとっては痛みが軽くても、産道を通って来る赤ちゃんの大変さには変わりはありません。

無痛分娩で子供を産んだ場合、命懸けで子供を守ろうと思わないから、自分の事情を子供の事情より優先しがちになります。仕事と子供を天秤にかけて仕事を選んでしまいます。お母さんも働かないと生活ができない場合は致し方ありませんが、それでも育児より仕事の方が優先順位の高い昨今の社会風潮は、子供にとって不幸だなと私は感じます。お母さんの心の中に子供と向き合う意思がないのかな……と、感じてしまうのです。

子供と一生付き合っていく、その心構えを育む時期が妊娠期であり、子育て実践の場としての第一歩が乳児期なのに、保育所に入れて働きに出るお母さんが増加しました。家の中で子育てに専念すると、社会から取り残されたような気がして自己肯定感が下がる、社会から必要とされてないと感じるといったお母さんの声を聞きます。子供に必要とされる事に喜びを感じることができず、乳児期の子供とお母さんが一緒になって取り組む「信頼感の構築」の土台を放棄しているお母さんがなんと多いことか。

しかし、この状態はお母さんたちばかりを責めることはできません。そういうふうに戦後約80年かけて作られた社会の空気、風潮なのです。その空気の中で育ってきた戦後生まれの日本人は、何も疑問を持たずにその風潮に乗って生きてしまっているのです。

学校教育、テレビ、雑誌、流行、ファッション、暦、色々な手法や手段で、日本人の生活から日本人らしさを失わせるような「空気」の濃度が濃くなってきました。少しずつ少しずつ……。母子の分離を目論み、母を労働に駆り立てて、父の名誉を失墜させて、家庭を希薄なものとする。それは一体どのような理由からなのでしょうか？

コラム●私の子育て実録① 「いたずら」

わが家の娘たちは「いたずら」を大いに楽しんでおりました。その一例を皆さんにご紹介します。

【長女】生後8ヶ月ごろ、お座りとハイハイができるようになってから、箱ティッシュからティッシュを引き出す楽しさに目覚めました。最初のうちはティッシュを手にして不思議そうにしておりましたが、どんどんティッシュを引き出してはキャッキャと喜んでいました。その姿を見るのは私としても大変に嬉しかったのですが、家計としては甚大な損害です。しかし、いたずらは探索欲求であり、子供の自発性と自主性を伸ばすためには大切な行為です……。「よし、箱から出されたティッシュはビニール袋にひとまとめにして、そこから使えばいい！」と割り切って、長女の興味が尽きるまで、箱ティッシュは袋ティッシュになっておりました。1ヶ月くらいしたら、長女の箱ティッシュへの探索欲求は落ち着きました（対象が変更しました）。

1歳頃になりますと、長女の手の届くところにあったCD収納ケースに興味を持つようになりました。その頃になると、手先が器用になっていますから、一つ一つ丁寧に開けるのです。そして中に入っているCDを取り外して確認するのです。確認といっても、もちろんプレイヤーに入れて音楽を確認するのではありません。触ったり曲げたり噛んだりして、感触で確認するのです。そうすると盤面に傷がつきますし、折れてしまったこともありました。本当に大切なCDだけ避難させて、壊されても仕方ないものだけを長女のいたずら用として置いておくようにしました。誤飲しないように気をつけて見守りながら、長女のいたずらを観察して、私は楽しんでおりました。

【次女】生後8ヶ月ごろ、お座りとハイハイができるようになった頃から、畳んである洗濯物をなぎ倒す楽しさに目覚めました。おそらくこれも「いたずら探索欲求」であると判断した私は、洗濯物を畳んでは次女になぎ倒されるという修業の日々が続きました。まるで「破壊王」と言われたプロレスラーだった故・橋本真也《しんや》のように見えましたので、一時期は「きゃー、破壊王が暴れているー」と笑って言いながら、何度も洗濯物を畳み直しました。長女はそんな次女の姿を見て「めっちゃゴジラやん」と爆笑していました。しかし私には家事や炊事がありますし、長女の育児もありますから、楽しくて面白くても何度も洗濯物を畳み直すわけにはいきません。そのため、次女に倒される洗濯物はバスタオルだけにしました。ハイハイして洗濯物（バスタオル）に近づき、嬉しそうにキャッキャ言いながら倒している姿は、とても可愛らしく、微笑ましい姿でした。

1歳半ごろを過ぎたあたりからは、年子で生まれた妹（三女）のほっぺやお腹をツンツンするいたずらが始まりました。この年齢では赤ちゃん返りはありませんから、きっと柔らかい触感を楽しんでいるのだろうと思い、私は右手に次女を抱っこして、左手に三女を抱っこして、次女が優しく触れるようにしました。ツンツンしながらニコニコしている次女の笑顔は、今でも思い出すと幸せな気持ちになります。

【三女】三女はとても探索欲求が強く、まるで学者のようでした。ハイハイしてお座りできた時期が上の二人より少し早くて生後６ヶ月頃。長女の机の引き出しを開けては、中に入っている鉛筆を繁々と眺めて、それを口に入れて口腔内の感覚で確かめていました。それはとても危ないので、長女の机の中には未使用の鉛筆だけ入れて、ハラハラしながら常に私が見守るようにしました。でも、三女の探索欲求も満たしてあげたいし、次女の育児や家事もしないといけないし……と、この時は大変に困りました。鉛筆の代わりに口に入れても問題のない細長い積み木に変えたら、「これは違う」といった感じでポイっと投げてしまうのです。口に入れて物の形状や触感を確かめるのは乳児期の特徴の一つですから、「お口に入れたらだめよー」とは言いたくないしなぁと、考えていました。鉛筆と細さが似ているストローに変えたところ、なんとかストローに興味を持ってくれたので、鉛筆問題は解決しました。

しかし、次は私の本棚の下段に収まっている本を出すことに興味を持つようになりました。下の段には単行本をびっしりと詰めていましたから、それを次々に出してしまい、あちらこちらに本が出されてしまいました。そのうちに立ち上がれるようになると、少し上の方に置いていた文庫本を出して、床の上にバッと放り出すのです。これは致し方ないと諦めて、いたずらが落ち着くまで本をひたすら本棚に直す日々でした。

もう少し月日が経って2歳頃になると、なんといたずら書きに目覚めました。部屋の壁中に芸術家の如く次々と絵を描いていきました。当時は持ち家でしたし、いたずら書きが落ち着いたらDIY《ディーアイワイ》で壁紙を貼り直せばよいと私は開き直って、「他のお部屋には描かないでね」と伝えて、リビングの壁は三女のキャンバスにしていました。

他にも、ここには書ききれないほどのいたずらがありました。障子《しょうじ》を破ってみたり、私の眼鏡を実験？　分解？　で壊してみたり。何度眼鏡を買い直したか思い出せないほどです。

いたずら（探索欲求）と付き合うには、親にも覚悟が必要です。経済的な打撃も時にはあるでしょう。しかし子供の探索欲求は研究心とも言えますから、子供の心の発達や小学校以降の学びに対する興味関心を導くためにも、「これは基礎研究なのだ」と視点を変えて、親御さんにはぜひとも温かく見守ってほしいと思います。もちろん命に関わるような危ないいたずらはすぐに止めてあげて下さい。その時には大きな声で怒ったりせずに、「だめだよ」といって対象物（いたずらの対象物）を隠してしまえばよいのです。そして子供の手の届かないところに収納して下さい。

子供が中高生になってから、「こんないたずらをしていたんだよ」と、思い出話に花が咲きますので、どうぞ今のうちと割り切って、おおらかな心で見守ってあげて下さい。

第2章

「良妻賢母」とは

現代の「母親観」とは

「女性は生まれながらにして母性を持っている」と、昭和の時代はよく耳にしました。平成になっても2000年代に入るまでは「母性」という言葉は日常の会話で普通に使われていたと思います。それがいつの頃からか聞かなくなりました。

昭和61（1986）年に「男女雇用機会均等法」が施行、平成11（1999）年に「男女共同参画社会基本法」が施行されて、それに伴って「保母」という名称は「保育士」に変更されました【注8】。男性のみの職業や男性だけを連想するような肩書き等が男女の差別に当たるとして、様々な呼び名が変更または言葉狩りに遭いました。スチュワーデスも、女性蔑視や性別で職業を決めることが男女の雇用機会を制限しているといった理由【注9】でキャビンアテンダント（CA）と名称変更されています。全日本空輸（ANA）は昭和62（1987）年にスチュワーデスからCAに変更、もしかしたら国際線進出に際して名称変更した可能性がありますが、やはり男女雇用機会均等法が影響しています。日本航空

（ＪＡＬ）は平成８（１９９６）年に男女雇用機会均等法と男女共同参画社会の影響でＣＡに変更しています。女優という言葉も性差別に当たるとして、最近では俳優と名乗る女性演劇者も増えてきました。

このような「女性であることを強調するような肩書きや職業上の名称は女性差別に当たる」といった理由で、母性という言葉も消えていきました。「女性は生まれながらにして母性を持っている」というのは女性に対する性別役割【注10】だと男女同権論者は言います。母性を持っていない女性は女性ではない、というおかしな解釈をする者もいます。確かに、女だから○○をするな、女だからこれをしろ（例えば女だからお酌《しゃく》をしろといった言動）などといった押し付けは困りますが、「男は男らしく、女は女らしく」といった考え方そのものは間違っていないと私は考えます。

最近、令和６（２０２４）年に議論の的となった、いわゆる自称女性【注11】に関しても、心が女だと言うのなら下半身の形状も女らしくしたらよいと私は考えますが、当人たちはトランスジェンダー【注12】への差別、法の下の平等に違反している人権侵害だと喧伝《けんでん》しています。「男は男らしく、女は女らしく」が性差別で、自称女性に「女らしく」を求めることも差別なら、一体どのような基準で人々の性別を判断すればよいのでしょうか。

そういったことと同じような論調で、男性は父親らしく女性は母親らしく、といった考え方も否定されつつあります。一億総活躍社会として平成28（2016）年に施行された「女性活躍推進法」では、女性も男性と同じように「輝いて」仕事をすることができる、子供も産み育て、仕事もして、男性並みに社会で活躍して……といった内容でした。

しかし、私は違和感しかありませんでした。女性に母としての役割と男としての役割の両方を強いるのかと愕然としました。この場合の「母親」とは本来の母親としての役割ではなく、単純に「子供を産む」ことだけを指していて、子育ては保育所や託児所に任せればよいといった恐ろしい内容を含む言葉だったのです。この間違った「母親観」は、平成28年に急に現れたわけではなく、少しずつ戦後の日本社会に浸透していました。

大東亜戦争終結後、ＧＨＱ（連合国軍最高司令官総司令部）がもたらしたものの中に「3種の神器《じんぎ》」【注13】と呼ばれる家電製品があります。テレビ、洗濯機、冷蔵庫です。これらの登場で家事の負担は大幅に減りました。また『奥様は魔女』に代表されるアメリカのホームドラマの影響で、家事や育児に勤しむのではなく、母親ではない女としての自分を表現することが素敵な女性像であるといったアメリカ的な価値観が急速に日本人女性の間で広まりました。イギリスのモデルで「ミニスカートの女王」と呼ばれたツイッギーの登場も、戦前は肌の露出はみっともないと思っていた日本人女性、特に戦後生まれの女性たちに衝撃を与えました。あのような服装をしたい、進歩的で素敵と、戦後生まれの団塊世代女子たちの多くが憧れたのです。マスコミもそのような欧米的価値観や生活のスタイル、ファッションを持て囃《はや》しました。

ＧＨＱに占領されていた７年間【注14】で行われたＷＧＩＰ（ウォー・ギルト・インフォメーション・プログラム）が与えた悪影響は、令和の世になってもその勢いは収まるどころか、さらに大きくなっています。日本古来の価値観は風前の灯です。特に母親に対する考え方は、保守的な思想を持っている人ですら、アメリカ的な母親観を持っている場合がありません。母親とは、ただ単に子供を産むことでなれるものではありません。子供を育てる日々の中で、子育てを通して母親になっていくのです。母性は子育ての中から育まれるのです。しかし、その母性は、どこにあるのでしょうか。

（8）平成11（1999）年の児童福祉法改正後に名称変更が行われた。背景には男女共同参画社会基本法の施行がある。
（9）諸説ある。
（10）男らしく、女らしくといった個人の能力とは関係なく社会が押し付けた役割であるとする意味。
（11）心と体の性別が不一致であるが医学的な証明がなく性別違和を自称しているだけの人物。
（12）生物学的な体の性と心で感じている性が一致していない、性別違和を抱えているが医学的な証明や判断がされていない人物。性同一性障害とは区別して本書では扱う。
（13）本来の「三種の神器」と分けるために「3種の神器」と表記する。本来は皇位継承の際に歴代の天皇陛下から継承される八咫鏡、天叢雲の剣、八坂瓊勾玉を指す。
（14）大東亜戦争終結後からサンフランシスコ講和条約締結までの7年間。昭和20（1945）年から昭和27（1952）年まで。

子育てとは「母としての心を育むこと」

では、どういった心境が母性なのでしょうか。長女を出産した時の助産師さんから「母乳をあげる時、おむつを替える時、何よりも赤ちゃんと見つめ合っている時に『かわいい』と思う気持ちが母性の目覚めですよ」と、私は言われました。生まれたてのわが子と対面した時の感動、私が守らなければならないといった想い、それらも母性の目覚めであったと感じています。

新生児のお世話は大変です。それは二人目でも三人目の時でも同じでした。数時間おきに泣いて母乳をあげておむつを替えて、ホッとする間もなくまたオギャーと泣く。特に一人目の時は、私にとっては初めての育児ですから、なぜ泣いているのか理由が分かりませんでした。母乳もあげて、おむつを替えて抱っこもしているのになんで……と途方に暮れて長女と一緒に泣いたことは一度や二度ではありませんでした。

私は、長女を産む前に実母が急逝していたので相談できる相手はおらず、また実父からも「子育てのことは分からない」と言われていましたので、本当に一人ぼっちでした。夫も当時は若く仕事に追われていましたし、夫の実家は地方にありますから夫のお母さんに手伝ってもらうことも不可能でした。今でいうところの「ワンオペ育児」でした。睡眠時間は3時間おき、長女が泣けば私も起きる、夫のことは起こさないようにひっそりと長女のお世話をしていました。まだ20代半ばでしたので、フラフラになりながらも何とかなりました。今思うと、新生児の長女を抱えて一緒に泣いていたなんて、なんて良いお母さんなんだろうと自画自賛しています。

こうして少しずつ長女と一緒に成長していきました。お腹にいた頃から「あなたが0歳なら私も母親年齢0歳です。お互いに切磋琢磨しながら成長していきましょう、どうぞよろしくお願い致します」と、声掛けをしていましたから……。

新生児期を過ぎて少しずつ生活のリズムが完成してきても相変わらず途方に暮れて泣いてしまう日は続きました。幸い長女は夜泣きがなかったので助かりました。ぐずぐずしていても私が抱っこすれば、ご機嫌になる時間が増えました。昔、私が小学校6年生の頃に生まれた従姉妹《いとこ》のことを、抱き癖がついてしまって困ると母の弟の奥さん（私から見たら叔母、当時23歳くらい）が言っていました。その時の祖母の言葉「赤ちゃんなんて、いくら抱っこしても困ることなんて何にもないんだよ。抱っこされるのを嫌がるほうが不自然なんだから、たくさん抱っこしてあげなさい」と言っていた声が聞こえたような気がして、私はワンオペ育児状態でも亡き祖母や亡き母が見ていてくれていると思って、少しずつ明るさを取り戻していきました。祖母も母を育てた、母も私を育ててくれた、命のバトンリレーをしてくれた。私も泣いてばかりいないで長女を育てなきゃと思うようになり、母ならどうするかな、祖母ならどうするかなと考えるようになりました。長女は抱っこされている間はご機嫌なので、２０００年当時に販売されていた抱っこ紐を使って一日中抱っこしていました。抱っこしながら、そーっと家事をしていたので、掃除は行き届かず、洗濯物は干しっぱなし、食事もしっかりと用意できませんでしたが、文句を言わなかった夫には今でも感謝しています。

こうした日々の連続の中で長女が成長していき、ご機嫌の時間が増えたり、抱っこしなくても泣かなくなったり、首が据《す》わって縦抱きができるようになったり、お座りができるようになったり、心から嬉しく思う自分自身に対して、とても嬉しく思いました。子供の成長を喜ぶことができる、ハラハラしながら良い親になろうとする自分自身、これが母性・母心なのではないかと思うようになりました。独身時代の私は子供が苦手でしたので、実は良い母親になれるのか不安な気持ちがありました。でも子育ての日々を通して、娘から母性や母心を育んでもらったのでした。

母性が顕在化するためには、子育てが必要なのです。

コラム●私の子育て実録②「夜泣き」

長女は夜泣きがなかったと前述しました。三女もほとんど夜泣きがない赤ちゃんでした。大変だったのは次女でした。

次女は、生後1ヶ月をすぎた頃から毎晩8時になると泣いていました。火がついたようにオギャーオギャーと泣くのです。初めの頃は母乳をあげたりおむつを替えたり「たかいたかい」をしたり、夫が抱っこをしたりと色々と試しました。でも泣き止みません。時間が夜ですから長女はそろそろ就寝の時間です。お隣さんにも申し訳ありませんし、本当に困りました。しかし私の心の内では、二人目という余裕もあって「泣きたいなら好きなだけ泣かせてあげたい」という想いがありましたので、泣き止ませる行動はやめました。その代わり、どれだけ泣いても周りに迷惑が掛からない環境に行こうと思いました。

つまり、泣いている次女を抱っこして毎晩お散歩に行くことにしたのです。一つの場所に止《とど》まるとその周りに住んでいる方にご迷惑をお掛けしてしまうのでお散歩をするのです。次女は2時間ほど、しっかりオギャーオギャーと泣くので、横抱っこして（首が据わっていませんでしたから）背中をトントンしながら約2時間のお散歩です。

ある日、夫が「いつも母さんが行っているのは疲れるだろうから、交代にしよう」と言ってくれて、お願いをしました。しかし夫ではダメでした。さらに激しく泣いてしまって、いつも2時間で泣き止むのにその日は3時間近く泣きやみませんでした。これはもう次女からのかけがえのない時間のプレゼントだと私は思い、長女の寝かしつけは夫の役割にしました。そして毎晩2時間のお散歩に行き、トントンしたり、猫の集会に遭遇したり、すれ違う人から「お母ちゃん頑張りや」「よう泣いて賢い子やな」とお声がけ頂いたりと、素敵な思い出の時間となりました。まだ寒くない時期だったのも良かったなと思いました。

こうしてなんだかんだと楽しい時間となった毎晩2時間のお散歩は、突如終わりを迎えました。次女が8時になっても泣かなくなったのです。3ヶ月間毎晩8時きっかりに泣いていたのに、泣かないのです。(あれ?)と思いながらも長女の横でご機嫌にしているので、そのままトントンしながら様子を見ていると、すやすやと寝たのです。夜泣きがおさまったのです。次の日もそうでした。またその次の日も……。

それからは、もう8時になってもぐずることはなく、私と次女の夜のお散歩は終わりました。あの3ヶ月間の出来事は、もちろん次女は覚えていませんし、夫も長女も知りませんので、私だけの楽しい思い出です。今でも時々思い出しては、幸せな気持ちになります。次女に話すと驚くので、それも私の楽しみとなっています。

現代の「良い妻」とは何か

「良妻賢母」と言いながら順番が前後していますが、いよいよ良い妻とは何か、について書いていきたいと思います。それこそ昭和の頃や団塊世代の「良い妻観」には、今の令和の時代からすると馴染めない考え方があるかもしれません。

例えば「妻は三歩下がって歩く（女性は男性の三歩後ろを歩く）」という言葉についてですが、フェミニスト【注15】からしたら「冗談じゃない、女性差別だ、女性の自立を妨げている！」と言って大騒ぎするでしょう。しかし本来の意味はそうではありません。妻を守るために夫が前を歩くのです。対向者がもしとんでもない犯罪者だった場合、妻が前を歩いていたら夫は守ることが不可能となります。だから、守るために三歩下がって歩きなさい、と言っていたのです。私はそのことを母から聞いていましたので、フェミニストの意見には全く同意できませんでした。

「亭主関白」という言葉も今の時代にはそぐわないでしょう。歌手のさだまさしさんが歌っていた曲の影響からか、内容が少し違う意味に解釈されてしまったのが大きいと思います。亭主関白の「関白」ですが、これは天皇陛下を補佐して政務を執行する官職を指す言葉です。天皇陛下を補佐する官職ということは、家の中に天皇陛下がいることが前提になっていると解釈できます。亭主が関白なら、天皇陛下に相当する人物は誰でしょう。それは妻です。妻が天皇陛下のような尊い存在であるから、それを補佐する夫が関白だったのです。また、関東地域では妻のことを「カミさん」と言います。これは山の神が転じて「カミさん」となったとする説があります。寺田恵子さんは自著『日本書紀　全現代語訳＋解説』で、天孫降臨をしたホノニニギが娶《めと》った女神、コノハナノサクヤヒメは「私は、天つ神がオオヤマツミノカミを娶って生まれた子でございます」と現代語に訳しています【注16】。このことから、『日本書紀』には大山祇神《オオヤマツミノカミ》は女神として登場していることが分かります。山の神が女神であったことから、妻を「カミさん」と呼んだと考えられるわけです。ですから私は、「亭主関白なんて、妻を馬鹿にしている」と言うフェミニストの意見には全く同意できないのです。むしろ妻の地位を貶めているのはフェミニストであると言えます。なぜなら、妻は天皇陛下のように仰ぎ見る尊い存在だという前提があってこその「亭主関白」なのですから。

他に例を挙げると、妻は外に働きに行かなくてよいとする考え方も前時代的であるとフェミニストは言います。女性の自立を阻んでいる、家庭の中で奴隷にしていると。全く妻の立場を何と思っているのでしょうか。家から一歩外に出るとそこは社会です。社会の中に出ることは良いことです。さまざまな経験ができて友人関係が広がり、とても素晴らしいものだと思いますが、「妻は外に働きに行かなくてよい」というセリフは、そういった社会の素晴らしいものを享受するなという意味ではありません。妻が心配だから、自分の目の届かないところで危険な目に遭うかもしれないから、お願いだから家という安心な場所にいてほしい。そして、しっかりと子育てに専念してほしい。その代わり自分がしっかりと汗を流して働くよ、という意味なのです。

その証拠に、日本の既婚男性の多くは自分の給料を妻に差し出します。最近は、お財布は別々ですという若い夫婦もいますが、それでも基本的には財布の紐は妻が握っている家庭が多いのではないでしょうか。これは海外では考えられない現象であるそうです。現に私の知人のアメリカ人男性は、「ワイフに自分のサラリーを全部投げ出すなんて信じられない。そんなことはクレイジーだ」と言って驚いていました。日本の既婚男性は自分の給料を喜んで妻に差し出す、召し上げるのです。なぜなら主人は関白で妻はカミ（神）さんですから、大事に扱っているのです。だから家にいてほしいと願ったのです。

そういった、いじらしい夫の気持ちを汲み取り、夫が気持ちよく外で働けるようにおだてたり褒めたりしながら、家の中を上手に取り仕切るのが「良い妻」であると私は考えます。家の中が落ち着いた環境であると子供の発達にとても良いと第一章で書きました。夫と妻の仲が落ち着いた良い関係であることも、もちろん子供の発達に良い影響を与えます。夫婦仲良くというのは最近では男女関係としての仲の良さと捉えられがちですが、そうではありません。夫の役割と父の役割、そして妻の役割と母の役割、その両方をしっかりと果たしている状態が夫婦の仲が良い、ということなのです。

夫のことをおだてて褒めて、機嫌よく生活してもらうことを「自分が産んでいない息子を育て直すのは面倒くさい」と言って揶揄《やゆ》する傾向がありますが、それこそ男女同権から外れた考えです。男女が同権なら、男性を貶《おとし》めて女性を尊重するのは男卑女尊ですから、男性蔑視です。こうしたちょっとした部分からもフェミニストの主張の矛盾が窺えます。

戦後にGHQによって焚書《ふんしょ》にされた書物は7千冊以上あるそうです【注17】。その中には悠久の歴史の中で日本人女性がどのように生きてきたのかを記している書物があります。昭和16(1941)年に刊行された山口梧郎著『女性二千六百年史』(天泉社)です。国立国会図書館にしか保存されていない戦前の書物なので、なかなか手に入れることはできませんが、国会図書館で閲覧できますので、ご興味のある方はご覧になってほしいと思います。日本では神話の時代から女性が生き生きと活躍していました。神々は勿論《もちろん》のこと、肇国《ちょうこく》（建国）以後においても日本の女性たちは強くたくましく活躍していました。明治時代の肖像紙幣第一号に使われていた神功皇后《じんぐう》は、その最たる例です。

一方欧米では、女性は常に被治者であり、子供と同様に劣悪な環境に置かれる場合が多く、富裕層であっても女性は男性のアクセサリー的な扱いを受けていて、自分の意見を述べる、自分の意志に従って行動することは決して叶わなかったのです。そうして立ち上がった運動が女性解放運動です。欧米では、自立した女性を目指すべき姿として男女平等が謳われていますが、日本では２６００年以上の昔から女性は自立していたのです。そういった日本女性の強さをＧＨＱは消し去りたかったのでしょう。歴史を分断させて、空白地帯のようなものを作り、戦後の日本人が大和民族に誇りを持てないようにするために、この『女性二千六百年史』も焚書にしたのだと考えています。そうでないとフェミニスト思想の論が崩れます。女性学者こそ、この本を読んでほしいと感じます。

現代の良い妻像とは、矛盾だらけのフェミニストが掲げる何だかよく分からない定義だと、私は懐疑的に見ています。

(15) 男女同権論者、上野千鶴子氏や田嶋陽子氏が有名。
(16)『日本書紀　全現代語訳+解説〈1〉神代―世界の始まり』寺田恵子（グッドブックス2024）156~157頁
(17)『焚書アーカイブス』（ダイレクトアカデミー）https://dpub.jp/

戦後の教育で良妻賢母が絶滅の危機に瀕している

令和6年7月3日、紙幣が新しいものに変わり、今まで福沢諭吉（1835~1901）先生が描かれていた一万円札の絵が渋沢栄一（1840~1931）氏に変わりました。私は間接的に渋沢栄一氏とは関わりがあります。なぜなら日本女子大学の卒業生だからです。2015年度下半期に放送されたNHKの朝ドラ『あさが来た』で注目をされた日本女子大学と成瀬仁蔵《じんぞう》（1858〜1919）先生ですが、大学の設立に渋沢氏が協力をして下さったのです。

日本女子大学が設立された明治34（1901）年、渋沢氏は「高等教育を受けた女子が良妻賢母の精神を持ち、家庭の中でしっかりと子供を育て、その子供たちが日本の中間層となり、国が強く豊かに発展する」との考えを持っており、日本女子大学の創立に多額の寄付を行って下さいました。良い妻となり夫を支えて、賢い母となり子供を育てる、そして社会に貢献していく。そういった女子を育てることが高等教育の役目であると考えていたのです。自分さえ良ければよいというのではなく、日本国民の中の女性として、しっかりと家庭の中を切り盛りして、子供をしっかりと育てる。このようにして育てられた子供たちは、その後の日本を支えました。

しかし、大東亜戦争終結後、GHQによりアメリカ的価値観が急速に流入されて、日本人の精神はゆっくりとアメリカ的な拝金主義と個人主義に侵《おか》されていきました。戦前は三世代家族や大家族【注18】、親戚も近くに住んでいるといった地域に頼れる親族がいる環境で暮らす例が多かったのですが、戦後生まれの団塊の世代は、進学や就職で都会に出ても地元に帰らない例が多く、急速に核家族が増加しました。そのため、都会で暮らす核家族向けの集合住宅も増えました。私はこれも個人主義の影響だと感じています。若い者が都会へ進出して結婚して田舎に親が残る、都会で生まれた子供は年に一度あるいは二度の田舎への帰省しか行わずに、子供は都会で成長してそのまま都会で就職し親元を離れて都会で世帯を持つ。このような繰り返しが現在の「東京一極集中」の一因ではないかと感じています。

核家族化と東京一極集中は自然発生的な面だけではなく、ＧＨＱによって作られた現象という側面があるとも言えるわけです。その結果、都会で年老いた団塊の世代は孤独に陥るといった現象や限界集落と言われる高齢者のみの集落の出現が発生しています。歴史にif（もし）がないように、人生にもifはありませんが、それでも、もし進学で都会に出てきたとしても、就職で地元に帰って地元で結婚して三世代家族で暮らしていたとしたら……。現代日本が抱えている孤独による問題は、これほど増加していなかったかもしれません。子育てに関しても、母親が孤立するといった現象も起きていなかったでしょう。地域共同体もしっかりと機能していたはずです。このように生活環境の面においてもＧＨＱ

の影響は大きいと言えるのです。

自分が生まれ育った地元から離れて、都会で核家族として暮らしていても、それでもまだ戦後の価値観が残っていた昭和30～60年頃までは地域共同体が機能していましたし、専業主婦も数多くいました。子供の育つ環境では日本人らしい価値観がなんとか保たれていました。

しかし平成時代になった辺りから専業主婦に対する考え方が変わり、「良妻賢母」を否定する動きが顕在化していきました。それがフェミニスト運動です。簡潔に言うと「女性を家事労働から解放しろ」といった内容です。この動きは政治家も連携しており、母親を家庭から引き離す手段として昭和60（１９８５）年辺りから法改正【注19】が始まり、少しずつ女性も働くべきだとする空気が作り上げられました。妻だろうが母親だろうが、労働してお金を稼ぐことが正義とする拝金主義的な風潮が作り上げられていきました。

前項で書いた母親に対する捉え方も、戦前と戦後ではかなり変わってしまいました。記憶に新しいものとしては「専業主婦はニート」といった書き込みがインターネット掲示板に上がり話題となりました。労働せずにお金を稼がない主婦は、ただ家にいるだけの穀潰《ごくつぶ》しといった意見も散見するようになりました。専業主婦に対する迫害が始まったのです。これらの言葉は、子育てに専念して家の中を取り仕切る主婦に対する冒涜である、と私は断言します。この気持ちは今でも変わっておりません。

また近年では、男女共同参画やポリコレ【注20】の影響で「妻・家内・母親」という言葉すら消し去ろうとされています。「女性の全員が母親となるわけではない」「育児は父親と母親の双方で行うのだから、母親という役割を女性にだけ押し付けるな」「家庭という抑圧された環境から解放しろ」……。こういった偏った意見がフェミニストの言い分です。

確かに日本人女性の全員が母親となるわけではない昨今ですが、だからといって「母親」という言葉すら消し去るというのは非常に危険な考え方です。にもかかわらず、立憲民主党は「夫婦という表記を親に変更する【注21】」「父と母を親1・親2と表記する【注22】」と馬鹿げたことを言っています。私たちは、ある日突然にこの世に出現したのではありません。父親と母親から生まれてきたのです。この否定できない事実を消し去り、妻・母親という言葉を抹消して、家族を壊すことが目的なのでしょうか。妻がいなくなれば家庭の中は誰が取り仕切るのでしょうか。母がいなくなったら誰が子供を日本人としてしっかりと育てるのでしょうか。第一章でも書きましたが、母と子の健全な信頼関係が子供の心の発達には必要なのです。家庭の中で日本人としての躾《しつけ》を伝えることが大切なのです。

「良妻賢母」の消滅は日本の危機であると言っても過言ではないでしょう。

(18) この場合の大家族とは、世帯主の両親と子供に加えて兄弟姉妹（伯父叔父、伯母叔母）も世帯を共にしているといった意味。

(19) 昭和61（１９８６）年、男女雇用機会均等法施行。平成４（１９９２）年、育児休業法施行。平成５（１９９３）年、パートタイム労働法施行。平成11（１９９９）年、男女共同参画社会基本法施行。平成17（２００５）年、次世代育成支援対策推進法施行。平成28（２０１６）年、女性活躍推進法施行。主に女性の就労環境を改善する法律が整備された。

(20) ポリティカル・コレクトネス、社会的な正しさを意味するアメリカの造語。

(21) https://cdp-japan.jp/files/download/NNgv/P6Du/c853/loNx/NNgvP6Duc853loNxcJiusTct.pdf 立憲民主党ＨＰより。

(22) https://twitter.com/izmkenta/status/1790015932749713515

日本人は「男尊女尊」の民族

皆さんは、日本には男尊女卑など存在していなかったことをご存知でしょうか。

そう言うと、「いやいや、そんなことはない。かつての日本では、女性には職業選択の自由もなかったし、参政権もなかったじゃないか」と、反論されそうです。実際にそのような事実はありましたので、アメリカ帰りの津田梅子【注23】が、「日本は遅れている、女性の地位向上こそが日本の発展につながる」と思ったのも仕方がありません。

津田梅子が渡米したのは明治4（1871）年、岩倉使節団の一人として参加しており、当時6歳でした。

当時のアメリカは、女性の参政権に向けて女性の地位向上活動、女性の権利運動が盛んだった時期でした【注24】。アメリカでは、女性の地位がとても低かったのです。女性は男性の所有物であり、「レディファースト」というものは、女性を男性より前に立たせたり建物の中に入れたりする行為ですが、これは女性を盾《たて》に使っていたという意味です。食事も「レディファースト」だからと言って先に食べさせるのも、毒味役にしていたわけです。男性が稼いだ給料は全て自分のものという考え方が強いですから、妻には全く渡しません し、財布の紐は主人である夫が握っています。

妻はアクセサリー感覚で社交の場に連れて行くため見栄えの良い外見を持っていることが優先されました。女性に肌の露出が大きい服装を着用させるなど性的な象徴としての意味合いが強いのも、欧米の特徴として挙げられます。女性は守る対象ではなく男性を守る盾であり、性の対象や労働力としての存在だったわけです。そのため、女性の地位向上運動が盛んだった頃に渡米して、６歳から18歳までアメリカで学んだ津田梅子は、このような考え方に感化されたのでしょう。

因《ちな》みにアメリカ文学界における最初の女流作家は17世紀に登場したアン・ブラッドストリート（１６１２～１６７２）という詩人です。日本の紫式部や清少納言は平安時代、10世紀に活躍しています。この事実を比べても、欧米の方が男尊女卑社会だったと言えるのです。対して日本は、古来より男性も女性も対等、男尊女尊の社会だったのです。

民族の価値観の土台となる神話の面でも比較してみましょう。古事記や日本書紀に出てくる日本の女神たちは、みな生き生きと自分の意見を表明し行動して、男神と対等な立場の存在として描かれています。そもそも、日本の神話では男神が偉いという描かれ方はされていません。古事記で初めに出てくる神は天之御中主神《アメノミナカヌシノカミ》です。まもなく高御産巣日神《タカミムスヒノカミ》と神産巣日神《カムムスヒノカミ》が出てきます。この三柱《みはしら》の神は男女の区別がない「独神《ひとりがみ》」で、男神と女神の両方の性質を備えた神です【注24】。

それに対して、諸外国の神話では、男神が大勢登場します。女神は名前として登場しても、自分の意見を述べたり積極的に行動を起こすような描写はありません。

この比較からわかる事実は、日本では女性の言動や行動に制限はなく、むしろ諸外国での女性は存在していても積極的に何かをするといった行動の自由がなかったのではないか、ということです。

欧米の一神教では全知全能の男神がこの世を作り、自分に似せて作った人間（白人男性）を地上に下ろします。しかし一人でいる様子に同情して人間（白人男性）の肋骨から女（白人女性）と子供を作ったとされています。古事記にはそのような描写はありません。天之御中主神は成《な》った後すぐにお隠れになります。その後に間もなく成った高御産巣日神と神

「独神」と「双神」の区分分け（『古事記』）

1代	独神	別天津神	天之御中主神			
2代			高御産巣日神			
3代			神産巣日神			
4代			宇摩志阿斯訶備比古遅神			
5代			天之常立神			
6代		神世七代	国之常立神			
7代			豊雲野神			
8代	双神		男神	宇比地邇神	女神	須比智邇神
9代				角杙神		活杙神
10代				意富斗能地神		大斗乃弁神
11代				於母陀流神		阿夜訶志古泥神
12代				伊邪那岐神		伊邪那美神

産巣日神もすぐにお隠れになります。三柱がお隠れになった後も二柱の独神が成りますが、すぐにお隠れになります（ここまでの五柱の神を別天津神《コトアマツカミ》と言います）。その後もまた二柱の独神が成り、ようやく男神と女神が対になって現れます。そうしてイザナキノカミとイザナミノカミが成りました。

　このように神話を少し比較しただけでも、西洋と日本に於ける女性観の違いが分かります。男性の所有物として登場する女性と、男性と対等な関係で登場する女性。どちらが男尊女卑の文化でしょうか。日本は男尊女尊の文化を持った民族であると言えます。

（23）津田塾大学の創立者、日本初の女子留学生。
（24）https://history.house.gov/Exhibitions-and-Publications/WIC/Historical-Essays/No-Lady/Womens-Rights/
HISTORY,ART&ARCHIVES UNITED STATES HOUSE OF REPESENTAIVES 参照
（25）『現代語　古事記』竹田恒泰（学研プラス）２０１１、16頁

男性と共に社会を発展させた日本の女性たち

日本は古来より男性も女性も対等な立場として、協力し合って支え合って日本を発展させていきました。『古事記』の「国産み」では、イザナキノカミとイザナミノカミが協力して国を次々と生み出していきます。その後も男神と女神は対等な立場として登場します。昔話でも有名な「八岐大蛇《やまたのおろち》」では、スサノオはクシナダヒメを櫛《くし》に変化させて自分の髪に

さして、クシナダヒメと一緒になって八岐大蛇を成敗します。

それに対して、西洋の昔話では女性やお姫様の場合、男性へのプレゼントのような存在であったり、助けてもらう弱い存在として扱われる描写が多くあります。

例えば『白雪姫』は、毒林檎で眠らされている間に通りがかりの王子に勝手に恋をされて、挙げ句の果てには本人（白雪姫）の同意を得ずにキスをされます。これは、今の感覚で言えばセクハラ、もしくは刑法176条の「不同意わいせつ罪」【注26】に当たる可能性があります。『眠りの森の姫』も同じく、その寝顔に恋をした王子が呪いを解き、姫にキスをして眠りから覚まして結婚します。そこに眠り姫（オーロラ姫）が選択する権利は一切考慮されていません。『シンデレラ』も、片方の靴を落としてしまいますが、一緒に踊ったひと時が忘れられない王子によって靴の持ち主として発見されて、そのまま結婚します。やはり作中では本人の意思が尊重されているようには感じられません。

しかし、日本の神話や昔話に出てくる女神や女性は、自分の意見や意思をはっきりと伝えます。嫌なものは嫌だと言いますし、男神・男性とは対等の立場として登場します。先ほどは西洋の昔話を例として挙げましたので、日本の昔話を例に挙げてみましょう。

例えば『一寸法師』は、小さいながらも鬼から姫を守り、その一寸法師に対して姫は自ら結婚を申し出て婿《むこ》にします。また『浦島太郎』は、竜宮城の姫からの接待に時を忘れて、ついには何百年も海の世界で過ごしてしまいます。地上の世界に帰ろうとしても乙姫から引き止められます。『鶴の恩返し』も、「(部屋の中を)見ないで下さい」と言われていたのに、見てしまった男性に対してきっぱりと約束を違えた責任を取らせるためにおつうは空に帰ってしまいます。この三つの話は、完全に女性が主導権を握っています。西洋の昔話には見られない構図です。

日本史を振り返ってみると、平安時代(10世紀頃)には『古今和歌集』を編集した紀貫之《きのつらゆき》(男性)、随筆『枕草子』を描いた清少納言(女性)、そして『源氏物語』を書いた紫式部(女性)がいました。清少納言と紫式部は世界的に見てもかなり早い時期に現れた女流作家で、紀貫之とも親交があったとされています。当時の作家は上流階級でしたから、共に作品の批評をしていたかもしれません。

現実の生活を振り返って考えても、日本人は農耕民族でしたから、男性も女性も一緒に農作業に精を出していました。家族の形態も大家族で暮らしていましたから、老若男女が協力をして生活を送っていました。また、漁民も海に出るのは男性の仕事でしたが、獲れた魚や貝などを捌いて街へ売りに出るのは女性も共に行っていました。海女《あま》は女性のみが行っていた仕事ですが、欧米とは違って当時の仕事に、はっきりとした男女の区別は存在していませんでした。

商人の生活でも、実際に店を取り仕切っていたのは旦那（夫・男性）でしたが、丁稚《でっち》奉公や使用人の食事の支度や、店の裏にあった家内を取り仕切るのは女房（妻・女性）の仕事でした。職人の世界においても同じく、男性の職人も女性の職人もいました。

何よりも天照大御神《アマテラスオオミカミ》は日本史史上初のキャリアウーマンです。高天原《たかまがはら》をシラス（治める）役目と同時に機織り小屋を持っていたのですから、神話の時代から日本女性はしっかりと仕事をしていたのです。

武士の家でも、子女の躾を行うのは母親（女性）の務めでした。家の中を取り仕切り、しっかりと夫を支えることは、夫の仕事を助けることだったのです。

江戸時代の人々の暮らしがどれほど素晴らしいものだったのかを、西洋人の文献を多数引用しながら説明している渡辺京二著『逝きし世の面影』（平凡社）を読むと、日本の平和な暮らしに驚いた西洋人の様子が多く紹介されています。町人だけではなく、お百姓さんも武士の子供たちも、大人も子供も男性も女性も、なぜ日本人はこんなに穏やかで幸せな顔をしているのかと驚き、感動している様子が描かれています。

中世のヨーロッパ社会は（白人）男性至上主義で、女性と子供は差別の対象でした。女性は男性の所有物ですから物として扱われますし、子供は体の小さな大人として考えられていましたので、大人と同じような労働環境にいる子供は珍しくありませんでした。大人にとっては通常の労働量だとしても子供からすれば過酷です。しかし、サイズの小さい大人としか考えられていなかったので、同じ労働量がこなせない子供は、厳しく叱責された り体罰が与えられることもありました。そのような環境で育った当時の欧米人は、日本人が皆幸せな顔をしていることに非常に興味を寄せたのです。

もちろん価値観や道徳観の違いがありましたから、欧米人が眉を顰《ひそ》めるような行いもあったでしょう。しかし、それでも、多くの西洋人が日本は素晴らしい、幸せに満ちている、子供の楽園であると感嘆して称賛したのです。男性も女性も子供も老人も、皆が陽気で明るく幸せに暮らしていた江戸時代の日本。それは男性と女性が共に支え合って、性による差別などなく、皆で協力して生きていたからではないでしょうか。

時代が変わり明治になっても、共に助け合い仲良く幸せに暮らす考え方に違いはありませんでしたが、少しずつ西洋の文明に流されて、急速な近代化に伴って日本らしい暮らし方や価値観が変わっていきました。

そこで、教育の荒廃を案じた明治天皇は『教育勅語』を発しました。

明治天皇は、当時の日本人に対して先《ま》ずは親を大事にしましょう、兄弟姉妹は仲良くしましょうと呼びかけ、家族の和を大切にすることをお伝えになりました。そして、夫婦はいつも仲睦まじく、と呼び掛けております。これは、男女は常に対等で夫と妻の役割による区別はあるけれども、夫婦ともに仲良くお互いを思いやり深く尊敬の念を持って親密にしましょうという意味です。

明治天皇が教育勅語を発したのは、教育の荒廃と急速に失われてゆく日本らしさを復活させたいとのお考えでしたから、「夫婦仲睦まじく」は明治期になって突然出現した考え方ではなく、昔から日本人が持っていた考え方なのです。そういったところからも、日本朕惟フニ我カ皇祖皇宗國ヲ肇ムルコト宏遠ニ徳ヲ樹ツルコト深厚ナリ我カ臣民克ク忠ニ克ク孝ニ億兆心ヲ一ニシテ世世厥ノ美ヲ済セルハ此レ我カ國體ノ精華ニシテ教育ノ淵源亦實ニ此ニ存ス爾臣民父母ニ孝ニ兄弟ニ友ニ夫婦相和シ朋友相信シ恭倹己レヲ持シ博愛衆ニ及ホシ学ヲ修メ業ヲ習ヒ以テ智能ヲ啓發シ徳器ヲ成就シ進テ公益ヲ廣メ世務ヲ開キ常ニ國憲ヲ重シ國法ニ遵ヒ一旦緩急アレハ義勇公ニ奉シ以テ天壌無窮ノ皇運ヲ扶翼スヘシ是ノ如キハ獨リ朕カ忠良ノ臣民

天皇である私が思うに、先祖が国を始めたのは広く遠いことで、道徳という深厚な理想を掲げました。国民のみんなが忠と孝の精神を大切に育んできたことは、わが国柄の立派な点であり、わが国の教育の心根もここにあるのです。

国民は父母に孝行を尽くし、兄弟姉妹は仲良く、夫婦は仲睦まじく、友達は互いに信じ合いましょう。自らは礼儀正しく身を保ち、博愛の精神で周りに接し、勉強して学問を修め、職業に就いて智能を発揮し、世のため人のための精神で公益に尽くしましょう。常に国の憲法を尊重して法律を守り規則に従い、国家の緊急事態の時には、皇運を助け祖国や同胞を守るために力を尽くすべきです。忠良な日本国民としての

タルノミナラス又以テ爾祖先遺風ヲ顯彰スルニ足ラン

斯ノ道ハ實ニ我カ皇祖皇宗ノ遺訓ニシテ子孫臣民ノ倶ニ遵守スヘキ所之ヲ古今ニ通シテ謬ラス之ヲ中外ニ施シテ悖ラス朕爾臣民ト倶ニ拳拳服膺シテ咸其徳ヲ一ニセンコトヲ庶幾フ

明治二十三年十月三十日

御名御璽

心得となるだけでなく、皆さんのご先祖達がずっと守り続けてきた日本的な美徳を顕彰することにもなるでしょう。

このような日本人の歩むべき道は、わが皇室の先祖達が守り伝えてきた教訓とも同じです。皇室の子孫も国民も共に順守すべき日本の伝統ですから、国の内外に示しても道に背くものではありません。私も国民と共にこれらの教えを大事に守って高い道徳心を忘れず、心を一つにすることを願っています。

明治23年（１８９０）10月30日

明治神宮崇敬会『たいせつなこと』ほか参考

教育勅語 12の徳目

孝行	親に孝行を尽くしましょう
友愛	兄弟、姉妹は仲良くしましょう
夫婦ノ和	夫婦はいつも仲睦まじくしましょう
朋友《めいゆう》ノ信	友達は信じ合って付き合いましょう
謙遜	自分の言動をつつしみましょう
博愛	広く全ての人に愛の手を差し伸べましょう
修学習業	勉学に励み職業を身につけましょう
智能啓発	知識を養い才能を伸ばしましょう
徳器《とくき》成就	人格の向上に努めましょう
公益世務《せいむ》	広く世の人々や社会のためになる仕事に励みましょう
遵法《じゅんぽう》	法律や規則を守り社会の秩序に従いましょう
義勇	正しい勇気を持って国のため真心を尽くしましょう

出典：明治神宮

は古い時代から男女の間に差別はなく、共に協力して日本社会を発展させてきたと言えるのです。

また、神武天皇の「建国の詔《みことのり》」にある「八紘一宇《はっこういちう》」とは、日本を一つの家のように家族のように仲良く暮らせる家のような国家にしようではないか、といった意味です。この事実からも、日本は古来より男女が力を合わせて、共に日本社会を発展させてきたとわかります。

（26）e-GOV 法令検索　https://elaws.e-gov.go.jp/document?lawid=140AC0000000045

「男女同権」、「男女平等」、「女性が輝く社会」の言葉に潜むワナ

一般的には「男女同権」と「男女平等」は、同じ意味で使われています。男性と女性の権利が同等であること、およびそのような理念を指して使う言葉だそうです『注27』。ちなみにＳＤＧｓでは「ジェンダー平等」と言いますので「項目５」となります。

先ほどの項目で書きましたように、日本では神話の時代から男性と女性は同等の立場で平等でした。西洋、欧米では白人男性が一番偉くて、女性や子供は男性の所有物として扱われてきましたので、男性と同じように女性や子供にも平等や自由といった権利があるのだという考え方が中世ヨーロッパには存在しませんでした。

また、新大陸を求めてイギリスのヨークから旅立ったピューリタン（清教徒）たちも敬虔な宗教の教えの下で家庭を営んでおり、夫・父親（男性）は一家の中では神であり、妻

SDGs(持続可能な再開発目標)の17項目

と娘(女性)は夫・父親に服従するという思想を持っていました。

　そういった背景の中から西洋で「男女同権」や「男女平等」が生まれたことは理解できますが、なぜ神話の時代から男女は同等で平等で公平であった日本で、このような考えが広まったのでしょうか。

　私の持論ですが、それはやはり明治時代の開国が影響を与えていたと考えています。

　当時6歳だった津田梅子【注28】は、岩倉使節団で渡米して17歳で帰国しました。11年間に亘《わた》って少女期をアメリカで過ごした梅子は、帰国時には日本語がおぼつかなかったと言われています。そして当時の日本女性の様子に大変なカルチャーショックを受けたと言われています。ちょうど梅子がアメリカにいた頃は、女性の地位向上が盛んな時期でしたから、その空気の中で多感期を過ごした梅子にとっては、明治期の日本女性が大変な圧政を受けている、男性の配下に置かれている、日本女性の地位を向上しなければと思ったのも無理はないでしょう。ちょうどこの明治33～34（１９００～01）年は、女子の高等教育（女子大学校）の必要性が注目されていた頃ですから、梅子は明治33年に「女子英学塾」（津田塾大学の前身）を開校します。

私の母校である日本女子大学は、明治34年に日本女子大学校として成瀬仁蔵先生が創立されました。成瀬先生は、新しい時代には新しい女子教育が必要という考えの持ち主で、教育の方針として「女子の人としての教育」「女子の婦人としての教育」「女子の国民としての教育」を掲げております。

新しい時代の日本を発展させるためには女子の力が欠かせない、一部の優秀な者だけが日本の発展に寄与するのでは限界が来てしまう、中間層のものが必要となる。それには家庭を取り仕切る女性こそが日本の中間層を生み出すとして、女子の高等教育に力を入れました。家庭の中でしっかりと婦人として家を整えて取り仕切る。良い子供を育てる。それこそが日本人の人材育成だと私が考える所以《ゆえん》でもあります（ちなみに日本で最初に家政学部を設置したのは日本女子大学です）。

このように男性には男性の役割、女性には女性の役割があると区別するのが本来の男女同権、男女平等なのではないでしょうか。そして、女性が輝く社会なのではないでしょうか。「適材適所」という言葉があります、男性は一生懸命に家族のため地域のため国のために働く、女性は一生懸命に家族のため地域のため国のために子供を育てて家を整え取り仕切る。これのどこが女性差別なのでしょうか？　フェミニストたちの意見は、まるで家を整えて取り仕切るのが悪いことだと言っているようなものです。あなたたちは誰に育ててもらったのですか？　誰が、あなたたちが成長・発達できる環境を整えたのですか？

私は、彼ら彼女らフェミニストが言う「男女同権」、「男女平等」は、かつて白人男性から抑圧されていた白人女性が唱えた言葉であって西洋的な感覚であると断言しますし、「女性が輝く社会」とは女性の全てを労働者にして、家庭から母親を引き摺り出す恐ろしい意味を持った言葉であると指摘します。また、専業主婦の否定と母親の名誉の失墜、女性の人権侵害であることも指摘しておきます。

（27）「男女同権」Wikipedia より。
https://ja.wikipedia.org/wiki/%E7%94%B7%E5%A5%B3%E5%90%8C%E6%A8%A9
（28）津田塾大学ＨＰ　https://www.tsuda.ac.jp/aboutus/history/index.html

専業主婦を考える！　家事は社会貢献につながる尊いお役目

昨今の日本社会では、「専業主婦」という言葉を耳にする機会がすっかり失われてしまいました。家庭に入っている女性（子供の有無に関わらず）で働いていない方は、ほぼいないと言っても過言ではないでしょう。

総務省が令和６（２０２４）年６月に発表した「労働力調査」では、女性の就業者数は約３０７２万人で、比較可能な昭和28（１９５３）年以降で過去最多となりました【注29】。

また、男女共同参画局の「共働き世帯数と専業主婦世帯数の推移（妻が64歳以下の世帯）」【注

共働き世帯数と専業主婦世帯数の推移（妻が64歳以下の世帯）

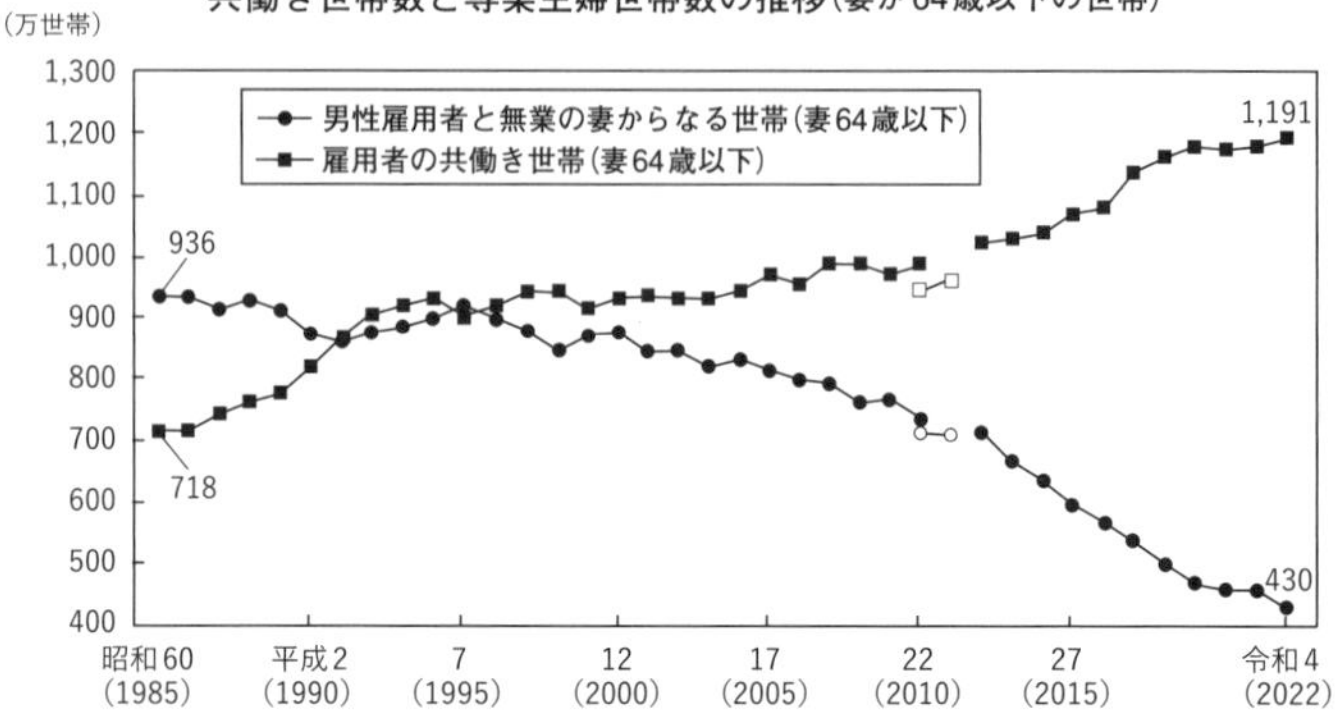

（内閣府・男女共同参加局「男女共同参画白書」令和５年版より）

30】のグラフを見ますと、昭和60（１９８５）年では約９３６万世帯あった専業主婦世帯が、令和４（２０２２）年では約４３０万世帯と減少しており、対して共働き世帯は増加しています。

令和４（２０２２）年9月12日の読売新聞オンラインに掲載されていた記事では【注31】、令和３（２０２１）年における子育て世帯で母親が就業している割合が、初めて4分の3に達したと報じています。

また、令和6年度卒業予定の大学生と大学院生に向けたアンケートでは、専業主婦を希望する若者は年々減少傾向にあります。【注32】

専業主婦が減少して、労働をする女性・母親が増えているのは、一見すると社会的には良いことのように見えるかもしれません。世界的に見ると女性が社会で活躍するのは男女平等の観点から良いことだとされていますし、長年に亘る少子化の影響で労働人口が減少している現在の日本の状況を鑑《かんが》みても、女性・母親が働くのは必然なのかもしれません。

しかし、子供の健やかな心の発達を考えると家庭に母親がいる状態は非常に重要なことであると第一章で書きました。そして、この章では、「男女平等」「男女同権」「女性が輝く社会」について考え直すという視点で書きました。そのため、この項では専業主婦について考えてみたいと思います。

かつて「専業主婦はニート」という言葉がインターネット掲示板で流行しました。労働をせずお金を稼がずに一日中家にいて三食昼寝付き。まるでニートのような生活だという内容で、専業主婦を完全に見下した言葉でした。この言葉の背景には専業主婦は無職だとする偏見があり、生産性がないと暗に言っているのでしょう。家電製品が充実している現代においては家事にかける時間が減りましたので、専業主婦は暇だと思っている人が多数いるのでしょう。

では、本当に専業主婦は無職で暇なのでしょうか。確かに職業という観点で考えれば賃金が発生しない専業主婦は「職業に就いていない」と言えますので無職です。しかし職業という観点ではなく、「家族のために働いている」という観点で見ると、立派に働いていると言えます。家族のためにしっかりと食事を作り、家計を預かり家庭の経済を管理して、掃除・洗濯・整理整頓、育児、家族の世話をして、家の中をしっかりと整えることが主婦の役目です。

日本女子大学創立者の成瀬仁蔵先生の教育方針にもある「女子の婦人としての教育」は、まさにこの状態を指していると言えます。毎日の生活を送る場所が家、つまり家庭です。人は家庭の中で生活をしています、家庭を基盤として社会生活を送っています。そして、社会生活は家庭生活の上に成り立っています。その家庭を整えて、守り、運営していたのが、かつての主婦でした。

なぜ、主婦は「専業主婦」という呼び方になったのでしょうか。「主婦業に専念している」という意味で専業主婦という言葉が作られたと思いますが、兼業とか専業といった修飾語をつけることで、「主婦」という言葉の意味合いに幅を持たせることが目的だったのかもしれません。妻・母親が家庭から出て外へ働きに行く行為を、家事業と兼ねて労働しているから「兼業主婦」という言葉が生まれて、今ではその状態を「共働き世帯」と言いますから「兼業主婦」という呼び方は自然消滅して、家事や育児に専念している「専業主婦」だけが残ったのでしょう。そして先に書いた「専業主婦はニート」という書き込みで悪いイメージが付いてしまったと私は考えています。

一日働いて疲れて、家に帰る。学校が終わって、家に帰る。「ただいま」と言って家に入る。「おかえりなさい」と声が聞こえる。家が綺麗な状態で清潔が保たれている。お風呂が沸いている。美味しい食事が用意されている。掃除や洗濯をしてくれる存在がいる。生活の基盤となる家の中が落ち着いた環境であり、心も体も癒されて、さあ明日もがんばろうと気持ちが前向きになれるというのは、主婦が社会に貢献していると言えるでしょう。働いて賃金を得ることだけに価値を置くのではなく、それを支える主婦の存在に感謝をすることが大切だと考えます。

あなたは誰に面倒を見てもらいましたか？

(29) 総務省統計局労働力調査（基本集計）。

https://www.stat.go.jp/data/roudou/sokuhou/tsuki/pdf/gaiyou.pdf
(30) 男女共同参画局「共働き世帯数と専業主婦世帯数の推移(妻が64歳以下の世帯)」
https://www.gender.go.jp/about_danjo/whitepaper/r05/zentai/html/zuhyo/zuhyo00-op02.html
(31) 読売新聞オンライン令和4年9月12日付記事 https://www.yomiuri.co.jp/national/20220912-
(32) 厚生労働省「今後の子育て世代の意識」図20専業主婦希望の推移」
https://www.mhlw.go.jp/content/11901000/001101627.pdf

「家政」ってなんでしょう

私の母校は日本女子大学、日本で初めて家政学部を設置した大学です。「家政学」と聞いて皆さんは何を連想するでしょうか。学校での家庭科の授業、栄養素の勉強や裁縫や調理実習、そして家庭科の先生……といったところでしょうか。家政学と聞いても「なんだかよく分からないなぁ」と感じる方が多いと思います。

日本女子大学を設立した広岡浅子(1849〜1919)先生を取り上げた平成27

（２０１５）年下半期のＮＨＫの連続テレビドラマ『あさが来た』【注33】で、創立者として登場した成瀬仁蔵先生は、家政学を「家を整えるための学問」として設置しました。建学の精神は「女子を人として・婦人として・国民として教育する」、教育理念として「信念徹底・自発創生・共同奉仕」を三本柱に掲げました。

成瀬先生は、当初は女子教育にはキリスト教的な女子観を念頭においた教育が必要だと考えていたそうですが、渋沢栄一氏【注34】から「明治の日本を今後より一層発展させるためには、一部のエリートだけではなく、実際に国を支える中間層を増やさなくてはならない。そのためには中間層を家庭の中で支える婦人への教育が必要だ」との指摘を受け、「家を整えるための婦人教育が必要」との想いに至ったそうです。

この「家を整える」という観点が、現代の日本人は勘違いをしているような気がしてなりません。「整える」とは単に整理整頓がされている状態ではありません。雰囲気が落ち着いている、清潔な環境が維持されている、そこに暮らしている家族が満足していることも「整う」という言葉の要素に含まれていると私は考えます。サウナが大好きな人々を「サウナー」と呼びますが、サウナーの皆さんはサウナで心身ともにすっきりした状態を「ととのう（整う・調う・斉う）」と言います。家庭の中で暮らす家族の心理的な状態が整っている、これこそが「家を整える」ことだと私は考えます。

具体的に私が学んだ家政学（日本女子大学家政学部の場合）を見ていきます。

【児童学科】は、子供の育ちに関する学び（生理学、保健学、幼児教育、発達心理学、心理療法等々）を多角的に捉えて、子どもを取り巻く環境について学びます。少子高齢化や核家族化、虐待や貧困、最近の事象でいいますと、ひとり親家庭（かつての母子家庭）の子供や、親の元で暮らせなくなった子供への支援の方法などについても学びを深めます。子供に関する問題は児童学と一括りにはできない要因がたくさんありますので、政治や経済にも気を配る必要があると痛感しました。

【食物学科】は、化学を基本とした調理や栄養に関する学問を学び、成瀬先生の提唱した「完全なる食品」を具現化するために献立のたて方、盛り付け、調理の工夫について学びます。完全なる食品とは、栄養バランスはもちろんのこと、見た目も心を落ち着かせる要素として盛り付けを工夫して、命を頂くために感謝して美味しく調理することが大切であるとした調理方法及び盛り付けによって仕上げられた献立メニューのことです。成瀬先生がご存命当時は「調理学」と呼んでいたそうですが、現在は食物学科の中のカリキュラムとなっています。

【衣服学科】では、衣服に関する様々な物事を学びます。衣服に関する西洋の歴史、日本の歴史、糸や布に関する歴史も含めて伝統的装束についても学びます。人は裸で暮らしておりませんので、服を着るというのは人生でもあるわけです。また、皮膚の保護や自我の表現という側面もあり、着ている服の色による心理的な影響についても学びます。かつて平安時代の日本では十二単《ひとえ》の色によって身分の地位を表し、女性であれば未婚・既婚の違いも表しておりました。私は平安時代の十二単の襲《かさね》の色、男性装束の色や装束そのものが持つ意味などがとても興味深くて、無味乾燥な「日本史」ではなく、人々の息遣いを感じる生活の一ページとして楽しく学びました。

【住居学】では、建築学を基盤とした建物に関する知識や家庭をめぐる環境問題、建物保存、建物としての「家庭」について学びました。また、手入れと修復をしていくことで建物は長く保存することができる。これは歴史的な建造物を後世に引き継ぐためにとても大事な要素です。ただそこに建っているのではなく、そこに暮らした当時の人々の想いも残せるような保存方法が、正しい歴史として後の世の人々に受け継がれていく、と私は思っています。

人の目を惹く奇抜な建物は、確かに人の記憶には残りますが、それはあくまでも「建造物」としての価値でしかありません。容れ物ではない、そこで生きていた人々の生活・暮らしを伝える建造物に価値があると私は思っています。

このようにして見ていきますと、家政学は非常に多岐にわたる学問です。家政経済学という学問もありますし、義務教育の家庭科科目としては収まりきれない知識がたくさんあります。家政学とは、人々の暮らし、生活、日本人の営みに関する学問です。

（33）ＮＨＫアーカイブス。https://www2.nhk.or.jp/archives/movies/?id=D0009050384_00000
（34）渋沢栄一は日本女子大学第三代校長。

家事も子育ても神事である

ここで、私は家政学を違った視点で見てみようと思います。

家政とは、家の政（まつりごと）と書きます。私は、家政とは家の中で執り行う神事であると捉えています。ですから、家事とは家の中での「神事」です。家を整えるとは、家の中で神事を執《と》り行えるように整えることだと考えています。水拭きでの掃除は生活空間を掃き清める行い、チリを払う掃除（最近ではめっきり見なくなったハタキ）は積もり積もった埃を払って空気を清める行いです。仏教でも「煤払い」という行事を年末に行います。また水回りを掃除することも汚れ（穢《けが》れ）やすい場所を清め祓う行いであると考えられます。毎日のお掃除は、家の中の汚れ（よごれ、けがれ）を掃き清める（浄める）神事だと言えるのです。

子供を育てることは、次世代の育成ですから、古事記の国産みにも登場するようにカミは次世代を産み育ててきました。天照大御神の孫にあたる瓊瓊杵尊《ニニギノミコト》が天孫降臨されて、さらにまた孫にあたる神武天皇が初代天皇として即位して日本が建国されたことを鑑みても、子育て・育児・子供に関することは神事であるといってよいと考えています。

調理することは、神職の方が毎日、御饌《みけ》を差し上げる神事を家の中で執り行い、家族に食事を差し上げる行いであると捉えられます。住居に関しては、家を建てることは伊勢の神宮における式年遷宮【注35】が該当すると私は考えます。新しい殿舎を設計し造ることは、人々の暮らしで言うところの新築、家を建てるという神事を執り行う際に必要となるのが住居に関する学問です。

そして、衣服学は新しく造り替える御装束に該当します。大御神がお召しになる御装束は人々の衣服です。人間も神様と同様に衣服を身につけますから、衣服を丁寧に取り扱うこと、保存すること、そして造り替えたりすることは、やはり家の中で執り行う神事であると言えるのです。この衣服学に付随して洗濯に関する化学があります。最近の衣服は化学繊維製のものが多数ありますので、それらの素材と汚れに合致した洗濯洗剤が開発されています。平安時代などの装束も、当時の装束の素材や汚れ方に応じて鶯《うぐいす》の糞で汚れを取り除いたりしていたそうです。

このような捉え方をして家政学を見ると、無味乾燥なつまらない学問ではなく、日本人としての息吹を感じる興味深い学問となります。義務教育で行う家庭科はどうしても面白みが感じにくい科目となりがちですが、日本人としての暮らし、生活の知恵、歴史といった知識の伝承など、暮らしに結びついている身近な学問だと言えます。家政学に興味を持つ若い人材が増えることを願います（しかし今の家政学は、日本人古来の暮らしに主眼を置いていないので、ふんわり左翼になってしまう危険性があります。ですので、やっぱり家政学には興味を持たない方が賢明……かもしれません）。

(35) 式年遷宮とは、20年に一度、正殿をはじめとする殿舎と御装束神宝を新たに造り替えて、大御神に新宮へお遷りいただくお祭り。
伊勢神宮ＨＰ　https://www.isejingu.or.jp/sengu/the62nd/

男性の「育休」って必要なのでしょうか

令和6（2024）年8月1日付の産経新聞に、『男性育休初の30％超え。意向確認の義務化で急増』という内容の記事が掲載されました。この記事によると、令和5（2023）年度の雇用均等基本調査（厚労省発表）では男性の育児休業取得率が30・1％となり、前年の17・1％から急増したと報じられています。新生児～生後3ヶ月までは一人目であっても二人目であっても、母親には大変な労力がかかりますから、夫である父親が仕事を休み家で一緒に育児に勤しむことは決して悪いことではありません。一見すると、とても美しい夫婦の姿に見えます……。

なぜ、私がこのような奥歯にものが挟まったような表現をするのかと言いますと、本当に「男性の育休って必要なのですか？」と思っているからです。確かに母親一人に負荷が掛かる状態は避けた方がよいでしょう。夫婦二人の子供ですから負担を分担して、二人で一緒に育児をする。正しい考えだと思いますが、問題となる焦点は、なぜ「母親一人に負

育児休業取得率の推移

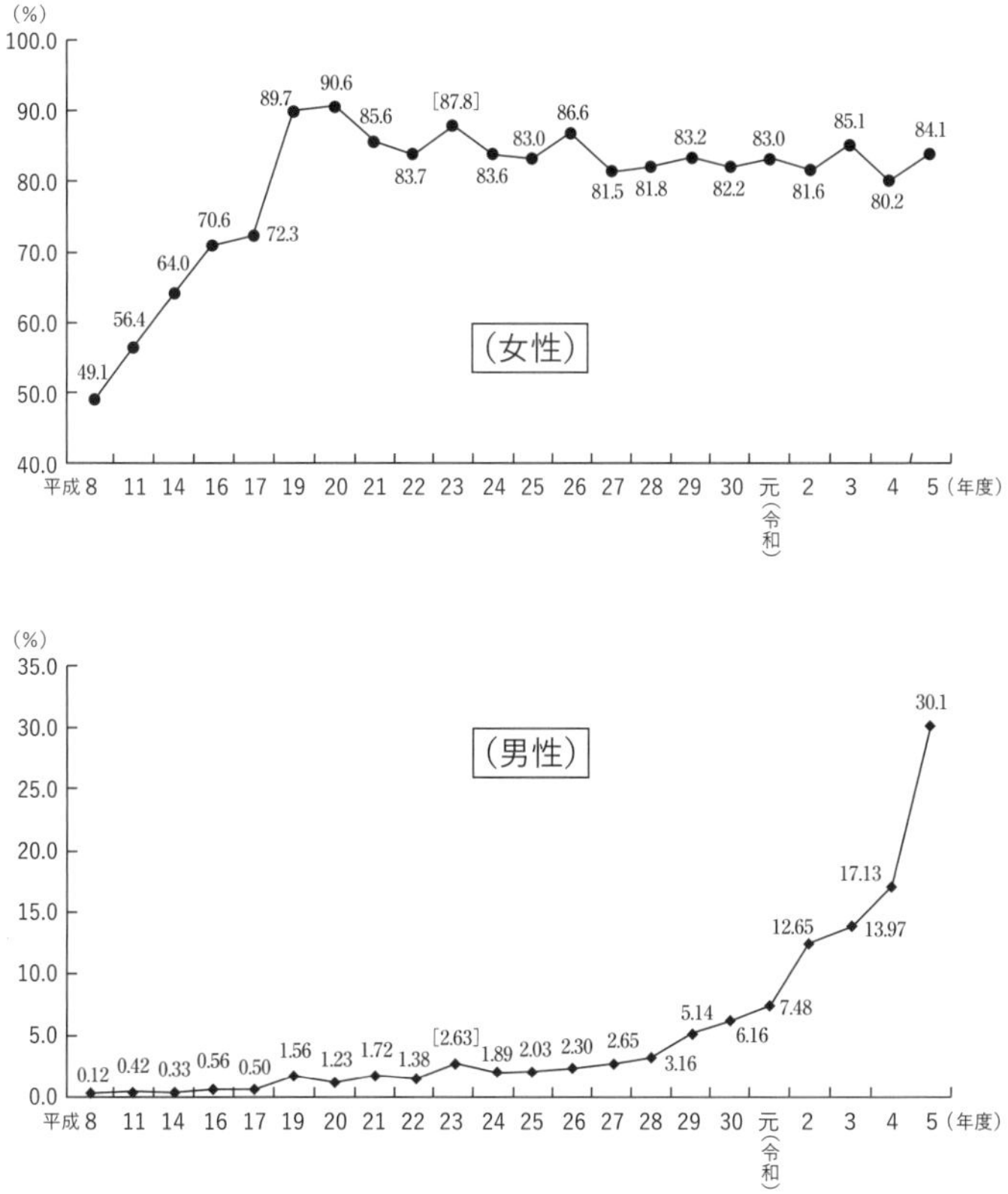

（厚生労働省「雇用均等基本調査」令和５年度より）

担が掛かるのか」です。ここを抜きにして現代の子育て事情を語ることはできないと私は思っています。

「母親一人に負担が掛かる」理由は間違いなく「地元から離れた核家族化」と指摘できます。その証拠に母親が生まれ育った地元で子育てをしている場合は、核家族として暮らしていても「母親一人に負担が掛かる」状況にはなっていません。母親の両親（祖父母）が母親と協力して子育て（孫育て）をしています。同居していなくても両親が近所に住んでいれば子育て（孫育て）ができるのです。

ですから、「母親一人に負担が掛かる」状況は、親の地元から離れて親族や知人がいない街で暮らしていることで発生すると言い換えることができます。夫婦二人だけの生活に子供が生まれた場合、「母親一人に負担が掛かる」状況となるのは当たり前のことです。だから、その負担を軽減するために夫である父親にも育児休業を取得してもらう。これが子育て支援の一部というのですから、なんだかとても不自然です。西洋医学で言うところの対症療法。臭いものには蓋をしろ、のような方法にしか感じません。大事なのは、夫婦が安心して子育てができる環境と状況を生み出すことです。そのためには、もちろん日本経済の復興が欠かせませんが、都市部への人口流入と地方からの人口流出を防ぐことも忘れてはなりません。

昨今の児童福祉界では「社会的養護」という言葉が流行しています。「社会で子供を育てよう」「だから、社会的養護の施設である児童養護施設だけではなく里親制度の充実を目指そう」と言っています。この里親制度については、本項の主旨から外れますので説明は割愛しますが、社会が子供を育てると言うならば、本来は地域社会で考えることが必要であり、国が制度として取り組むことではないのです。親が生まれ育った地域で、子供を中心とした子育てをすることが子供の幸せに適っており、母親にだけ負担が掛かる状況を解消する方法であると私は考えます。

実際に都市部であっても地方であっても、親自身が生まれ育った地元で結婚・子育てしている夫婦は、世間で言われている「ワンオペ育児」と言われる状況にはなっていませんし、子育て中に孤独を感じるといったこともありません。

男性が育休を取る以前に解決するべきことがあるのです。真に少子化解消を目指すならば、男性の育休取得といった小手先の対症療法ではなく、根本となっている問題の解決から始めることが重要であると私は指摘します。そのためには、父親の役割・母親の役割を正しく理解することが必要です。

父親の役割、母親の役割

「父親の役割」とは、なんでしょうか。

そう聞いて皆さんには色々なイメージが浮かぶと思います。子供と一緒にキャッチボールをしている姿や（釣りも良いですね）、子供と楽しく大胆に遊ぶ姿、それも父親の役割です。また家族のために一生懸命に働く姿を思い浮かべる方もいるでしょう。「家族のために働く」、これこそが父親の役割であるといってよいでしょう。

アニメ『サザエさん』（エイケン）に登場する磯野家の主人の波平さん、サザエさんの夫であるフグ田マスオさんも家族のために働いています。日本のお父さんたちは家族のために一生懸命に働き、稼ぎを妻に召し上げられても文句の一つも言わずに、家族の笑顔と幸せのために頑張っています。今もそれは変わらないでしょう。

昔に比べて変化したと私が感じる部分は、父親が責任を持って子供と接する機会が減少しているのではないかという点です。例えば、叱る、躾をするといった行為が減りました。サザエさんの作中では、波平さんが息子であるカツオを対面でしっかりと叱る場面があります。あの姿も父親としての役割であると私は考えます。ダメなものはダメなんだとしっかりと伝える、教える。時には父親に対して恐れの感情を子供が抱くこともあるでしょう。その感情は母親が補えばよいのです。「お父さんは、ああやって厳しく言ったけれども、意地悪で言っているのではないのですよ」と、お母さんが優しく諭してあげたらよいのです。父親は、子供に対して頼もしい存在、厳しい存在、男性としてのお手本となる役割があるのです。

では、「母親の役割」とはなんでしょうか。

イメージとしては優しく微笑んでいるとか、家の中でしっかりとご飯を作ったり家事をしたり、最近の傾向でいうと仕事もして家事もして、といったところでしょうか。お母さんに対するイメージはこの数十年で大きく変わったと感じませんか。男女同権や男女平等といった印象操作によって主婦やお母さんに対する評価が大きく変化しましたから、一口に母親の役割といっても、父親の役割と比較すると随分と変化しました。

かつてのお母さんといえば、家庭を切り盛りして、子供たちや夫のために掃除、炊事、洗濯、育児をして、家族の中心にいるといったイメージがありました。厳しいお父さんとは対照的にいつも笑顔で、明るく、朗らかで、子供の心を明るく照らす存在がお母さんでした。

しかし日本経済の低迷が続き、お母さんも働かざるを得ない状況が長く続いています。そうなると、仕事に追われるお母さんの心から余裕が少しずつ減ってゆき、明るく楽しい気持ちを持ったお母さんの存在が減りつつあります。子育てと家事、そして仕事がありますから、三つのことを毎日頑張るのはとても大変なことです。そこで夫であるお父さんの協力は欠かせません。

ですから、男性の育休は子供が生まれてから1年間ではなく、お母さんが家事と育児と仕事の三つを兼業することが困難であると感じたタイミングで取得することが、一番良いのではないかと私は考えます。私自身はフルタイムで働いてはおりませんので、周りのフルタイム勤務のお母さんたちから話を聞いたり見たりした結果、男性育休制度は本来の役割を果たしていないと感じます。

話が脱線しましたので本筋に戻りましょう。

父親の役割と母親の役割、これを見失っている状況が、特にここ20年間くらいの子育てを取り巻く現状ではないでしょうか。特に母親の役割です。子育てを母親が手放している、と言っても過言ではないでしょう。幼いうちから子供を他人に預けて（保育所、こども園、託児所）仕事に出る。またはその時間を趣味に費やす、子供を預けている間に友人に会ったりするなどして孤独を回避するといった名目もあるでしょう。

他人に預ける行為そのものが悪いとは言いませんが、預ける理由によっては子供に対する温かな思いやりが感じられない場合も見受けられます。行政（子ども家庭支援センターなど【注36】）で一時預かりを行っていますので、頼れる身内がいない場合はこうした一時預かりを利用していただくことは良いと思います。

しかしそうではなく、就業していなくても、こども園や民間の託児所に子供を長時間預けるお母さんがいます。そしてフルタイムで働いている場合は子供が小学生になってからも、学童や放課後児童クラブ、放課後の民間の託児所、最近ではお母さん（お父さん含む）のお迎えが間に合わないから学校に車で迎えにくる託児所機能を持ったスポーツクラブや英会話教室もあります。朝に学校へ行き、放課後は車で強制的に習い事を兼ねた託児所へ送られる、夜になってから帰宅して、慌ただしい両親との時間で、子供の心は癒されるのでしょうか。夏休みは不要であるとの声も聞かれるようになりました。

仕事と子供……。本当に大事なものは、どちらでしょうか。

（36）子ども家庭支援センターは、主に18歳未満の子供や子育て家庭の相談に応じる機関であり、在宅サービスの提供やケース補助、ボランティア育成などを行っている。各地域に子ども家庭支援センターが存在し、豊富な支援サービスを提供している。

子供は大事な存在

子供は邪魔な存在なのでしょうか。子供は望まれて生まれてきたはずです。温かく思いやりを持って子育てをする意識はどこにいったのでしょうか。

「お母さんは家庭の太陽」と言われていた時代は、中流層の家庭、専業主婦が多数を占めていた時代の言葉となってしまったのでしょうか。

昨今では青年たち【注37】の自己肯定感の低さがよく話題に上ります。【注38】

自己肯定感とは、「ありのままの自分を肯定する感覚」のことで、この感覚を獲得するには母親との関係性が影響していると、米国の発達心理学者E・H・エリクソンは言っています【注39】。また、社会心理学者の渋谷昌三は『人を傷つける話し方、人を喜ばせる話し方』（ワック　2024）で、「（略）幼児期における親との会話、とくに母親との交流が影響しやすい」と言っています。

もちろん、日本の青年の自己肯定感の低さの原因としては、学校教育で教わる日本の歴史（自虐史観）も影響していると私は考えますが、それと同じくらい、いや、それ以上に大事な要素がお母さんと子供の日々の関わりであると言えます。

子供と過ごす時間より仕事を優先してしまうお母さんの元では、「自分は要らない子な

●私は人並みの能力がある

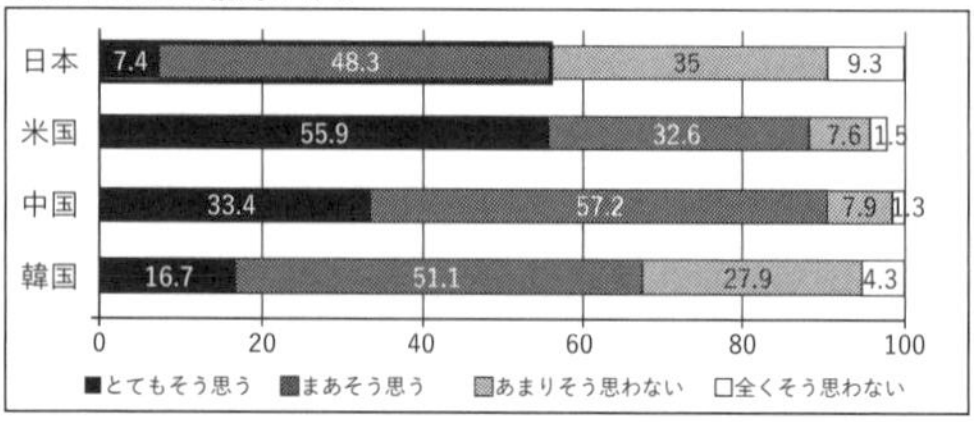

●私はダメな人間だと思うことがある

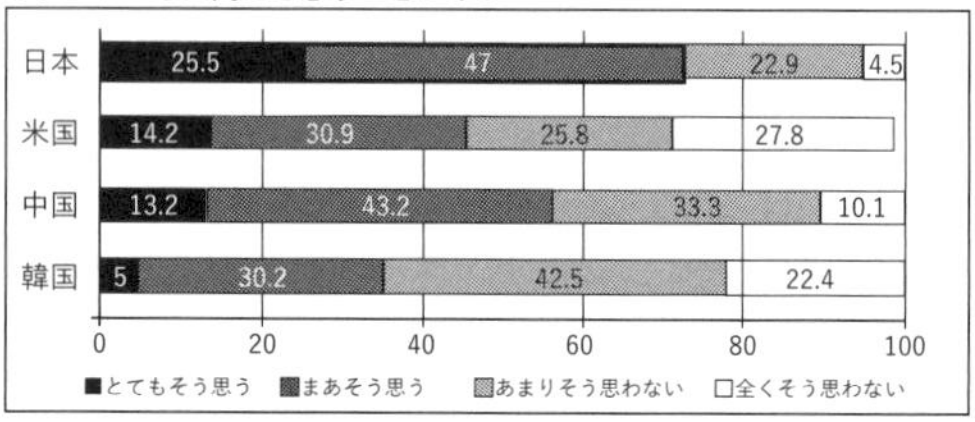

（国立青少年教育振興機構「高校生の生活と意識に関する調査報告書」平成25年より）

のかな」「自分は邪魔な存在なのかな」と、幼い時期から無意識に思ってしまう子供が増加するのは当然と言えば当然です。

例えば、自分と過ごす時間よりも仕事を優先する恋人や配偶者がいたとして、「私と仕事どっちが大切なの？」と、思った方は少なからずいると思います。大人だって子供だって同じです。「私(僕)より仕事の方が大切なんだね」と子供に思わせてしまうのは、かわいそうだと私は考えます。

経済的な問題を解消することはもちろん大切ですが、それよりも子供を大切に思う親の気持ちが子供の心の健やかな発達には欠かせないのです。どうか子供との時間を大切にして丁寧に心を育んでほしいと願います。

(37) 青年たちと表記しているが、中高生や大学生の男子女子を指す。
(38) 文部科学省、「2-1、高校生の生活と意識に関する調査における国際比較」https://www.mext.go.jp/b_menu/shingi/chukyo/chukyo14/shiryo/__icsFiles/afieldfile/2017/07/11/1388011_11_1.pdf
(39) E・H・エリクソンのライフサイクル理論「自我の獲得には乳児からの母親との関係性を通して獲得する性の発達課題があり、青年期が獲得する発達課題は自我の同一化である。自我とはアイデンティティーのことで、自分とは何かといった問いに対する答えが自己肯定感につながる」

コラム●私の子育て実録③「言葉遊び」

昔、私は娘たちとよく言葉遊びをしていました。お風呂の中や寝る前のちょっとした時間でも言葉遊びを楽しみましたが、一番盛り上がった場所は車の中でした。車酔い癖のある次女は、車の中でテレビを見たりゲームを行ったりできませんでしたから、何か退屈しない良い遊びはないかなと思い、初めの頃はしりとりをしていました。次女と三女がおしゃべりが上手くなった頃、長女はもう小学生でしたから、難しくない言葉を使ったしりとりを、たくさん行っていました。下の二人が色々な言葉を覚えるにつれて、しりとりの難度は上がり、地名縛り、国名縛り、果物縛り等々、色々な制限を設けてしりとりを楽しみました。飽きてきたら、三文字の言葉を一文字変えて違う意味を持つ言葉に変える遊びもしました。これは大人の方なら懐かしい言葉遊びだと思います。平成の中頃に流行した某テレビ番組でも行われていた言葉遊びです。

私が子育てに専念していた時期は大阪に住んでいたので、娘たちの暮らす環境がすでに言葉遊びに満ちていたとも言えます。大阪の人々は言葉の意味や言葉が持つニュアンス、会話のテンポ、間《ま》をとても上手に使いこなします。それは小さい子供たちでもです。47都道府県の中で、会話のテンポで右に出るものはいないというくらいに大阪人は言葉を見事に使いこなします。ですから、娘たちも年齢が上がるにつれて、言葉遊びの内容がグレードアップしていきました。子育ての途中で東京に引っ越しましたが、幼少時に身につけた言葉のセンスは今でも衰えていません。語彙量も多い方ではないかと感じます。

言葉遊びを楽しんでいるうちに、娘たちは地名に興味を持った時期がありました。大阪には難読地名が多く、知っていれば読めるけれど知らなかったら全く読めない地名があるのです。大阪だけではなく、全国に難読地名があります。また国名に興味を持ち、そこから地理や歴史に興味や関心が湧いた時期もありました。国語の文法に興味が湧いたり、星座縛りで言葉遊びをしている頃にはギリシャ神話に興味を持って図書館で本を借りていました。

私との言葉遊びのために、図書館で色々な言葉を仕入れていた時期もあったそうで、辞書を引くのではなく読んでいる頃もあったそうです。普段ではなかなか使わない言葉を言葉遊びやしりとりの最中に出してくるので、私が面食らったこともありました。もちろん私が負けることもありました。

そのお陰なのか、娘たちは国語や地理が好きでした。特に次女は文法が大変に好きになりまして、私の原稿の校正を（勝手に）やってくれます。長女はギリシャ神話好きが高じて古事記や日本書紀が好きになりました。三女は宇宙が好きになりました。将来は天文学をやりたいそうです。

子供の興味・関心を引き出すために色々な教室に通わせる親御さんが増えました。理科のお教室、体験学習ができる民間のスクール、スポーツクラブ等々。でもこういったお金のかかる教室や習い事だけではなく、母と子で楽しめるちょっとした遊びでも子供の興味関心は引き出せると思います。お母さんの時間と気持ちに余裕があれば、ほんの少しの時間でもよいので子供と一緒に楽しい時間を過ごしてほしいと願います。他人の手に委ねるのではなく、大切な子供は自分の手で丁寧に育んでほしいなと切に思います。

第３章　内なる国防は家庭にあり

内なる国防とは何か？ 「価値観の侵略」から子供を守る

国防を考える際に皆さんは、通常は対外的なもの、例えば自衛隊や集団的自衛権、軍事力や外交や政治といった、国の外側に向けて行う防衛のことを思い浮かべると思います。日米安保やクアッド（日米豪印戦略対話）のような他国と協力して自国と同盟国を防衛する行動も国防です。私はそれらを「外向きの国防」と名付けました。対して内向きの国防があります。これは私のオリジナルなのですが、家庭の中で育む愛国心が「内なる国防」です。

今や情報はそこら中に溢れていて、真偽が定かでないようなものまでもが情報として簡単に手に入ります。物事の分別が利《き》く大人ならよいのですが、子供でも簡単にそれらの情報と繋がってしまいます。間違った情報を得てしまう弊害は、最近の事象でいえば、アメリカでの「急速発症性性別違和」【注40】と言われる、トランスジェンダー【注41】になりたがる少女たちの例があります。X（旧Twitter）で流れている性別違和感やトランスジェンダーに関する情報に長時間晒《さら》されることにより、もしかしたら自分もトランスジェンダーなのではないかと思い込んでしまい、それらの活動（レインボープライド）に従事している教師やカウンセラーに誘導されて、ホルモン療法や外科的治療をされてしまうといった恐ろしい現実が報告されています。また、「ビジネス・トランスジェンダー」と思われる人々が現れました。ついこの間まで男性として生活していたのに、突如「私はトランス・ジェンダーです」と名乗り、女子の制服を着用して、小中学校で「性差別をなくそう」と講演をしているのです。こういった講演は事前に保護者へ知らせることがなく、子供から聞いて驚いた保護者が多数います。

日本では今のところアメリカほど表面化はされていませんが、令和5（2023）年6月に「LGBT理解増進法」が制定されて、今後どのような動きを見せるか未知数です。実際に「自分は女だ」と言って身体的な特徴が男性である者が女性のスペースに入り込んでくる事件が起きています【注42】。

そもそも日本ほど性に対して寛容で多様性を認めてきた国は他にありません。古事記に初めに現れる三柱の神は男神と女神の役割を持った中性的な神として描かれています。その後に現れる神々は男神と女神、互いに役割を持った男尊女尊の神々です。日本は神話の時代から男女の差別なくお互いに尊重して生きてきたのです。性的少数者を排除するといった欧米的な考えは日本の文化と伝統にはそぐわないのです。ですので、今さら性的少数者に配慮しろと言われても困るのです。元から差別がありませんでしたから。

このＬＧＢＴＱ問題に関する情報と同じように日本の文化と伝統にそぐわない規格があります。「ＳＤＧｓ」です。持続可能な社会を実現するための17の項目の一つひとつを見ると、もうすでに日本では行われていることや日本の文化と伝統に合わないものばかりです。この項目を学校教育や幼児教育に取り入れて、あたかも日本が遅れている、世界の標準から取り残されているといった自虐史観のような教育を行っているのが現在の状況です。（102ページ参照）

ＳＮＳでもテレビでも、ＬＧＢＴＱやＳＤＧｓがさも素晴らしいことであるかのように宣伝されています。一部のＬＧＢＴＱや専門家は、レインボーカラーのファッションや装飾品などを身につけるのが素晴らしいことであると笑顔で言います。学校でも先生が「ＬＧＢＴＱ問題やＳＤＧｓに取り組むことはとても素晴らしいこと」と子供たちに言います。

大人もなんとなくその波に呑まれているので、子供たちに本当に大切なことが伝えられずにいます。そのような現状を私は、「価値観の侵略」だと指摘します。この価値観の侵略は今に始まったことではありません。

振り返れば平成の時代にもありました。それが「ハラスメント」という言葉です。そもそも日本語に訳せないカタカナ語のまま世間に広まる価値観は要注意です。日本語に訳せないということは、その考え方や感覚が日本人にそぐわないということです。もっとはっきり言ってしまえば、日本人には持っていない考え方だから日本語に訳せないのです。ちょうど良い言葉がないのです。

例えば、カラオケは英語圏にはなかった文化だから適当な英語訳が見つからなかった。だからカラオケは「karaoke」として英語圏の人々に定着しました。「かわいい」という言葉も同じです。この言葉の持つ意味を的確に表せる英語訳が見つからず「kawaii」となりました。英語圏の人々には日本語の「かわいい」が理解できなかったのです。だからそれが分かった時に「kawaii」が急速に流行したのです。今でもアメリカで流行っているキュートなものと、日本で流行っているかわいいものとでは、違いがあると感じます。私はたぶんアメリカ的なキュートは理解できない人間だろうと思います。

こういった現象と同じように、「ハラスメント」も日本に上陸した当初は、ほとんどの日本人が理解できなかったと思います。当時中高生だった私も「？・？・？・？」となりましたから。相手が嫌がる発言をしないのは当たり前だと思っていましたし、「嫌だ」と言われたら謝って仲直りすればよいと思っていました。相手の気持ちに配慮して会話をする。態度に気をつける。これはまさに日本人的な価値観に基づいた行動であり、戦後徐々に失われていったかも知れませんが、それでも平成初期の時代には、まだそういった日本人らしさは残っていました。そこを打ち砕いてきたのがハラスメントでした。今ではすっかりハラスメントが横行して、何でもかんでもハラスメントと見なされて人間関係の構築に支障を来しています。笑い話のような「ハラスメント・ハラスメント」、これでは何も話せません。

次に私が指摘する価値観の侵略としては、「ストレス」を挙げます。この言葉も日本語に訳されていません。正確に日本語で説明すると「外部から刺激を受けた時に生じる緊張状態」のことです。確かにそういった状態になって胃が痛くなったり食欲不振になったりするでしょう。しかし大事なことは、そういった身体症状が現れた時に「これはストレスだ」という思考停止状態になるのではなく、なぜそういった状態になっているのか、陥ったのかと原因を考えることではないでしょうか。ストレスという言葉で自分を決めつけて思考停止状態になり、薬に頼る。これこそ不健康な状態ではないでしょうか。そして一億総ストレス社会となり、何でもかんでもストレスと結論づけて、原因究明をせず薬に頼り、しまいには精神面にも不調をきたす、そしてまた薬に頼る。日本人は元来明るくおおらかで、たくましい民族でした。渡辺京二著『逝きし世の面影』（平凡社　２００５）によると、かつての日本人は、そのような姿で欧米人に映っていたそうです。それが、いつからこんなに体も精神も弱くなったのでしょうか……。

こういった価値観の侵略と言える状況から子供たちを守るためには何が必要でしょうか。学校やＳＮＳにひっそりと潜り込んでいるおかしな情報、日本の文化と伝統を破壊するような知識、そういったものから子供を守るために、私たち大人は何に気をつけたらよいでしょうか。

私は家庭内での親子の会話、特に母と子の関係性が大事であると考えています。第一章でも書きましたが、母と子の関係性が信頼に基づいたものであれば、外からおかしな知識を身につけてきても母との会話の中で取り除くことができます。学校でのおかしな歴史教育も、家庭の中での会話で正しい歴史を親が子供に伝えることで修正することができます。それにはもちろん親側が正しい歴史を知っている必要がありますが、子供と一緒に学ぶことも楽しいと思います。子供からしたら親と一緒に何かを学ぶという経験が、その後の人生に良い影響を与えます。一緒に楽しく学んだ経験、楽しく遊んだ経験は良い思い出として心に残ります。楽しかった思い出は、子供が思春期や反抗期を迎えた時にとても役に立ちます。

そして、家庭の中で日本人としてのあるべき姿を心に育まれた子供たちが大人となり、未来の日本を支えていくのです。これを国防と言わずして何というのでしょうか。しっかりと「日本」を内在化させた大人が増えること、そういった大人たちが社会を支える。官僚として活躍することもあるでしょうし、政治家になる者も現れるでしょう。日本人として、日本を支える人材育成の場こそが家庭なのです。子育ては、日本人の育成なのです。

（40）急速発症とは症状が急に現れること。性別違和とは自分の身体的性別と性自認の差異に不安や不満を感じる状態。
（41）トランスジェンダーは性同一性障害よりも広い概念であり、心と体の性別が不一致の者に対する医学的用語。また当事者が自分たちの生き方にプライドを持ち、名乗る時に好んで使われる。
（42）ＬＧＢＴと多様性を考える会「女装事件リスト」
https://what-is-diversity.com/archives/incidents

愛国心は戦前の軍国主義じゃない

愛国心と言いますと反射的に「軍国主義だ」と考える人がいます。国を愛する気持ちを軍国主義に繋げる人の特徴は、自虐史観の持ち主であることと左翼的な思想の持ち主であること。職種でいえば教師、学者、エリート層によくいます。

私の周りにいるそういった方々のほとんどが戦後生まれですから、自虐史観に染まった学校教育を受けて、なおかつ成績優秀であったのでしょう。大東亜戦争終戦後のＧＨＱによって行われた公職追放によって日本人の精神と価値観を持った教師は職を奪われて、その代わりにＧＨＱの意向に沿う者や共産主義者が公職に就きました。そこで行われたのが学校教育の改革でした。教科書の墨塗り、修身科目の廃止、礼法の廃止、昭和20年8月15日を境にして全てが「真逆」になりました。

例として『復刻版　国民礼法』（ハート出版　２０２２）を見ると、子供たちに教える内容として、日常生活の心掛け、挨拶と言葉遣い、立ち居振る舞いなどが載っています。

私が小学生時代を過ごした昭和60年前後の時代でも、これらの教えは学校では習っておりませんでしたので、多くは家庭で親が伝えていました。家庭の中で親が子供に日常生活の心掛け、挨拶と言葉遣い、立ち居振る舞いなどを伝えるのは重要であると私は考えますが、昨今の日本人を見ると、行儀がなっていない人、言葉遣いがおかしな人がたくさんいます。

ということは、家庭の中で子供に伝えるには限界があるのです。家庭内でできないことを補助するのが学校における教育であり、また学校教育でできないことを補助するのが家庭です。学校と家庭が協力をして子供を育てることが理想であると言えます。そして変更した（偏向した）学校教育を受けて育った大人が親となるのですから、ねじ曲げられたものが、そのまま下の世代に伝わっていってしまうのです。

『復刻版　国民礼法』175頁9行には、「『冠婚葬祭入門』が約三百万部、累計では約七百万部もの大ベストセラーになった」と書いてあります。これこそまさに、学校でも家庭でも日常生活の心掛け、挨拶と言葉遣い、立ち振る舞いなどを教わらなかったことが背景にあると、竹内久美子先生が解説されています。

このように学校で間違った物事を習うと、その教えを頭に入れた状態で大人となり、その大人が子供を持つと……、間違った教えが次世代に引き継がれてしまうのです。その結果が現在の日本の状態であると言えます。

戦時中の日本は確かに軍国主義だったかもしれません。朝日新聞が国民の戦意を煽《あお》っていましたから、そういった過激な報道に影響を受けて軍国主義的な考えを持った方もいたでしょう。それは否定できません。しかし、だからといって朝日新聞が愛国的な報道をしていたわけではありません。国民に煽情的な情報を流して、民意を駆り立て、不安を煽り、世論を二分するやり方は今も昔も同じです。軍国主義の悪いイメージは朝日新聞を始めとするマスコミが作り上げたと言ってよいでしょう。

そして愛国心――。国を愛する気持ちに理屈や思想は必要ありません。令和6年夏、フランスでパリ五輪が開催されておりましたが、皆さんは理屈も思想も抜きで日本チームと日本人選手を応援したと思います。五輪に限らず世界大会で日本チームと日本人選手が勝つと嬉しい、喜ばしいと思う人は多いでしょう。日本人選手がメダルを取ると誇らしい気持ちになると思います。私はその気持ちが愛国心だと考えています。

一般の方で愛国心という言葉にアレルギー反応を示す方に、前述のように話すと、納得していただけます。

「そうか。愛国心って思想とか政治的なものじゃないんですね」と言って下さいます。

ですから、愛国心という言葉にアレルギー反応を示す一定の方は、戦後の偏向教育でおかしな思想に染められてしまった人、と言い換えることができます。五輪や世界大会の話の場合、イデオロギーが入っていませんから、素直に愛国心について肯定できます。

もう少し違う角度で愛国心について考えてみましょう。

皆さん、配偶者や恋人、お子さん、ご家族、ご両親、それぞれ愛している人がおられると思います。なぜ、愛しているのですか？　理由はありますか？

男性の方にちょっと想像してみてほしいのですが、奥様や彼女から「私のどこを愛しているの？　理由は？」と聞かれたら困りませんか？　だって、愛しているものは愛しているんだから、理由なんかないよ……、となりますよね。女性の方も同じように、ご主人や彼から「僕のどこを愛してるの？　理由は？」と聞かれたら（女性の場合、もしかしたら上手に言語化できるかもしれませんが）、ちょっと困りますよね。お子さんから同じように質問されても、「私の子供なんだから、無条件に愛しているよ」と答えますよね。

愛国心も同じだと私は思います。国を愛することに理由は要りません。愛している気持ち、それが大事なのです。

本当の愛国心を子供に伝えるために

愛国心を子供たちに伝えるために大事になるのが親と子の信頼関係であることは第一章で書きました。親に対して信頼感を寄せているからこそ、親の言葉や行動から愛国心を感じ取り、それを自分の中に内在化していく。そして内在化されているお母さんの姿とともに日本が自分の体の一部となっていくのです。

信頼感の次に大事となるのが生活の中での様子です。私が「家庭の中で、生活を通して」と言っている理由です。これはお父さんお母さんが日本人らしい行動をしているか、日本人らしい価値観で生活を送っているかということが重要になってきます。

私自身が愛国者の両親のもとで育ちました。生活の様々な場面に「日本」が溢れていました。玄関と居間の壁には日の丸国旗が貼ってあり、もちろん旗日には日の丸国旗を掲げる家庭でした。建国記念の日は「紀元節」、天皇誕生日は「天長節」、勤労感謝の日は「新嘗祭」、文化の日は「明治節」等々、戦前の暦になるべく沿った呼び方をしていました。

天気予報で日本列島が画面に映し出されると、必ず母は「日本は美しい形をしているね」と言っていました。生活習慣の中にも「日本」がありました。毎朝の挨拶から始まり、食事に関すること、お行儀や礼儀作法、さすがに小笠原流の礼法とまでは言いませんが、社会に出て恥をかかない程度には躾《しつけ》をして頂きました。神社での参拝のマナーもそうでした。

ここからは余談ですが、高校生の時に友人同士で初詣に行った時にとても驚いたのを今でも覚えています。友人たちの名誉のために書いておきますが、決して不調法だったわけではありません。二礼二拍手一礼、腰の角度や手を置く場所、柏手を打つ際は両手の指をずらす等の作法を父から教わって育った私には、友人たちの作法にとても驚いたのです。そんなカジュアルなお詣りをするのかとびっくりしたのです。しかし、その時の私の驚きを友人たちに伝えても、全く理解してもらえませんでした。なぜなら友人たちはそれが当たり前だと思っていましたし、よくよく聞くと、ご両親からそのように間違った参拝方法を教わったというのです。

また別の友人に、とある新興宗教団体に入信している者がいました。これも友人の名誉のために書きますが、自分の意思で入信したのではなく、ご両親がその宗教団体の信者で、生まれた時に入信させられてしまったのです。そのためその友人は、生活スタイルがその宗教団体の生活様式になっていました。神社にお詣りをしたことがなく、初詣にも行ったことがなかったので、私は大変に驚きました。「七五三はどうしていたの？」と聞くと、着物を着て写真館で写真を撮って、家族と親戚とでお祝いのお食事をした……、とのこと。「それでは七五三の意味がまるでないじゃない」と、大変残念に思いました。その友人は後に結婚して母となりましたが、やはり間違った七五三をお子さんに対して行っていたと知り、こうして親子間で伝わってしまう間違った習慣があるのだなと、とても残念に思いました。だからこそ親がしっかりと日本人としての知識を持つことが大切です。

こうした間違った伝承は一体何が原因なのでしょうか。やはり戦後のＧＨＱによる教育の破壊があると言わざるを得ません。日本人の生活の質【注43】が変化した直接的な原因は、「修身」と「礼法」の廃止が大きいと感じます。日本人としての生活の作法、言葉遣い、お行儀、現代でいうところのマナーの全てが詰まっていたのが修身と礼法の教科書です。

これを小学生の低学年のうちから学び、そして家庭の中であってもそうした生活が自然と営まれていたわけですから、学校の授業で習うことは子供たちにとっては何の負担もなく、今まで生活の中で身につけていたお作法や言葉遣いを学校で復習するといった感覚だったのではないでしょうか。

ＧＨＱが作成したＷＧＩＰ（ウォー・ギルト・インフォメーション・プログラム）によって修身と礼法が廃止されて、日本人としての価値観や生活習慣が次の世代へ伝承されない現象が起こりました。その結果が現代の日本人の姿ではないでしょうか。

しかし、私は今から13年前の平成23（２０１１）年に一筋の希望を見たのです。それは東日本大震災の被災者たちの姿でした。その姿は全世界で報道されて称賛されました。日本人は被災地で暴動や窃盗を行いませんでした。被災者用の配給の列に静かに並ぶ日本人、割り込みや横取りもしない日本人、被災者同士お互いを思いやり自分のことより他者を優先する日本人、その姿に「奇跡のようだ」と世界中のメディアが取り上げました。

このようなことを書くと批判されそうですが、当時の私は違和感を拭えませんでした。なぜならば、被災者の姿は日本人なら当たり前の姿だったからです。しかし、それが当たり前ではない世界がある、日本人の姿が奇跡だと思う世界があるのは事実です。被災者の姿から日本人の心がまだ生きている証だと感じました。戦後の日本人に心の中にまだ「日本人」が生きている。私はとても感動したのです。

戦後の教育や家庭生活の変貌を嘆いている場合ではない。まだまだ日本人の中には先人が伝承してくれた日本人としての価値観が生きている。その輝かしい日本人の心を家庭の中から蘇らせましょう。

（43）この場合の生活の質とはＱＯＬ（クオリティ・オブ・ライフ）ではなく、日本人としての生活の内容、質を指す。

家庭の中で、子育てを通して育まれる愛国心

日本の幼児教育の父として知られる倉橋惣三《そうぞう》（１８８２～１９５５）が残した言葉に「生活を、生活で、生活へ」というものがあります。これは、子供は生活する中で自ら学び生

活を作るといった意味です。

　生活の中にある一場面を遊びに展開するように工夫をして、さながら生活をしているような状況で遊び、教育を行っている幼稚園があります。子供は自らの中に育とうとする心を持っているので、大人が細かく教え導かなくても、自然にまっすぐと伸びていくと倉橋惣三は言いました。

　また、「幼稚園の父」と言われているフリードリヒ・フレーベル（1782〜1852）の教育思想は、子供の中には神性があるから、植物が日に向かって自然と伸びていくように子供も自然に育っていく。大人が負荷をかけなくても自然にあるがままの状態で成長していく、というものでした。フレーベルが生きた時代は19世紀、当時のヨーロッパでは子供は「サイズの小さな大人」という認識でしたので、大人が厳しく躾をしなければならない愚かで価値のない存在として扱われていました。この厳しい躾を名目として過酷な労働や体罰、また劣悪な環境下に追いやられる子供もいました。そんな環境下に置かれた子供たちに対してフレーベルは「それは違うんだ、子供にそんなに厳しく指導しなくても、そのままの状態で子供はすでに良い存在なんだ。良い大人になれるんだ」と言いたかったのではないかと私は考えています。

　思想家のジャン＝ジャック・ルソー（1712〜1778）も、子供の教育に大人が手を加えることは盆栽を育てるようなものだから、太陽を浴びてまっすぐ育つ植物のように自然に育てよう、子供の心の中にある神性を大事にしようと言っていました。倉橋惣三と同じ考えだったのです（年代的に倉橋惣三側が影響を受けていたと考えられます）。

　私は「さながらの生活」という倉橋惣三の言葉が好きです。生活の中で、生活を通して、子供の心を伸ばす。これが一番子供の心に負担をかけずに、まっすぐに子供が伸びていく方法だと、私も体感から思っています。だからこそ愛国心は、思想とは切り離して、生活の中で、生活を通して、お父さんお母さんとの会話や触れ合いの中で子供たちに伝えていってほしいと願うのです。

温かな家庭が増えると日本社会は蘇る

令和6（2024）年の夏休みもトー横キッズが話題になりました。トー横キッズとは東京の新宿・歌舞伎町の新宿東宝ビル周辺に集まる児童・青年たちのことを言います。様々な行政の支援からこぼれ落ちた、または支援を受けたくない青年たち。行き場所のない児童・青年たちがここに集まります。家庭に居場所がなかったり、親からの虐待を理由に家にいられない、貧困や両親が不仲である、色々な事情を抱えた児童・青年たちがいます。しかも、彼、彼女たちは、暴力団など反社会勢力と繋がっている例もあり、最近では恐喝など犯罪を行う例が相次いでいます。トー横キッズが一斉に補導されたというニュースを聞いたことがある人は多いでしょう。第三の居場所としてココに集まる子供たちは、何を求めているのでしょうか。

何度かトー横に足を運んだ結果、私が感じたことは、彼・彼女らはみんな「寂しそう」でした。単独で行ったのでインタビューなどせずに観察だけしていましたので、あくまでも私が感じた印象です。年齢層は年少者でおそらく小学校高学年くらい、年長者でも二十歳そこそこでしょうか。ただし、この場所には悪意を持った大人も入り込んでいるので、大人だと感じた人物についてはカウントしていません。万が一何かあったら通報するつもりでいましたので、観察はしっかりしていました。男女比で言うと女子の方が多い。もっとも、私が訪れた日のみの結果ですので、もしかしたら男子の方が多い日もあるかもしれません。明るく楽しそうに話している女子たち、うつむき加減で屯《たむろ》している女子たちもいます。待ち合わせらしき雰囲気で一人立っている女子もいました。

このような児童・青年たちを救う福祉や支援はとても大切だと考えます。しかし、できる限り、このような状態の児童・青年たちを生み出さない社会を作っていかなければなりません。なぜ、こんなにも寂しい児童・青年たちがいるのでしょうか。

理由の一つとして、親と子の情緒的な繋がりができていないということを私は挙げます。たとえ非社会的な行動【注44】があったとしても、親子の間に絆があり家庭が安心できる場所であれば家に閉じこもるからです。家にいる状態が安心できる、家の中が安全であると判断すれば、児童・青年たちは外には出ていきません。

数年前に児童家庭支援士として担当した子供の中に不登校の子がいました。その子は学校には行きませんが、自室での引きこもり経験はありませんでした。家から出ないというだけで、家族との会話はありました。ご両親も非常に明るい方で、本人が行きたくないというなら仕方がない……、と言っていました。だからといって、そのまま学校に行かなくてよいというわけではなく、お子さんと何度も話し合って、様子を見るといった状況でした。

自室に引きこもっている状態でも、例えばお母さんだけ、お父さんだけがいる時間帯は自室から出てくる、という例もあります。私はこのパターンも比較的安心してよいと考えています。親との会話がある子供はまだ大丈夫です。そこに少しでも信頼感があれば、いつか前を向く日が訪れます。

心配しなければならないのは親との会話がない子供たちです。普通の子供は思春期や反抗期の際でも少しは親と会話を行います。しかし、全然会話がない親子というのが世の中には存在します。理由としては当然、虐待は考えられますし、貧困のために親が昼夜働きに出ている（それでも普通は多少の会話があるだろうと考えますが、全く会話のない親子がいます）場合もあります。また身体的虐待をしないように親の方が子供に対して話しかけない、接触しないという事例もあります。乳幼児のうちから常に保育所や託児所に預けていて、信頼関係が築けないままに子供が思春期を迎えた場合も会話は成立しないでしょう。

私が再三にわたって親子の信頼関係を唱えているのは、こういった寂しい子供を生み出さないためでもあるのです。温かい親子関係、信頼感のある親子関係は明るい雰囲気に包まれていますから､子供も家にいて気持ちが落ち着きます。家庭外や学校で嫌なことがあっても家庭に帰れば気持ちが落ち着きます。時には一日中家にいて心の疲れを癒すこともあるでしょう。

大人も同じようなことがありますよね、家でのんびり過ごして疲れを癒したい日が。もし子供が、そのようなことができない状態が何日も何年も続けばどうなるでしょうか。家に安らぎや癒しがなければ家に帰りたくなくなりませんか？　子供たちだって同じです。家に帰りたくないから帰らない子供たちもトー横にはいます。帰りたくても帰れない子供たちもいます。そこに行政の支援が行き届かない、これも問題です。

はたして福祉課や担当の窓口に助けて下さいと言える子供たちがいるでしょうか。小中学校側や教師やスクールカウンセラー（ＳＣ）が児童相談所に報告するかもしれません。しかし子供への聞き取り調査や保護者や養育者との面談の段階で「様子見」となった場合は、月に一回の訪問では本当に様子を見ることしかできません。事態が悪化すると訪問から一段階上がった対応になりますが、多くの場合は様子見の間に子供たちが大きくなっていきます。

また、一見すると何も問題がないように見える家庭もあります。これには私たちも気付くことができません。身体的な症状が現れてから「ストレスが溜まっていたんだ」と自覚するような感覚に近いです。問題が表面化してから「問題を抱えた家庭だったんだ」となります。例えば、22時を過ぎても外を歩いている、飲酒喫煙、暴走行為などがあります。こういった、いわゆる非行行為を近年では反社会的行為と呼びます。このような行為を起こすまでは比較的目立たない子供時代を過ごしている場合がよくあります。その場合、親と子供に信頼感が育まれていない例が多く、だから子供が安心して家の中でストレスを発散できないのです。それが外での反社会的行為として現れるのです。

こうして確認していきますと、親と子の関係性、特に信頼感に基づいた関係性がいかに大事かお分かりになるのではないでしょうか。乳児期のうちに信頼感の土台を構築しておけば、非社会的行為や反社会的行為に走る子供を予防することができます。「最近の若者は……」といった口調で青年の問題を大人と切り離す人々がいますが、「最近の若者は……」と言うセリフは、1960年代でも言われていました。東大安田講堂事件を起こした学生たちも当時の大人たちから「最近の若者は……」と言われていたでしょうし、その元若者たちが令和の若者を「最近の若者は……」と言うのですから皮肉なものです。そういえば、古代ギリシャの人々も「最近の若者は……」と言っていたそうです。

人間というものは、自分の外で起きている問題は自分自身と切り離して考えたい生き物であり、無責任な生き物だなと感じます。ですから、青年たちが抱えている問題を大人が自分事として捉えて、青年たちの問題行動や不安や不満を解消するために根本原因を考えることが重要です。対症療法的に支援だけを行っていても何も解決しません。自分事として捉える、この姿勢が求められます。

私は、解決策は「母親が家庭に還《かえ》る」ことだと考えています。母親を労働力とせずに、家庭に戻して、しっかりと自分の手で子育てをすることが重要だと考えています。母親が子育てしている時に辛くなったりしんどくなったら行政や地域が協力すればよいのです。母子を分離させる必要など一切ないのです。

そうして信頼感に基づいた親子関係のある温かい家庭が増えれば、家庭は国家の最小単位ですから、地区から地域に広がり、やがて国へと広がるでしょう。それは何年先、何十年先になるかもしれませんし、私が生きているうちは無理かもしれません。それでも種は蒔いておかなければなりませんから、こうして皆様方に持論をお読み頂いているわけです。温かい家庭が増えれば日本社会が蘇る……。少し希望が見えてきたかもしれません。「お帰りなさい、お母さん」と満面の笑みで子供たちが言っている様子を想像すると、私も嬉しく感じます。皆さんはどうでしょうか。

(44) 引きこもり（家の中と自室と二つのパターンがある）、不登校、自傷行為など。

日本の歴史を知る方法

日本最古の歴史書である『古事記』は、第40代天武天皇の勅命で、神話から第33代推古天皇までの歴史に基づく伝説を、稗田阿礼《ひえだのあれ》と太安万侶《おおのやすまろ》がまとめて、元明天皇の御代である奈良時代の和銅5（712）年に編纂されました。

古事記は、上・中・下の全三巻に分かれており、原本は存在していませんが後世の写本が残っていました。長い年月を経てすでに解読不能になっていた古事記を、江戸時代の国学者である本居宣長が約35年の研究で解読に成功し、当時の言葉に訳しました。古事記が約１０００年の眠りから覚めたと言われる所以です。古事記に記されている文字は、日本古来の大和言葉に漢字を当てはめて音を表したものでしたので、漢字そのものには意味はなく、古事記が編纂された奈良時代の大和言葉を江戸時代の人々は読むことができなくなっていました。この本居宣長のおかげで、今を生きる私たちは古事記に親しむことができるようになりました。神話から連なる日本の歴史が復活したのです。

最近では、古事記が色々と読みやすい漫画やライトノベル版で出版されています。著者によって様々な解釈がありますので、読み比べてみると楽しいと思います。私のおすすめは竹田恒泰さんが手がけた『現代語　古事記』（学研プラス）です。とても読みやすい現代の言葉に訳されており、竹田さんの解説も収録されていますので古事記の内容がすーっと頭に入ってきます。

また、ライトノベル調で書いてある『ラノベ古事記　日本の神様とはじまりの物語』と『ラ

ノベ古事記　日本の建国と初国シラス物語』共に小野寺優・著（KADOKAWA）は非常にポップな文体で書いてあり、可愛らしいイラストが添えてありますので、若い人たちに受けているようです。私も読んでみましたが「なるほど！」と唸りました（笑）。

そもそも古事記は物語として編纂された読み物ですので、このくらい想像に幅を持たせても良いのかもしれません。『落語DE古事記』桂竹千代・著（幻冬舎）も、とても面白かったです。目は活字を追っているのに、まるで落語を聞いているような軽妙な文体で、あっという間に桂竹千代さんの世界に引き込まれました。

『まんがで読む古事記』学研教育出版部・編（学研プラス）は小学生向けに作られているので、私の娘たちも読みました。それをテーマにして夏休みの読書感想文も書きました。最近は夏休みの読書感想文用の推薦図書一覧が学校から配られます。子供や親たちはその一覧の中から一冊を決めるのですが、わが家では毎年古事記にしていました。古事記の神話パートにはたくさんの物語がありますので、とても6年間では書き切れませんでした。

なぜ神話を知る必要があるのでしょうか。イギリスの歴史哲学者であるアーノルド・J・トインビー（1889～1975）は、こう言っています。

「12～13歳くらいまでに民族の神話を学ばなかった民族は、例外なく滅んでいる」

ゾッとしませんか？　まるで戦後の日本そのものです。ＧＨＱがＷＧＩＰで学校教育から神話を消滅させた理由がわかります。また、民族の価値観というものも神話から学ぶことができます。日本人としての民族の価値観……、それは自然観、死生観、歴史観です。

安倍晋三元総理が残してくれたもの

令和４（２０２２）年７月、あれは確か参議院選挙の期日前投票を終えた日でした。バレーボールの日本代表選手を務めたこともある候補者に票を投じて、一人でランチをとっている時にその一報が入りました。

「安倍晋三元総理撃たれる」

それを知った私は、「まさか！」と、店内で叫びました。私以外のお客さんたちも皆一様に驚いた顔で据え置きのテレビに釘付けでした。まさか、そんな、令和の現代において、そんなことがあって良いはずがない……と。私はショックで、しばらく椅子に座ることを忘れていたほどです。

当時の私は一般人ですから、家に帰れば家事と炊事と育児、仕事に出れば色々な事情を抱えた子供たちと共に過ごして話に耳を傾ける毎日でした。直接、安倍元総理にお会いしたことはありませんでした。テレビ、新聞、雑誌で安倍元総理の動向を知るだけの存在です。しかし、そんな私でも安倍元総理にとても感謝していることがあります（もちろん一つだけではないのですが、敢えて一つ挙げるとするならば……）。

それは、「教育基本法」の改正です。（175頁～168頁の順に改正点の比較表）

平成18（2006）年に発足した第一次安倍内閣は、戦後初めて教育基本法（昭和22年）を改正しました。この改正案には、いわゆる愛国心をめぐる表現として「我が国と郷土を愛する態度を養う」【注45】の文言が入りました。そして、これまでの教育基本法にある「個人の価値の尊重」を継承しつつ、「公共の精神」【注46】といった規範意識にも言及しました。さらには今流行りの「生涯学習」【注47】や「大学」【注48】「私立学校」【注49】「家庭教育」【注50】「教育振興基本計画」【注51】といった具体的な内容も規定しました。

私は自分が育ってきた昭和と平成前期、そして子供を育てている平成後期を通して、なぜ自分の生まれ育った国を大好きと言ってはいけないのかと懊悩《おうのう》していましたので、「我が国と郷土を愛する態度を養う」の一文が入ったのは、大変に喜ばしいことだと感じておりました。学校教育が子供に与える影響の大きさを自らの体験で分かっておりましたので、愛国心が育まれる学校教育にとても期待しました。教育基本法とは教育に関わる人すべてが守らなければならない法律ですので、学校教育の現場にいる先生たちは愛国心を持って子供たちに関わってほしいと感じていますし、せめて、「君が代」の斉唱は全国の学校でできるようになったら良いなと思っています。

そして「家庭教育」にもとても期待をしました。文科省のHPでは、「第10条　家庭教育　父母その他の保護者は、子の教育について第一義的責任を有するものであって、生活のために必要な習慣を身に付けさせるとともに、自立心を育成し、心身の調和のとれた発達を図るよう努めるものとする」とあります。

第一義的責任とは、最も重要な責任という意味です。子供の教育について保護者の責任は重要であるということです。子育てにおいても同じですので、家庭教育、要するに家庭の中での子育てに対する保護者（親）の責任は重いのです。ここで少し話が脱線しますが、

「児童虐待防止法」で定義されている児童虐待【注52】の中に「ネグレクト（育児放棄）」がありますこれは親が親としての責任を放棄する虐待ですから、児虐法違反だけではなく教育基本法第10条にも抵触するわけです。

私がこの第10条を重要視する理由ですが、家庭内での教育という意味合いよりも、家庭の中で果たす親の役割という部分です。ここまで書いてきましたように、信頼感をもとにした親子の関係性と、親が家庭の中で子供に伝える日本的価値観、日本人としての感性、これらが第10条の掲げる家庭教育に含まれると私は考えています。

また「生活のために必要な習慣」とは、生活習慣のことであると私は解釈します。そうしますと、日本人としての生活習慣、朝起きたら「おはようございます」、学校で先生や友人に会ったら「おはようございます」、食事の際には「いただきます」「ごちそうさま」、他者に対しては「ありがとうございます」「ごめんなさい」を言う。最低限のことだと考えますが、これができない子供たちが増えてきています。

挨拶ができないのは親がしないからでしょう。朝から「早く起きて」または「早くしなさい」では家庭内の朝の挨拶は行われていないと言えるでしょう。子供の帰宅時間に親が不在という場合もあるでしょうから、そうしますと「ただいま（帰りました）」「おかえりなさい」の挨拶も行われません。18時過ぎ、あるいは19時過ぎに慌てて親子で帰宅すれば、「ただいま（帰りました）」「おかえりなさい」の会話はありません。家に着いたら、まず始めに何をするのかといった作戦のような行動計画のような話をしているでしょう。それでは毎日の生活を通して生活習慣を身につけることができません。

食事の時の挨拶「いただきます」に関しても、昨今はおかしな所作をする子供が増えています。きちんと神道に則った「いただきます」なら、両手を合わせる時に柏手を打つように音を鳴らしても良いのかもしれません。しかし、そうではない場合にパチンと音を鳴らして両手を合わせるのは、いかがなものかなと私は思います。マナーとしては静かに手を合わせるのが一般的ですから、神道に則った場合と一般的なマナーとの両方を親が子供に教えてあげられるのが理想です。

そして、食事とは「命を頂くことである」と子供たちに伝える必要もあります。肉・魚・野菜、それら全てには命があり、私たちはその命を頂いて生きていることを伝える行いが、真の食育ではないでしょうか。

他にも生活の習慣はあります。詳しくは『復刻版　国民礼法』（ハート出版）を読んで下さるとよいと思います。まさに日本人としての生活習慣そのものが記載されています。前項（143頁）でも触れましたが、昭和45（１９７０）年にマナー本として礼法の本である『冠婚葬祭入門』が大ヒットしたというのは、やはり、日本人の生活に対して戦前の義務教育で教えていた修身や礼法が大切なものであった証拠なのです。

今でこそインターネットで調べればすぐに知ることができますが、昭和45年当時のようにインターネットがなかった時代は、礼法の知識がある高齢者、戦前に小学生だった人に聞かなければ分からなかったのです。それほどに戦後の日本人は日本的な生活習慣を教わる機会を奪われたまま79年間を生き続けてしまったのです。家庭内での教育がいかに大事か、学校での教育がいかに大事か、お分かり下さったのではないでしょうか。

教育基本法は、日本の子供たちが日本人として、世界の平和と人類の幸福に向かって学び、育つことを願うものです。また、日本人としての豊かな人間性と創造性を備えた人材育成を期待するものであり、古来よりの文化と伝統を継承して、今後の日本の発展に寄与する教育を推進するための法律です。先ほども書きましたように、子供の教育に関わる人

	3　地方公共団体は、その地域における教育の振興を図るため、その実情に応じた教育に関する施策を策定し、実施しなければならない。★（新設） 4　国及び地方公共団体は、教育が円滑かつ継続的に実施されるよう、必要な財政上の措置を講じなければならない。★（新設） （教育振興基本計画） 第十七条　政府は、教育の振興に関する施策の総合的かつ計画的な推進を図るため、教育の振興に関する施策についての基本的な方針及び講ずべき施策その他必要な事項について、基本的な計画を定め、これを国会に報告するとともに、公表しなければならない。 2　地方公共団体は、前項の計画を参酌し、その地域の実情に応じ、当該地方公共団体における教育の振興のための施策に関する基本的な計画を定めるよう努めなければならない。★（新設） 第四章　法令の制定
第十一条（補則）　この法律に掲げる諸条項を実施するために必要がある場合には、適当な法令が制定されなければならない。	第十八条　この法律に規定する諸条項を実施するため、必要な法令が制定されなければならない。

（文部科学省「改正前後の教育基本法の比較」より）

改正前の教育基本法 （昭和22年法律第25号）	改正後の教育基本法 （平成18年法律第120号）
第八条（政治教育）　良識ある公民たるに必要な政治的教養は、教育上これを尊重しなければならない。 2　法律に定める学校は、特定の政党を支持し、又はこれに反対するための政治教育その他政治的活動をしてはならない。	（政治教育） 第十四条　良識ある公民として必要な政治的教養は、教育上尊重されなければならない。 2　法律に定める学校は、特定の政党を支持し、又はこれに反対するための政治教育その他政治的活動をしてはならない。
第九条（宗教教育）　宗教に関する寛容の態度及び宗教の社会生活における地位は、教育上これを尊重しなければならない。 2　国及び地方公共団体が設置する学校は、特定の宗教のための宗教教育その他宗教的活動をしてはならない。	（宗教教育） 第十五条　宗教に関する寛容の態度、宗教に関する一般的な教養及び宗教の社会生活における地位は、教育上尊重されなければならない。 2　国及び地方公共団体が設置する学校は、特定の宗教のための宗教教育その他宗教的活動をしてはならない。
	第三章　教育行政
第十条（教育行政）　教育は、不当な支配に服することなく、国民全体に対し直接に責任を負つて行われるべきものである。 2　教育行政は、この自覚のもとに、教育の目的を遂行するに必要な諸条件の整備確立を目標として行われなければならない。	（教育行政） 第十六条　教育は、不当な支配に服することなく、この法律及び他の法律の定めるところにより行われるべきものであり、教育行政は、国と地方公共団体との適切な役割分担及び相互の協力の下、公正かつ適正に行われなければならない。 2　国は、全国的な教育の機会均等と教育水準の維持向上を図るため、教育に関する施策を総合的に策定し、実施しなければならない。★（新設）

	図るよう努めるものとする。 2　国及び地方公共団体は、家庭教育の自主性を尊重しつつ、保護者に対する学習の機会及び情報の提供その他の家庭教育を支援するために必要な施策を講ずるよう努めなければならない。★（新設）
	（幼児期の教育） 第十一条　幼児期の教育は、生涯にわたる人格形成の基礎を培う重要なものであることにかんがみ、国及び地方公共団体は、幼児の健やかな成長に資する良好な環境の整備その他適当な方法によって、その振興に努めなければならない。★（新設）
第七条（社会教育）　家庭教育及び勤労の場所その他社会において行われる教育は、国及び地方公共団体によつて奨励されなければならない。 2　国及び地方公共団体は、図書館、博物館、公民館等の施設の設置、学校の施設の利用その他適当な方法によつて教育の目的の実現に努めなければならない。	（社会教育） 第十二条　個人の要望や社会の要請にこたえ、社会において行われる教育は、国及び地方公共団体によって奨励されなければならない。 2　国及び地方公共団体は、図書館、博物館、公民館その他の社会教育施設の設置、学校の施設の利用、学習の機会及び情報の提供その他の適当な方法によって社会教育の振興に努めなければならない。
	（学校、家庭及び地域住民等の相互の連携協力） 第十三条　学校、家庭及び地域住民その他の関係者は、教育におけるそれぞれの役割と責任を自覚するとともに、相互の連携及び協力に努めるものとする。★（新設）

改正前の教育基本法 （昭和22年法律第25号）	改正後の教育基本法 （平成18年法律第120号）
	を創造し、これらの成果を広く社会に提供することにより、社会の発展に寄与するものとする。 2　大学については、自主性、自律性その他の大学における教育及び研究の特性が尊重されなければならない。
	★（新設） （私立学校） 第八条　私立学校の有する公の性質及び学校教育において果たす重要な役割にかんがみ、国及び地方公共団体は、その自主性を尊重しつつ、助成その他の適当な方法によって私立学校教育の振興に努めなければならない。
	★（新設）
【再掲】第六条（略） 2　法律に定める学校の教員は、全体の奉仕者であつて、自己の使命を自覚し、その職責の遂行に努めなければならない。このためには、教員の身分は、尊重され、その待遇の適正が、期せられなければならない。	（教員） 第九条　法律に定める学校の教員は、自己の崇高な使命を深く自覚し、絶えず研究と修養に励み、その職責の遂行に努めなければならない。 2　前項の教員については、その使命と職責の重要性にかんがみ、その身分は尊重され、待遇の適正が期せられるとともに、養成と研修の充実が図られなければならない。
	（家庭教育） 第十条　父母その他の保護者は、子の教育について第一義的責任を有するものであって、生活のために必要な習慣を身に付けさせるとともに、自立心を育成し、心身の調和のとれた発達を

2　国又は地方公共団体の設置する学校における義務教育については、授業料は、これを徴収しない。	4　国又は地方公共団体の設置する学校における義務教育については、授業料を徴収しない。
第五条（男女共学）　男女は、互に敬重し、協力し合わなければならないものであつて、教育上男女の共学は、認められなければならない。	★（削除）
第六条（学校教育）　法律に定める学校は、公の性質をもつものであつて、国又は地方公共団体の外、法律に定める法人のみが、これを設置することができる。	（学校教育） 第六条　法律に定める学校は、公の性質を有するものであって、国、地方公共団体及び法律に定める法人のみが、これを設置することができる。
	2　前項の学校においては、教育の目標が達成されるよう、教育を受ける者の心身の発達に応じて、体系的な教育が組織的に行われなければならない。この場合において、教育を受ける者が、学校生活を営む上で必要な規律を重んずるとともに、自ら進んで学習に取り組む意欲を高めることを重視して行われなければならない。★(新設)
2　法律に定める学校の教員は、全体の奉仕者であつて、自己の使命を自覚し、その職責の遂行に努めなければならない。このためには、教員の身分は、尊重され、その待遇の適正が、期せられなければならない。	★「（教員）第九条」として独立
	（大学） 第七条　大学は、学術の中心として、高い教養と専門的能力を培うとともに、深く真理を探究して新たな知見

改正前の教育基本法 （昭和22年法律第25号）	改正後の教育基本法 （平成18年法律第120号）
ならないものであつて、人種、信条、性別、社会的身分、経済的地位又は門地によつて、教育上差別されない。	与えられなければならず、人種、信条、性別、社会的身分、経済的地位又は門地によって、教育上差別されない。
	2　国及び地方公共団体は、障害のある者が、その障害の状態に応じ、十分な教育を受けられるよう、教育上必要な支援を講じなければならない。 ★（新設）
2　国及び地方公共団体は、能力があるにもかかわらず、経済的理由によつて修学困難な者に対して、奨学の方法を講じなければならない。	3　国及び地方公共団体は、能力があるにもかかわらず、経済的理由によって修学が困難な者に対して、奨学の措置を講じなければならない。
	第二章　教育の実施に関する基本
第四条（義務教育）　国民は、その保護する子女に、九年の普通教育を受けさせる義務を負う。	（義務教育） 第五条　国民は、その保護する子に、別に法律で定めるところにより、普通教育を受けさせる義務を負う。
	2　義務教育として行われる普通教育は、各個人の有する能力を伸ばしつつ社会において自立的に生きる基礎を培い、また、国家及び社会の形成者として必要とされる基本的な資質を養うことを目的として行われるものとする。★（新設）
	3　国及び地方公共団体は、義務教育の機会を保障し、その水準を確保するため、適切な役割分担及び相互の協力の下、その実施に責任を負う。★（新設）

の目的を達成するためには、学問の自由を尊重し、実際生活に即し、自発的精神を養い、自他の敬愛と協力によつて、文化の創造と発展に貢献するように努めなければならない。	に掲げる目標を達成するよう行われるものとする。 一　幅広い知識と教養を身に付け、真理を求める態度を養い、豊かな情操と道徳心を培うとともに、健やかな身体を養うこと。 二　個人の価値を尊重して、その能力を伸ばし、創造性を培い、自主及び自律の精神を養うとともに、職業及び生活との関連を重視し、勤労を重んずる態度を養うこと。 三　正義と責任、男女の平等、自他の敬愛と協力を重んずるとともに、公共の精神に基づき、主体的に社会の形成に参画し、その発展に寄与する態度を養うこと。 四　生命を尊び、自然を大切にし、環境の保全に寄与する態度を養うこと。 五　伝統と文化を尊重し、それらをはぐくんできた我が国と郷土を愛するとともに、他国を尊重し、国際社会の平和と発展に寄与する態度を養うこと。
	（生涯学習の理念）★（新設） 第三条　国民一人一人が、自己の人格を磨き、豊かな人生を送ることができるよう、その生涯にわたって、あらゆる機会に、あらゆる場所において学習することができ、その成果を適切に生かすことのできる社会の実現が図られなければならない。
第三条（教育の機会均等）　すべて国民は、ひとしく、その能力に応ずる教育を受ける機会を与えられなければ	（教育の機会均等） 第四条　すべて国民は、ひとしく、その能力に応じた教育を受ける機会を

「教育基本法」改正前と改正後の比較

改正前の教育基本法 （昭和22年法律第25号）	改正後の教育基本法 （平成18年法律第120号）
	（※下線部・ゴシック体は主な変更部分）
前文 われらは、さきに、日本国憲法を確定し、民主的で文化的な国家を建設して、世界の平和と人類の福祉に貢献しようとする決意を示した。この理想の実現は、根本において教育の力にまつべきものである。 われらは、個人の尊厳を重んじ、真理と平和を希求する人間の育成を期するとともに、普遍的にしてしかも個性ゆたかな文化の創造をめざす教育を普及徹底しなければならない。 ここに、日本国憲法の精神に則り、教育の目的を明示して、新しい日本の教育の基本を確立するため、この法律を制定する。	前文 我々日本国民は、たゆまぬ努力によって築いてきた民主的で文化的な国家を更に発展させるとともに、世界の平和と人類の福祉の向上に貢献することを願うものである。 我々は、この理想を実現するため、個人の尊厳を重んじ、真理と正義を希求し、公共の精神を尊び、豊かな人間性と創造性を備えた人間の育成を期するとともに、伝統を継承し、新しい文化の創造を目指す教育を推進する。 ここに、我々は、日本国憲法の精神にのっとり、我が国の未来を切り拓く教育の基本を確立し、その振興を図るため、この法律を制定する。
	第一章　教育の目的及び理念
第一条（教育の目的）　教育は、人格の完成をめざし、平和的な国家及び社会の形成者として、真理と正義を愛し、個人の価値をたつとび、勤労と責任を重んじ、自主的精神に充ちた心身ともに健康な国民の育成を期して行われなければならない。	（教育の目的） 第一条　教育は、人格の完成を目指し、平和で民主的な国家及び社会の形成者として必要な資質を備えた心身ともに健康な国民の育成を期して行われなければならない。
第二条（教育の方針）　教育の目的は、あらゆる機会に、あらゆる場所において実現されなければならない。こ	（教育の目標） 第二条　教育は、その目的を実現するため、学問の自由を尊重しつつ、次

は全てが守らなければならない法律です。一部の偏った思想に染まった人々（例えば日教組）はこの法を無視した教育を勝手に行っていますが、それは法律違反だと指摘しても過言ではないと個人的には考えています。子供におかしな思想を植え込まないでほしいと感じていますし、憤りを禁じ得ません。

ですから、安倍元総理が教育基本法を改正したことは、今後の日本に大きな未来を提示したと今でも感じています。美しい国、日本――。私たちも目指していきましょう。

（45）教育基本法第2条の5　（46）教育基本法第2条の23　（47）教育基本法第3条
（48）教育基本法第7条　（49）教育基本法第8条　（50）教育基本法第10条　（51）教育基本法第17条
（52）身体的虐待、心理的虐待、性的虐待、ネグレクト（育児放棄）がある。

コラム●私の子育て実録④　反抗期

反抗期は子供の心の発達にとって、とても大切な時期です。この時期を通過して、子供は精神的な離乳をすると言われています。

かつて青年だったお父さんお母さんも、思春期に親に反抗した経験があると思います。皆さんはどのような反抗期でしたか？　ご両親に対してどんな反抗的な態度を取りましたか？　暴言を吐く、口をきかない、目を合わせない、それこそ親とは同じ空間で過ごさないなど、反抗期の行動は様々です。近頃の青年たちは反抗期がないといった話も聞きますが、これは発達の上では少し困った状態です。精神的な離乳ができないということは、いつまでも親に対して子供の心の状態のままでいるということですから、実家から巣立つことができません。一見すれば、しっかりと社会人生活を送っている若い人でも、実家住みで食事や炊事洗濯を母親任せにしている場合が最近は多いですね。男性にしても女性にしても、特に都会育ちの方は実家から会社に通った方が経済的な負担が少ないという理由で一人暮らしの経験がない方が多くいます。いつまでもご両親の世話になるのは決して悪いことではありませんが、「晩婚化の原因」にもつながっていると言えます。

そこで、このコラムでは、わが家の娘たちの反抗期について書いてみます。そして私がどんな対応をしていたのか……。反抗期のわが子に傷ついてしまうお母さんのご参考になれば嬉しいです。

【長女】 小学校5年生時くらいから少しずつ口答えが始まりました。初めはかわいいもので、なんとなく宥《なだ》めているうちにいつものかわいい娘に戻るといったふうでしたが、いよいよ本格的に反抗期が訪れたのは中学2年生の時でした。ヒステリーを起こして部屋の中で暴れたり、教科書やノートを壁に向かって投げつける行為がありました。もちろん妹たちに投げたものが当たってしまって怪我をするのは避けたいので、なんとなく「自分の部屋で壁に向かって投げてね」と伝えていました。きっと学校で色々あるのだろうと思い、自分の部屋の中で暴れる分には大目に見ていました。

そのうちに泣き声が聞こえてくるようになり、これは何かあったのではないかと心配に思った私は、娘に「どうしたの？」と問い掛けましたが、「母さんには関係ない」と、反抗期お決まりのセリフが返ってきたので、これなら大丈夫だなと、少し安心しました。親には関係ないという言葉の裏には、親以外にしっかりと相談できる相手がいることを示唆していると思ったからです。ここには書ききれない色々なことがありましたが、その度に私は自分自身の反抗期の様子を思い出して、比較検討して、娘の心に寄り添うことを心掛けていました。

反抗期は喜ばしいことです。精神的な自立を目指している状態、健やかな心の発達が成されているからです。またE・H・エリクソンによると「自分とは何者なのか」と自分自身に問い掛けて、もがき苦しみながら自我の同一（アイデンティティの確立）を目指している心の状態だからです。この子が14歳なら私も母親年齢14歳、切磋琢磨していこうと思いつつも傷付くこともありました。でも、そんな時は、長女が幼い頃に一緒に楽しんだ「言葉遊び」で、娘から投げつけられた言葉を大喜利のようにして笑いに変えていました。

そんな反抗期も長女が高校3年生のある日、突如終わりを迎えました。

「たぶん……、反抗期終わった気がする」

なんと反抗期終了宣言です。（そんなことがあるんだ！）と、びっくりしながらもほっと安心して、二人して「お疲れ様でした」と言って笑い合いました。

【次女】次女は幼い頃から内気でおとなしい子供でした。家の中ではお茶目で面白いこともよく言うのですが、保育園や学校では聞き役と言いますか、あまり自分から積極的に話すといったことはありませんでした。お友達の輪の中にいても、お友達のしていることや話している内容を聞いて、観察しているタイプのように私には映っていました。

やはり次女も、中学2年生の時に反抗期がやってきました。それは突如やってきたのです。朝起きた時の顔つきが昨日まで……、いや、おやすみなさいと言った表情とは違ったのです。当時はコロナ禍を過ごしていましたので、(ストレスが溜まっているのかな?)と思いましたが、「……おはよう(小声)」を聞いた瞬間に「あ、反抗期だな」と思いました。

どこのお母さんでも同じだと思いますが、わが子の足音や玄関を開ける音、扉を開ける音などから、何かあったのかなと察知をすることができます。そのため、その日の朝もすぐに察知しました。この子にも反抗期がちゃんと来た、自分の気持ちを外に出そうとしていると思った私は嬉しくなってカレンダーに丸をつけました。サラダ記念日ならぬ「反抗期記念日」です。

この子の反抗期は凄まじいものでした。普段とてもおとなしかった分、心に溜めていたものがたくさんあったのでしょう。初めは不登校という行動に現れました。理由を尋ねても話しません。ただ私を鬱陶《うっとう》しそうに見つめるだけです。そして「早くあっち行け」という目をしていました。これは仕方がないと思った私は、そこからひたすら学校に対して謝罪する係を引き受けました。「なぜ学校に行きたくないのか理由が分からないので……」と伝えても、困っているんですよアピールは一切しませんでした。

担任の先生や学年主任の先生には低姿勢で接しました。「この子は今、自分の殻に閉じ籠《こも》りながら自分とは何かと思い悩んでいます。どうか見守って下さると幸いです」と毎日お伝えしました。中学校の先生方は、1年もしくは長くても3年の付き合いしかありませんが、母親は一生を通して子供と付き合っていくのです。わが子の人生に責任を持たなければなりません。ですから、ご自身の評価ばかり気になさる先生に関わっている場合ではないのです。

娘の「精神的離乳」と「自我の確立」という発達の過程にしっかり向き合うことを念頭に置きました。本人も学校に行けない状態にイライラしていたようで、私が毎朝用意していたお弁当を床に投げつけたことが何度もありました。私はその時も冷静に、「気持ちを表現できてよかった」と言いました。そして黙々と床に散らばったおかずやご飯を拾い集めて、「何も気にすることはないよ。ちゃんと教えてくれてありがとう」と言いました。もちろん私も傷付きましたが、そんなことは娘の苦悩に比べたらなんてことはない、と心底思っていました。

口数が少なくなっていた次女が、そうやって心の状態を表現することは、ストレス発散と同じだと思っていましたので、淡々と、しかし必ず面白くて笑えるような返しを心掛けていました。「うるせー、クソババア！」と言われた時も、「だまらっしゃい、大便中年女性ということね？」と言い換えて、次女本人は笑わなくても、それを聞いている長女と三女が笑えば、自然と釣られて次女も口がちょっと動いて、笑わないようにしているのが見て取れましたので、それで良いと思っていました。

中学3年生になり、高校生になり、それでもなかなか顔つきがすっきりしませんでしたが、私の部屋で過ごす時間が増えました。私が新聞を読んだり読書をしたり、書き物をしているそばで、次女も何かをしている状況が続き、少しずつ話をするようになりました。やっと話をしてくれる時がきたのです。私はただひたすらに次女の話を聴きました。否定も批判も非難もせず、そして判断もせず、娘の話の中に入って、一緒にその気持ちを味わいました。娘の伴走者になったつもりで、娘の精神世界を一緒に旅して、時には夜が明けるまで娘の話に付き合いました。

そのような期間を数ヶ月過ごしているうちに、顔つきがだんだんと明るくなり、かわいかったころの表情に戻りました。

「なんか色々とすっきりした気がする。人生って難しいけど、母さんの娘でよかったと思えるようになったから、とりあえず普通の生活に戻ってみる」

反抗期と不登校とちょっと引きこもりが混合していた次女は、なんとか落ち着いたようでした。今ではすっきりした毎日を送っていて、学業とアルバイトに忙しい毎日を送っています。

【三女】やはり末っ子というのは、上の二人をよく見ているもので、私が姉二人の暴言に傷付かないことをよく知っている三女は、長女と次女とは違うアプローチで反抗期を迎えました（本人はまだ反抗期じゃないと言っていますが……）。真正面からぶつかってきた上二人とは違い、「だから母さんのそういうところが、嫌なんだよね」と、あたかも理由が私にあるような言い方をします。

三女の言い分には、確かに一理あるなと思うことがたくさんありますので、私自身が納得してしまうので、反抗期にありがちな言葉の応酬や大喜利合戦になりません。妙に理屈屋な面がある三女ですので、理詰めで反抗してくるかもしれません。家庭内で大暴れするかもしれません。この原稿を書いている時は、まだ三女の反抗期が終わっていませんので、これからどんな展開を見せるのか、とても楽しみです。

思春期のお子さんを持つお父さんお母さんにお願いしたいことがあります。それは、どんな反抗の仕方であっても、それはお父さんお母さんがわが子に接してきた時間や内容の経過報告である、ということです。共働き家庭が増えて、毎日忙しく過ごすお母さんが増

クラブ数、支援の単位数、登録児童数と待機児童数の推移

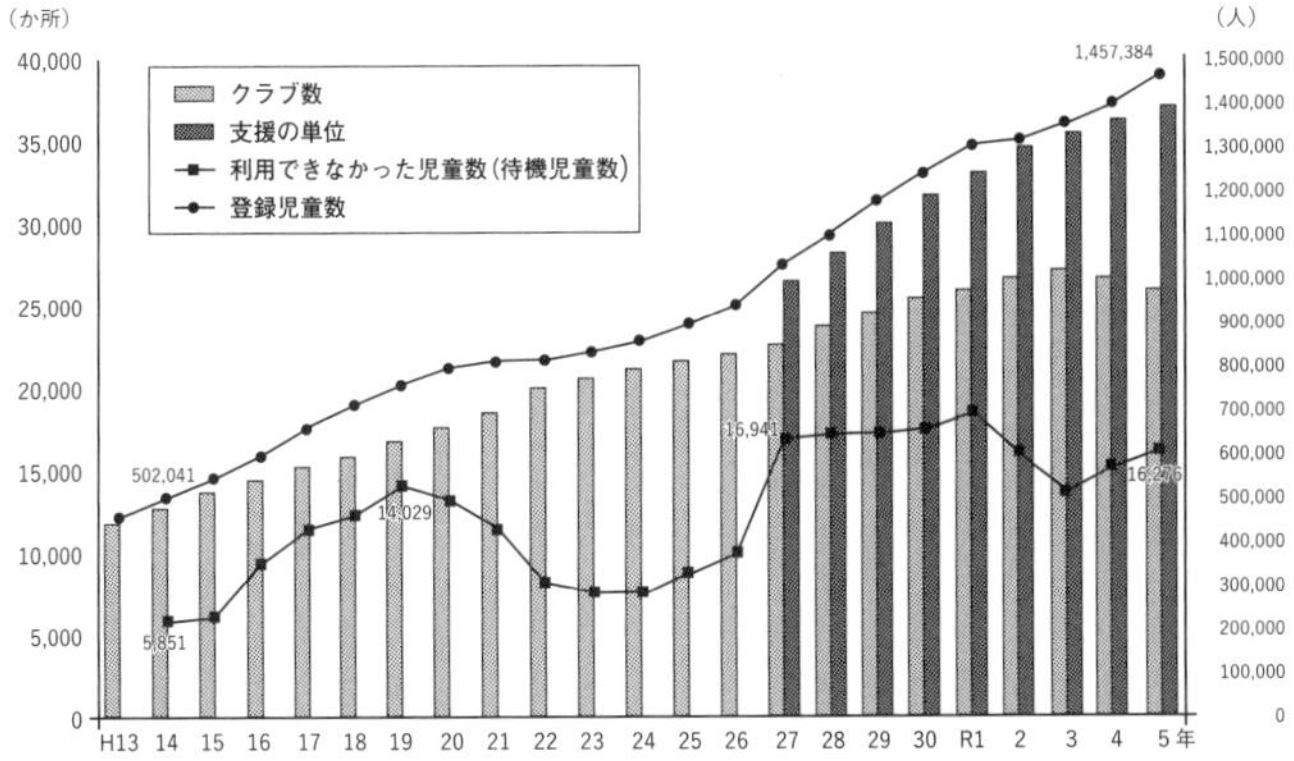

（こども家庭庁「放課後児童健全育成事業」令和５年より）

えたことにより、子供たちは心の安息を得る時間が短くなってきています。保育園や認定こども園を利用する家庭は増え続けて、その後の小学校の放課後児童クラブ（学童）の待機児童数も年々増加しています（利用できる学年は3年生まで。地域によっては6年生まで利用可能）。

先ほども書きましたが、フルタイム勤務で帰りの遅い両親に代わって放課後の子供を預かる民間事業者は、車で小学校や放課後児童クラブ（学童）に迎えに来て、そのまま施設に連れていきます。子供はお母さんかお父さんが迎えに来るまでそこで過ごすのです。あるいは、習い事の教室やスポー

ツクラブを併設している施設であれば、子供たちは習い事やスポーツをします。目まぐるしいスケジュールをこなして、帰宅する頃には20時前後といった子供は決して珍しくありません。このような毎日を送った子供たちが思春期となり反抗期を迎えたら……。どのような態度を取るか、少しは想像できるのではないでしょうか。

ですから、子供が表す反抗期の態度は、「なんでこんなことになってしまったのか？」と嘆くより、まず先に、子供に対して自分たちは、どのような親であったのかと振り返ってみてほしいと願います。反抗期だけではありません。何かしらの問題行動と呼べるような態度や生活習慣を表した時でも、ご両親はご自分たちが行ってきた子育てを振り返ってみてほしいと願います。

子供は親の鏡です。良い姿も悪い姿も、ありのままを映し出す鏡です。

第４章 橋本琴絵さんと考える「日本の子育て」

子供を産み育てるのが困難な日本社会

近藤倫子（以下　近藤）：まずは、お互いの家庭について語りましょう。私には娘が3人いて、橋本先生は5人のお子様を授かっています。現在の価値観でいうと、お互いに「子だくさん」の母親になりますが、日本の経済状況などを考えると、現在の出生率（令和6年度は推定1・20）を引き上げるのは、とても難しいと思います。

私の夫は普通のサラリーマンで決して裕福な家庭ではないのですが、私自身は2人きょうだいで、実母が実は流産の経験があったことを知り、私は3人産みたいと思いました。ただ、実際に子供を3人授かると経済的に苦労しています。

橋本琴絵（以下　橋本）：私は結婚する前から、4人ほど子供を産みたいという気持ちがありました。その理由は、少子化で日本人が少なくなっている中、出産が国家的要請という意識があったからです。歴史を辿《たど》れば、日本では女性が家業や家庭外で労働する機会はなく、家事や育児に専念していたのですが、働き手が不足しているという理由で、女性が社会に進出しなければいけないという風潮が生まれています。多くの女性が働くと、その分育児に対するパワーが減少します。その辺りの問題を移民政策で補おうとする結果、ますます日本人が減っているというのが現状です。

もともと日本は人々の血の繋がりで成り立ってきた国なので、人口減少は単なる国籍問題ではありません。やはり、「本当の日本人」を増やしていく必要はあると思います。

近藤：出生率上昇の対策として、現在の子育て支援金制度は悪いものだとは思いません。しかし、現状では1人あたり月額1万5000円（3歳未満）と少額です。私は支援金の額を増やすべきだと思います。竹田恒泰先生も同じようなことをおっしゃっていますが、私は若い世代の女性たちが出産したいという意識を強めるためには、第一子が誕生すれば1000万円、第二子が2000万円、第三子が3000万円、第四子が誕生した際は所得税を半分に、第五子は相続税を半分といった政策を行うべきではないでしょうか？　なぜなら、令和5年に読売新聞が行ったアンケートで、子供のいない夫婦の理由が「経済的な理由」が一番多かったのです。もちろん、今まで政府はそのような案を唱えたことはなく、現在のことも政策担当大臣が実施するとは思えませんが（笑）。

実をいうと、最近の若い女性たちは、30代、40代のキャリアウーマンが大変な生活を送っているのを把握しており、専業主婦を希望する例が多いのです。私が通った日本女子大学はジェンダー教育が盛んで、以前は在学生の多くがキャリア志向であることが特徴でしたが、現在は早く家庭に入って子育てを行いたいと考える学生が増えているようです。

［近藤倫子］

橋本：現在は、あえて子供を作らない、もしくは子供の数を少人数にとどめる「パワーカップル」と呼ばれる共働きの高所得層の夫婦も増加しています。

近藤：私が現在住んでいる地域は、いわゆるパワーカップルが多く暮らしています。パワーカップルの場合、第一子の子供を大切に育てて、母親が職場復帰するなどある程度落ち着いた段階で次の子供をもうける、というのが一般的です。そのため、きょうだい同士の年齢が7歳ほど離れている例は珍しくありません。

母親が学校教師など長い育休期間が取得可能でキャリアのブランクを感じる必要がない場合だと2、3歳差で子供を設ける場合はあるようです。現在は家事分担が定着しつつあるとはいえ、夫婦が共に働いている場合、やはり体力的に劣る女性側の負担が増加する傾向があります。そのような理由から、子供の数を制限すると言う考え方もあります。

橋本：最近では、母親が0歳児や1歳児を保育施設に預けて働くというスタイルが増加しています。たしかに子供を家庭の外に出すことで早い時期から社会の雰囲気に慣れるという効果があるでしょうが、その分、感染症のリスクが高まるといったデメリットも発生するのです。もちろん働きに出ているお母様方にも都合がありますので、子

［橋本琴絵］

昭和63年生、広島県尾道市出身。広島大学附属福山高校、九州大学卒。英国立バッキンガムシャーニュー大学院修了。主な著作に『暴走するジェンダーフリー』『われ、目覚めよ！』（ワック）、解説に『中等修身女子用』（ハート出版）がある。

供が体調を崩した場合、母親がいつでも保育施設に駆けつけることができるといった社会制度を確立するべきだと思います。

やはり、0歳児や1歳児は手元に置いて面倒を見たいと考える母親が大半です。しかし、現在は定員オーバーになってしまうため、やむを得ず子供を早期に保育施設に預けるという例もあるため、全ての子供が保護される環境を生み出すべきではないでしょうか。

近藤：子供は3歳までは保育施設に預けずにお母さんの元で育てるべきというのが、私の意見です。「三つ子の魂百まで」という言葉があるように、私は母と子の関係を通して母性や信頼関係が生まれると思っています。しかし、経済的な理由から子供を預けて働かざるを得ないお母さんがいるのも事実で、その辺りは政治や経済の問題になります。政府は高市早苗氏が提唱しているような積極財政を進めて、お父さん一人の収入で妻や子供を養えるような経済状態を目指すべきです。積極的に働きたいと考えるお母さんはともかく、経済的な事情でやむを得なく働いているお母さんを家庭に戻してあげるのです。そうすると、子供も幸せになると思います。

たいていの小さな子供は、保育施設に預けられると「ママ、行かないで」と泣きます。作家で元埼玉県教育委員長の松居和氏が手がけた『ママがいい！　母子分離に拍車をかける保育政策のゆくえ』（グッドブックス）によると、お母さんが子供を手放すことが現在の青少年による犯罪の要因になっているそうで、私も同じように考えています。同著には「いずれ、あなたが子供に捨てられますよ」という内容が書かれています。現在の日本では、子供が年老いた親を簡単に老人ホームに入居させるなど、情緒的な繋がりが薄い家族が増えていますが、これは0、1、2、3歳児を他人の手にゆだねてしまったことが後年まで影響しているのではないでしょうか。孤独・孤立状態の高齢層が増えているのは幼児期の教育が原因だと、私は考えます。

さらに、以前から親、子、孫が一つの家で暮らす三世代家族は減少していますが、最近は少子化の影響で核家族の人数も減少傾向です。親と子が1人、3人家族の核家族が増えています。現在の日本は共同体が消滅しつつあるのです。令和6年に岡山県ＰＴＡ連合会が解散することを発表しましたが、私はＰＴＡも共同体の一つだと考えています。学校で教師が子供たちを教育して、家庭ではお母さんが嚙み砕いて教える。そのようなスタイルがＰＴＡによって成り立っていたのですが、それが破壊されたのです。

さらに、団塊の世代が家庭を持って以降、近所付き合いと呼ばれる各家庭のつながりも消滅しつつあります。私の幼少期は隣の家に塩を借りる、味噌を借りに行くといった関係がわずかながら残っていましたが、現在は隣の家に誰が住んでいるか知らないという状態が一般的です。日本の家族の孤立は新左翼の策略というのが私の考えです。

最近は経済的な理由で結婚を拒否する若年層が増加していますが、これは、２０００年代の小泉純一郎・竹中平蔵体制による経済政策が最大の要因でしょう。労働者派遣法が改正されたことで、各企業は契約社員や派遣社員を積極的に採用するようになりました。私自身が就職氷河期世代で大学では児童学と発達心理学を学んでいたのですが、当時はカウンセラーなどが一般的ではなく、卒業後は希望する職種に就けませんでした。私の同世代の女性は中学・高校時代に流行したトレンディドラマの登場人物のように、学校を卒業後に数年間就業して、その後は結婚して家庭を持つという人生を望んでいる人が多かったのですが、小泉・竹中体制によって、その夢は潰《つい》えました。

橋本：現在は、お父さん一人の収入で家族を養うのは難しい状態になっています。しかし、子育てに専念したいと考えるお母さんが多いのは事実ですので、それを実現するには、日本社会を豊かにしなければなりません。その方法はいろいろあると思うのですが、日本は優れた防衛装備を生み出す技術力があるのですが、非核三原則など様々な制約によって開発が制限されています。防衛装備を積極的に海外に輸出すれば日本にとって大きな利益となりますが、それが叶わないのです。

母親の就業によって偏る子供の食生活

近藤：現在の子供の食生活については、どう思いますか？　私は家庭で作る食事に関しては、米、お味噌汁といった和食の大原則は忘れないように意識しています。私は幼少期に父方の祖母から「お味噌を食べると偉くなるよ」と教えられていたので（笑）、お味噌汁はなるべく具沢山にして、おかずやおやつ代わりにするという工夫を行っています。主菜に関しては、夫が肉好きなので肉料理が中心になることが多いのですが、必ず野菜料理を添えています。
タレントの黒柳徹子氏が手がけた小説『窓ぎわのトットちゃん』（講談社）に出てくる校長先生の言葉で「（お弁当には）海のものと山のものを両方持ってきなさい」というものがあります。私は『窓ぎわのトットちゃん』を小学生時代に読んだのですが、その言葉を覚えていたので、食事を作る際には、なるべく「海のものと山のもの」の食材をバランスよく使うよう心がけています。

橋本：私は栄養学を専門に学んだことはありませんが、自分の子供たちの同級生が持ってくるお弁当を見てみると、家庭によって食のスタイルが違うことがわかります。食生活の欧米化の影響で子供たちの平均身長や体格は上昇しているのは事実ですが、魚料理にはＤＨＡが多く含まれるなど、伝統的な和食にも多くの利点があります。私は子供一人ひとりの体質に適したバランスの良い食事を与えるのが正しいやり方だと思います。

近藤：食生活の変化によって子供たちの発育が良くなった反面、小児糖尿病が増加しているというデータもあります。これはコンビニ食やファストフードなど栄養が偏った食事の影響です。お母さんが仕事に追われている場合、子供に菓子パンなどを与えているという例が多いのです。私が就業していた時期は、おにぎりやキュウリの浅漬けなど手作りの手軽な和食を子供に与えるという工夫を行っていました。

さらに、現在の子供は体格の向上に反比例して筋力や運動能力が低下しているというデータがあるのですが、それは食生活の影響と同時に公園や空き地など子供たちが自由に遊べる場所が減少しているというのも要因でしょう。現在の子供は遊ぶ時間、遊ぶ空間、遊ぶ仲間の「三間」が不足しているのです。

橋本：家庭内における家事負担は、どのように行っていましたか？　最近は家事や家の手伝いを一切しない子供たちが増えています。

近藤：私の家の場合、幼少期の娘たちには食事前にはテーブルを綺麗にして箸を並べる、食後は食器を台所まで持って来てもらうというお手伝いをお願いしていました。私自身は、幼少期に両親のお手伝いをする機会がたくさんありました。

橋本：私の場合、両親から言われることなく自発的に家事を行っていました。お母さんが家事に専念している場合、子供はお母さんの姿を見て自然に家事の方法を覚えますが、長時間働いている場合はそれが叶いません。私が子供のころは自分の意思で公園に出かけて遊んでいましたが、現在は親が同伴というスタイルが一般的です。もちろん、現在は安全性や少子化の影響から子供を管理しなければならないという理由があるのですが、その分、子供が自由に体を動かす時間が減少しています。2、3歳の子供が一人で出かけて近所のお兄さんお姉さんと遊ぶという光景は、現在ではほとんど見られません。

近藤：娘たちが幼少期に大阪府に住んでいました。住んでいたその地域は治安が良い場所で、人々の繋がりが色濃く残っており、長女が歳の離れた次女と三女を連れて近所の公園に遊びに行く機会が多くありました。当時の長女は携帯電話を持っていなかったため、三人がいないことに気づいて、慌てて探しに行くということもありました（笑）。

家庭環境によって形成される子供の思想

橋本：テレビやスマートフォンが子供に与える影響について、どう思いますか？

近藤：私の場合は、父の教育が厳しく、幼少期はニュース以外のテレビ番組を視聴する機会はほとんどありませんでした。成長して一人暮らしを始めるとむさぼるようにドラマやバラエティを観ましたが（笑）。自分の子供たちに対しては、幼少期は観る番組を制限することはありましたが、現在は彼女たちの判断に任せています。チャンネルの選択権は私にはありません（笑）。

スマートフォンに関してですが、私は子供たちに渡す必要はないと考えていましたが、大阪から東京に引っ越した際、友達にいじめられるかもしれないという理由で長女にスマホを買い与えた経験があります。保護者制限をかけてはいましたが、当時中学生だった長女は、あらゆる手段で制限を解除してしまいました（笑）。

橋本：私の家庭の場合、子供たちがいつでもスマホやタブレットに触れることができる状態ですが、全員が低年齢なので閲覧する内容はチェックしています。

近藤：私たちが子供のころはスマホがありませんでしたが、読書環境はどのようなものでしたか？　私の場合、父が文筆業を行っていたため、自宅には壁一杯に本が敷き詰められた書斎があって、家の中には本や父が書いた原稿用紙が散らばっている状態でした。週に一回のペースで私の机には歴史書や世界文学全集、夏目漱石等の小説が、奥付のページに「○月×日、父求ム。娘へ」と書かれた本が置かれていました。私の場合、もともと読書自体は嫌いではなく、電話のメモ帳として使われていたバラバラになった父が書いた原稿用紙をテープで貼り付けて読むということもありました。国語辞典を読んでいる時期もありました。

私がニュースを観ていると、必ず父が解説を寄せて、皇居の一般参賀に父と一緒に参加して「天皇陛下、万歳」と唱えながら日の丸国旗を振った記憶は、今でも心の中に残っています。私が世間から注目されるようになったのは最近なので、「いつ目覚めたの？」「いつ気づいたの？」と聞かれることがあるのですが、「生まれつきです」と答えています（笑）。

そもそも、「保守」という呼ばれ方に疑問を抱いた時期もあります。なぜなら、自分が生まれ育った国を愛するのは自然な行為だと私は思っていたからです。しかし、私が小学生のころ、社会科の授業で好きな国を発表する機会があったのですが、当時流行していたロサンゼルスオリンピックや漫画「キン肉マン」の影響から「アメリカ」「ソ連」「西ドイツ」などと答える同級生が大半でした。その中で一人だけ「日本」と答えた私は変わり者扱いされたほどです。

当時は日本を賛美してはいけないという風潮がありましたが、これは日教組の影響が大きかったことも要因だと思います。私の父は保守思想の持ち主で、自宅には日の丸国旗が飾られているなど常に日本を意識する環境でした。そういった理由から学生時代は苦労することがありました。

橋本：一口に保守と言っても、様々に分類されると思います。

近藤：保守思想として大切なのは、「何を守り、何を大切にするか」と言われていますが、その辺りを立脚している方がどれだけいるか考えると不安になります。私が考える「保守思想」とは、日本の過去・現在・未来を守る意識のことです。

橋本：おっしゃる通りですね。やはり子の政治観には親の影響が大きいと思うのですが、その点はいかがお考えでしょうか。

近藤：現在は「親ガチャ」という言葉が流行しています。私はこの言葉を聞くたびにさみしい気持ちになります。もちろん、そのような言葉を青少年に言わせてしまう社会にも原因があるのですが、親自身が子供を大切にしない例が増えているというのも事実です。

近年の日本における1年間の人工中絶数は12万件を超えていて、若年層のみならず30代以上の女性が中絶を行う例が増えています。古来より日本では授かり物として産まれた子供を男女関係なくかわいがる習慣があったのですが、出生前診断等により現在は親が子供の生死を選択してしまっています。ハンデを背負った子供を育てるのは大変だという考えはわかりますが、その現状に対して、私は西洋由来のご都合主義、合理主義の影響を感じるのです。私は子供たちが親ガチャという言葉を使わざるを得ない状況を大人たちが作り出したことについて申し訳なく思っています。

私が娘たちに自分が母親としてどう思うかと尋ねたところ、「自分たちの周囲にいるお母さんたちと比べると『普通』ではない。でも、普通ではないから面白い」と答えていました。娘たちは私が母親であったことが「６、７割くらい良かったと思っている」そうですが、その答えは私にとって何よりの勲章です。

橋本：親ガチャという言葉が生まれた背景には、情報化社会の影響があると思います。現在はパソコンやスマホを使えば、他人の家族の様子を簡単に閲覧できますので、子供が自分の家族と比べて劣等感が生じる場合があります。

本当の意味で親の影響から救済が必要な子供もいます。昔は児童相談所以外にも近所のお爺さんお婆さんなど子供たちに救いの手を差し伸べる大人たちが存在していたのですが、最近ではそのような例は少なくなっています。

近藤：建築物の筋交《すじか》いのような、家族以外の斜めの人間関係を生み出していたのが地域共同体だったと、私は考えています。昔は親が忙しい時は近所の家に行って食事をするといった例がよくありました。さらに言うと、現在は救済が必要な子供が見つかりにくいという事情もあります。

私の両親は昭和23年生まれなのですが、当時は子供の服装で家庭の経済状態が判別できたそうです。しかし、現在はファストファッションの普及などを理由に大半の子供が同じような服装をしています。私が小学校に入学した時、父が奮発して本皮のランドセルを買ってくれたのですが、雨に濡れて皺《しわ》まみれになってしまい、「お前の家は貧乏だ」と、からかわれたことがあります（笑）。現在は全ての児童が合成皮革のランドセルを背負っているので、一見すると全員が同じように見えますが、注意して観察すると、1日おきに全く同じ服装をしている児童がいるなど、家庭の経済状態を判断することができます。

失われつつある日本独自の精神

橋本：先日、拝読した近藤さんの著作には「子育ては日本人としての人材育成」という考えを持たれていると記されていました。その意味を具体的に教えていただけないでしょうか？

近藤：子供が未来の日本を担っていく次世代であると考えた時、戦後約80年の間に崩されてきた日本人が持つべき思想や価値観を伝える行いが子育てであり、日本人を育てることが「日本人としての人材育成」との意味です。

私の世代では、すでに人々の国家観が失われつつあり、自分の生活に精一杯である一方、政治に関心を持たず無関心で、行儀作法について無頓着な人が大半でした。私は幼少期の娘たちに対しては電車の座席に座っている時はスカートを穿《は》いている時でもズボンを穿いている時でも必ず膝を閉じなさいと、しきりに注意していたのですが、その理由は女性としての凛とした美しさにつながるからです。若い女性が電車の中でだらしなく足を開いているのは年齢もあるでしょうが、数年前にキャリアウーマン風の若い女性が座席に座った途端、足を開いて書類を確認した姿を見て、大変驚きました。

私の母親は、女性がどれほど化粧を施して美しく着飾ったとしても、歩き方や箸の持ち方、お茶の飲み方が一つでも崩れていれば全てが台無しになると言っていました。所作による美しさは日本人女性が伝統的に受け継いできた価値観、美しい日本人としての行動様式なのです。社会に出ても恥ずかしくない最低限のお行儀を身に付けることが必要です。

自分の子供を「日本の宝」と思い、橋本先生のように日本の将来を考えて子供を産むお母さんが少ないのは「個」と「国」が乖離《かいり》しているからです。最近のお母さんは日本語教育よりも英語教育を優先するなど、子供に対して自分が好きなような育て方を行う例が多々あります。そのように子育てのスタイルがバラバラになることで、保育施設における子供たちの規律が乱れるという事態が発生しています。

子供が保育施設から小学校に上がった際に親が直面する問題を「小一の壁」と言いますが、落ち着いて座っていられない、教師の話を黙って聞けないなど、子供側にも小一の壁が存在します。プライベート（私）、パブリック（公）、両方の面で通用する躾《しつけ》を教えるのが、日本の家庭の大切な役割ではないでしょうか。

そういった躾を伝えることが「子育ては日本人としての人材育成」だと考えています。

橋本：前述したように、日本という国は天皇陛下が中心となり、人々の血のつながりによって発展した国です。慣習や文化、精神性など日本人が受け継がなくてはいけない要素が最近は崩れつつある現状に危機感を抱いています。それは小一の壁など言葉で定義づけされたデータではなく、感覚的な印象です。

近藤：私はハート出版から刊行された戦前の教科書の復刻版を何冊か読みましたが、昔は教師たちも日本人としての信念を持ち、学校には毎日、日の丸国旗が掲げられていました。戦前の親や教育者は、日本が天皇陛下を中心として２６００年以上継続した国の中に自分たちが存在しているということを自覚した上で子供たちに接していたわけです。ところが現在は、そのように認識している人は多くありません。今年（令和６年）が皇紀

2684年であると知っている日本人は全体の5割もいないでしょう（※対談当時）。私は、人々に対して仮に政治に興味がなくても、歴史には興味を持ってほしいと考えています。近年は多国籍化やグローバリズムなど外国発の思想の影響で日本人が長年培《つちか》ってきた空気が徐々に薄れていますす。私は「八紘一宇」（世界中の民族が一つの家族のように仲良く過ごす状態）のように、日本独自の思想を抱く方が日本人として素晴らしい状態であると思います。

戦後教育の影響で消滅した日本人の国防意識

近藤：世界価値観調査（WBS）が行ったアンケートによると、「もし戦争が起こったら国のために戦うか」と答えた日本の18歳以上の若者の数は全体の13・1％だったそうです（2017~20年度）。この結果は元航空自衛官の織田邦男氏やジャーナリストの櫻井よしこ氏も問題にしており、私自身も担当するラジオ番組で提起したことがあるのですが、これは戦後教育の結果だと思います。

本来ならば、自衛隊の実情、日本を取り巻く情勢やロシア・ウクライナ問題といった世界情勢、正しい日本の歴史や価値観を学校教育でしっかりと教えていれば子供たちの意識も変わるのでしょうが、戦後教育を受けた人々は軍事について語ることをタブーとする傾向があります。一口に戦争と言っても様々な種類があり、現代ならば戦争に参加した場合でも、昔のようにいきなり前線に立って戦う可能性は極めて低いのですが、子供たちを教育する大人側の多くが軍事に対する意識にバイアスがかかっている現状です。

他国のデータを見ると、ベトナムの若者の96・４％、カザフスタンの若者の66・２％が国のために戦うと答えていますが、これはベトナムやカザフスタンの人々が地理的状況から常に国防意識を持っていなければ国が成り立たないという事実を把握しているからです。日本の若者のデータは日本が平和な国である証拠ですが、同時に日本人が平和ボケしていることを表しています。大東亜戦争後の日本の人々は軍事を語ることなく80年近くを過ごしたのです。

たしかに、先の大戦で日本は連合国に降伏しましたが、戦後の冷戦では西側諸国の一員として勝利を収めました。東西冷戦で日本は戦勝国だったのです。私自身は、大東亜戦争は敗北したのではなく、昭和天皇が終戦の詔書を発せられたことで「終わった」と認識しています。欧米列強の支配から東アジアを解放したのですから、むしろ勝利を収めたと言えます。このようなことを言うと一部の歴史学者から猛反発をくらうでしょうが、私は学校で正しい歴史教育を教えなかったことが、戦後の日本人の意識変化の要因だと思うのです。

たとえば、自分の家に怪しい輩《やから》が突然押し入った場合、どうするかと問われたら大半の人は「抵抗する」と答えます。男性は妻や子供を守るために必死に輩と戦い、女性は身を挺して自分の子供を守ろうとするでしょう。ところが国の場合は正反対の結果になり、私はこの点に「個」と「国」の乖離を感じます。

橋本：ロシアがウクライナに侵攻した際、徴兵を受けたロシア人の多くが国外に脱出したそうです。ですが、多くの日本人には「愛国心」が存在するため、仮に日本で有事が発生した場合、このような状態にはならないと思います。

近藤：現在は「愛国心」と聞くと、極右、軍国主義といった言葉を連想する人が多いでしょう。しかし、多くの日本人は大谷翔平選手やパリオリンピックに出場した日本人選手を熱狂的に応援しました。これこそが愛国心なのですというと皆さんは納得します。国を愛するという気持ちは一部の人だけではなく全ての人々が自然に抱く意識です。愛する家族や故郷を守るというのは大切な行為なのです。

日本が何もしなければ攻撃されないという意見もありますが、令和６年９月に中国軍が日本近海にＩＣＢＭ（大陸間弾道）ミサイルを発射したように、他国が突然攻撃を開始する可能性もあります。そのあたりの事情を学校教育で詳しく教えると生徒たちの意識は変わるのではないでしょうか。

橋本：戦後の日本の教育者は国民に対して戦争の恐怖を伝えた結果、日本人は戦争に対してＰＴＳＤ（心的外傷後ストレス障害）状態になってしまいました。日本人の多くは「どのようにして戦争を回避するか」は必死で考える一方、「実際に戦争が起きたらどうするか」については、考えようとすらしません。いざ戦争が起きたら在日米軍が守ってくれると考えている人もいますが、それはあくまでも「希望」に過ぎないのです。

近藤：私が不思議に思うのは、日本人は戦争を嫌う一方、日本でヒットする作品の多くが戦いをテーマにしていることです。先日、三女が「オーバーロード」（マッドハウス）という欧米のファンタジー映画風の世界を舞台にしたアニメを熱心に観ていたのですが、この作品では殺害シーンが数多く描かれているのです。

橋本：現代の日本人は普段の生活と戦いが完全に乖離しています。実際に有事が発生した場合、戦前に起きた中村震太郎《しんたろう》大尉殺害事件（1931年）や、また通州事件（1937年）のように各都市が侵略されて多くの人々が殺されなければ、日本人の国防意識は目覚めないのではないでしょうか。事実、近隣諸国から数々の威嚇行為を受けているにもかかわらず、多くの日本人は深刻に捉えていません。

近藤：もちろん、戦争を回避することが一番大切ですが、国のために戦わないと答えた80％以上の若者たちは実際に戦争が起きた後の状況に対する想像力が欠落しているのでしょう。有事が発生した際は血を流して日本を守ると答える在日米軍兵士もいますが、やはり日本という国は日本人自身で守る必要があります。

学校で積極的に行われる偏向教育

近藤：中国など近隣諸国では熱烈な愛国教育が行われている一方、日本では全く行われていません。代わりに反日的な教育が行われています。

私の長女が大阪の小学校に通っていたころは、すでに同和教育は廃止されていましたが、道徳の授業が行われておらず、代わりに「総合」という授業が行われていました。長女の同級生には身体にハンデを抱える児童やダウン症の児童がいて、総合の授業では教師が彼らに対して優しく接しようと教えていたのです。それは当然のことであり、私も率先して手助けを行いましたが、その学校には韓国・北朝鮮をルーツとする児童も数多くいたのです。「世界を知ろう」というテーマの授業が行われた際、韓国ばかりが取り上げられて賛美されていたので、私は「確かに韓国は隣国ですが、それだけが世界ですか？　地球儀には日本と韓国しかないのですか？」と、教師に問い合わせました。韓国（朝鮮半島）の歴史を知るには、同時に日本の歴史を学ぶ必要があり、韓国併合は植民地政策ではなかったという事実を伝えるべきです。学校では女子児童がチマチョゴリを着る授業も行われたのですが、私がその意味合いを教師に対して質問しました。

現在（令和6年）ではすでにＬＧＢＴＱ教育は学校に導入されており、今後は道徳や保健の授業で教えることが必須化すると予想されます。某埼玉県議員から頂いた資料によると、現在の小学校5、6年用の道徳の教科書や高校の保健の教科書には「性別は二つではない」と記されているそうですので、そのような風潮を食い止める必要があるでしょう。

パリオリンピックの女子ボクシング競技では、性分化疾患を抱えるアルジェリア人選手が金メダルを獲得したことが問題となりましたが、あのような選手のために、パラリンピックでジェンダーレスという競技枠を設けるべきだと私は思いました。そのような対応こそが本当の意味での多様化だと思います。

橋本：私の子供たちは学校で偏向的な教育を受けていないのですが、私が通った広島県尾道市の小学校では反戦的な教育が行われていました。道徳の時間には同和教育も行われていましたが、大半の児童は意味を理解しておらず昔話を聞いている感覚でした。私は教師の言葉を聞いていたのですが、矛盾を感じて思想に染まることはありませんでした。教科書に書いてある内容は、科学など完全に証明できるものは全面的に信じてもよいですが、歴史に関しては疑ってかかるべきだと子供たちに教えた方がよいと思います。

近藤：私の娘たちも国語の授業で疑問を感じたことがあり、自宅で私と意見を話し合うことがありました。社会科に関しては「母さんも一緒に勉強したい」という口実で教科書を広げて、間違っていると思う点を伝えるということもありました。

当時、大阪では日曜日のお昼に『たかじんのそこまで言って委員会』（読売テレビ）という討論番組が放送されていて、私は毎週欠かさず観ていたのですが、娘たちも食い入るように観ていました。現在、長女は社会人、次女と三女は高校生ですが、彼女たちは私の思想について理解しており、政治などについて納得できる意見を述べます。これは私の教育の影響かもしれません。私は父によって、娘たちは私によって学校の偏向教育の影響を「洗浄」したのではないでしょうか。

夫婦別姓が家族崩壊を招く

橋本：夫婦別姓問題についての見解を教えてください。たとえば、娘さんが結婚する時に夫と違う苗字を名乗りたいと言い出したら、どう思いますか?

近藤：私自身は、夫婦別姓制度は大反対です。仮に私の娘が夫になる男性の姓を選んでも、夫となるお相手が娘の姓を選んでも良いと考えています。そうすることで夫婦同姓にするならば問題はありませんが、夫婦が別々の姓を名乗るというならば結婚に反対します。もちろん娘たちは、そのようなことは言わないと思いますが（笑）。

橋本：男女が内縁状態であれば今でも別姓を名乗れるので、わざわざ結婚する必要はないと思いますが、別姓推進派が婚姻制度を求めているのは相続など結婚による恩恵を受けたいからでしょう。そもそも結婚とは一つの姓を名乗る家族を作るための制度ですから、夫婦別姓制度は自分勝手な思考だと思います。

近藤：令和6年9月の産経新聞の記事によると、全320の日本の国家資格と免許のうち、317は旧姓で取得可能で、残りの3は資格と免許を取得後に旧姓使用が可能となっています。金融機関に関しても全国の銀行の約7割、信用金庫の約6割が旧姓で口座を開設できるため、現在の日本では戸籍上では改姓しても日常生活では旧姓を使用することが可能です。男女共同参画のホームページに旧姓の通称使用が可能となっているものが掲載されていますので、確認していただきたいです。

夫婦別姓制度が実施された場合、子供は父母どちらかの親と別の苗字を名乗る形になります。強制的親子別姓となります。場合によっては兄弟姉妹も別姓になります。子供の最善の利益の中には「家族と一緒に暮らす」というものがあります。楽しく明るい家族の中で幸せに暮らすというのは、洋の東西を問わず全ての子供に与えられた権利ですが、親子が別の苗字を名乗る状態でそれが実現するでしょうか？　ある女性芸人は、メディア上で夫婦別姓制度をしきりに推進していますが、その理由は「自分のアイデンティティーが大切だから」というのです。私は「自分の子供に向かってアイデンティティーを主張するの？」と疑問に思うのですが、彼女は深く考えていないと思います。橋本先生が言われるように別姓推進派は自分たちの利益だけを求めています。

日本の戸籍制度は、飛鳥時代の持統天皇の時代にはじまったもので、１３００年以上続いています。そのような先人が繋ぎ続けた伝統的な制度を個人の損得勘定で破壊するのは許されないと私は思います。

以前、私のＳＮＳのアカウントに「この人は、サザエさん自身が親子別姓になっていることに気付いていないのだろうか？」という別姓推進派からの言葉が寄せられたことがあるのですが、サザエさんはマスオさんと結婚して「フグ田」姓になっています。つまり、アニメ『サザエさん』（エイケン）の家庭は一つの家族ではなく、二つの家族が一つの家で暮らしている状態なのです。事実、磯野波平とフネの子供のカツオとワカメは「磯野」姓で、フグ田マスオとサザエの子供のタラオは「フグ田」姓です。私はそのような事情すら理解できない別姓推進派の認識には呆れてしまいました。別姓推進派の中にはなんらかの思想が入り込んでいると思います。

橋本：実際は利益以外の理由で夫婦別姓を望む人は少ないと思います。やはり、別姓推進派の背後には日本人の文化や繋がりを破壊したいという勢力が存在するのではないでしょうか。

日本で発生する外国人問題

近藤：現在、日本には数多くの外国人が滞在していて、事実上の移民問題が発生しています。欧米諸国の児童文学は対立構造が必ず存在するのが特徴です。映画『ロード・オブ・ザ・リング』シリーズ（ピーター・ジャクソン監督）の原作となった『指輪物語』（評論社）を例に取ると、二つの大きな勢力が指輪を巡って総力戦を繰り広げますが、これは現在の欧米の政治を象徴しています。ギリシャ神話では女神は主体的に行動せず、悪魔を倒すなど活躍するのは男性神ばかりです。旧約聖書には神が自分の姿に似せて男性のアダムを創り、アダムの肋骨から女性のイブが作られたと記されています。

昔の欧州諸国では女性は男性の所有物、子供は「小さな大人」とみなされて存在すら認められていませんでした。そのような流れの中でウーマンリブ運動などが発生したのですが、アメリカなので人種間による対立が発生しているのは、当然の結果だと思います。日本では、アメリカのような明確な対立は発生しないと思いますが、外国人との衝突による問題は、この先増加するのではないでしょうか。現に埼玉県川口市の問題が表面化しています。

橋本：国のあり方には2種類あり、ジョン・ロックが唱えた「契約」で成り立つ制度とロバート・フィルマーが唱えた「相続」によって成り立つ例があります。もともとアメリカは人々の契約で成立した国で、契約できる能力がある人物ならば誰でもアメリカ人として受け入れられます。それに対して、日本は天皇陛下から与えられた土地や自然を人々が相続することで継続しました。相続には血縁的紐帯《ちゅうたい》が必要です。労働力を増やすという理由で日本とは関係がない人々を多く受け入れるというのは、日本が日本でなくなるという意味だと私は思います。

よく保守派とリベラル派は対立構造で語られますが、日本のリベラル派と呼ばれる人々は単なる反日、日本を良くするためではなく外国から来た思想に基づいた日本を悪くするための活動を行っています。現在は欧米由来の思想が積極的に日本で受け入れられていますが、それを要因に日本にはなかった対立軸が生まれつつあるので、本当に必要か見極めは必要です。

近藤：その背景には新左翼の存在も考えられますね。

近藤：現在、「やさしい日本語」というものが幼稚園等で流行しています。その理由は、現在は外国にルーツを持ち日本語が満足に使えない親に対する配慮ですが、やさしい日本語では英語を日本語に直訳したような、日本語らしさが全くない言葉を使うことが推奨されています。多くの外国人が日本に移り住めば、子供が産まれることで一つの巨大なコミュニティが形成されます。20数年前にフィリピン人女性が日本人男性と結婚する例が相次ぎましたが、彼女たちは日本語による会話が可能でした。しかし、現在は日本語が全く話せない在日外国人が増えています。

私の娘の同級生にアメリカ人の母親を持つ児童がいたのですが、その母親は日本語を覚える気が一切ありませんでした。家庭では英語で会話していたようですが、その児童は父親とは日本語、母親とは英語で会話し続けた結果、どちらの言葉も中途半端にしか扱えない状態になってしまいました。その子は学校では日本語で満足に意思疎通ができなかった結果、他の生徒から阻害されることが多かったそうです。そのような光景を人権派が見た場合、「配慮して、みんなで英語を覚えろ」と言うでしょうが、私はその子が日本語を完璧に覚えることが最良の方法だと思います。

その子が日本語を覚えることができなかったのは母親も大きな要因ですが、私は日本に馴染む意思がない外国人は日本で暮らす必要はないと考えます。私の娘たちも「日本の習慣に馴染もうと考える外国人が日本で暮らすのは問題ないが、政策で大量の外国人を無条件で受け入れたら日本が壊れる。しかし、現時点で日本に暮らす外国人たちを排除することはできないので、今後の関係を考えるべきだ」と唱えています。

日本を多産国家にする方法

橋本：しかし、日本の労働人口が年々減っているのは事実です。

近藤：私が小学校5年生だった昭和61年、担任の教師が「これからは日本の人口が減っていく。今（昭和61年当時）は6人で1人の高齢者を支えているが、将来は2人か3人で支える形になる」と言っていました。つまり、当時から日本の少子高齢化が予測されていたのですが、当時のマスコミは女性の社会進出を積極的に推奨していたため、20代半ばまで働いて、その後は結婚して専業主婦になるという一般的な日本の女性のスタイルが完全に崩壊してしまいました。現在は労働力の減少によって女性や高齢者も働かざるを得ない状態になっていますが、日本政府が昭和61年の段階でなんらかの対策を行っていれば「失われた30年」はなかったと思います。

某政治家が「子供を産まなかったほうが問題だ」と語ってフェミニストたちから顰蹙《ひんしゅく》を

買った例がありますが、子供を産むことができるのは女性だけです。仮にどれほど医学や科学が発達しても男性が妊娠・出産するのは不可能でしょう。出生率を上昇させるためには、そのための女子教育が必須ですが、現在の学校ではそのような教育は行われていません。

ウーマンリブやフェミニズムは経済社会において女性が男性と対等に渡り合うために生み出された思想ですが、私は妊娠・出産は女性のみに与えられた神秘的な役割だと考えています。古代の日本で作られた土偶や埴輪は女性をモデルにしていますが、これは日本では女性が崇《あが》められて大切にされ続けた証拠です。現代の人々には、それを思い出してほしいのです。

生物学的に見て女性が最も妊娠・出産に適した時期は20歳前後とされています。さらに子供を育てるには体力が豊富な若い時期の方が有利なのです。現在は女性が社会で輝くことが推奨されていますが、私は20歳前後の女性は、なるべく積極的に出産や子育てに励んでほしいと思っています。もちろん、経済的な問題はあるのでしょうが、政府が積極的に経済支援すればよいのです。そうすれば、女性が大学に通いながら子供を産み育てるというスタイルが定着するかもしれません。

私は、子供がある程度自立した時が、女性が本当の意味で輝ける時期と考えています。私自身、末の娘が高校生になってから文筆家としての仕事を本格的に開始しました。社会で活躍してから家庭生活に入るのではなく、家庭に入り子育てをしっかりしてから社会で活躍する形にすれば多産化のきっかけになると、私は考えます。要は優先順位を変えればいいのです。

本文にも記したように、古来より東日本では妻を「カミ（神）さん」、西日本では「女」に「家」と書いて「嫁《よめ》さん」と呼びました。女性がいなければ家庭は成り立ちません。

橋本：江戸時代以前は、「奥さん」と「カミさん」は、別の意味合いの言葉でした。奥さん（奥方）とは武家に嫁いだ女性のことで、家屋の奥に入り兵士となる子供を産むことが役割とされて、家事や育児を行う機会は一切ありませんでした。カミさん（おかみさん）は、家事や育児を行う女性のことで、家庭で一番偉い存在とみなされていたため、当時の行政制の四等官《しとうかん》制における長官を「カミ」と発音するのにあやかり「カミ」と呼ばれたのです。

明治時代になると、母親が多くの兵士を生み出すことが求められたため、二つの言葉が同じ意味となったのです。明治時代全ての日本人が苗字を名乗るようになったのは、全員を武家にすることが目的でした。戦時中に女性が半強制的に兵器の製造に参加したことが戦後の女性の社会進出のきっかけになりましたが、それが少子高齢化の大きな要因になっています。

私は、少子化問題は経済的支援だけで解決できる問題ではないと思います。これは経済力が乏しい発展途上国の大半が出生率では日本を上回っていることが証明しています。私は子供を産むことを「名誉」と考える風潮を作り出すべきだと思います。たとえば、現在の日本では女性が10代で子供を産むことは推奨されませんが、なるべく早い時期に産むのが正しいとする、子供を産むのがカッコいいとみなされるような社会を生み出すのです。

近藤：歌手の相川七瀬氏は、3人のお子さんを産み育てた後、43歳で高卒認定試験合格、45歳時に大学に入学しました。全ての女性が高校を卒業して大学に進学するといった、大人が敷いたレールに乗る必要はないのではないでしょうか。

いくつになっても、本人が望めば大学にも入学できますし、社会で輝くことは可能です。日本を再び強く豊かな国にするために、女性本来のお役目を最優先にする社会的な意識が重要であると私は考えます。

あとがき

令和6年の夏、さまざまな物議を醸したパリ五輪が開催されました。開会式から現在のフランスのおかしな世相（思想）が映し出され、各競技においても審判員の質の低下なのか、それとも日本人への人種差別なのかと疑ってしまうような判定の数々、男性のような「女性」のボクシング選手たちなど、「社会的な正しさ」（ポリコレ【注53】）の炸裂オンパレードの五輪でした。このようにして欧州は左翼的な、世界を一つの思想に染める奇々怪々の状況となっていることが白日の下に晒されました。LGBTQ思想が全世界のほんの一部の人たちだけの思想であることも、はっきりと証明されました。

確かに、（LGBTQに限らず）少数者の人たちが非常に苦しい立場に追い込まれていたことは理解します。欧州の歴史を知ると、大多数に入れない、入らない少数者が受ける迫害の数々に仰天します。とても日本では考えられない悍《おぞ》ましいことや残虐なことが行われてきたのが欧州の歴史です。私の専門分野で言えば、18世紀末になってやっと「子供が発見」されたのが欧州です。それまでの古代や中世の欧州には子供は存在しておらず、いたのは「サイズの小さな大人」だったのです。

それに比べて日本はどうでしょうか。本文中にも書きましたが、7～8世紀に編纂された『万葉集』には子供を愛する歌がたくさん収録されています。山上憶良の歌で言えば、「瓜食めば　子ども思ほゆ　栗食めば　まして偲はゆ」

瓜を食べれば、子供のことが思われる。栗を食べればまして偲ばれる、といった子供への深い愛情が伝わってくる歌です。日本人は古来より子供を大切に丁寧に育んできた民族なのです。

子育ての様子も、『逝きし世の面影』の「第十章　子供の楽園」を読むと、江戸時代までの日本人が、とてもおおらかな環境の中で大人たちが非常に大切に子供たちを育ててきたことが分かります。「まるでルソーの教育思想がそのまま体現されている」と驚いた識者もいたそうです。「子供の楽園」とは、当時日本に訪れた西洋の識者たちがそう呼んだのだと書いてあります。子供に対する体罰もなければ劣悪な環境もなく、過重労働もなく、男も女も老いも若きも皆おおらかで寛容で明るく、誠実で清潔。子供はのびのびと健やかで愛しい存在として丁寧に育んでいたかつての日本人。ところが、現代の日本はどうでしょうか。果たして子供の楽園でしょうか。

パリ五輪で銅メダルを取った卓球の早田《はやた》ひな選手の会見での発言が注目を集めました。「アンパンマンミュージアムに行きたい。（略）そして鹿児島の特攻資料館に行って、生きていること、そして自分が卓球をこうやって当たり前にできていることというのが、当たり前じゃないというのを感じてみたいなと思って（略）」

この発言は日本人を感動させました。もちろん一部のリベラルや左翼からは毎度お決まりの「けしからん」といったコメントが寄せられましたが、多くの日本人は感動しました。そして思い出したのです、今の私たちの暮らしは当たり前ではないのだと。大東亜戦争を戦った英霊の命の上に成り立っている幸せなのだと。

早田選手のこうした気持ちはどこから湧いてきたのでしょうか。

日本代表選手として世界を転々とするうちに「日本人としての思い」に気付いたのかもしれませんし、ご両親から聞かされてきたのかも知れません。憶測ではどれが正解かは分かりませんが、断言できるのは学校教育で受けた影響ではないということです。戦後の日本の学校教育は自虐史観にまみれており、日本が悪かったといういわゆる東京裁判史観が溢れています。歴史科目に限らず、国語で取り扱う物語も左翼的な思考が滲み出ているものがたくさんあります。

早田選手の発言を聴いて、世の中にひっそりと紛れ込んでいる、日本の誇りを消失させる情報から子供たちを守るためには、やはり家庭内での親子の会話が重要だと改めて感じました。歴史観、教育、修身、教育勅語。日本の心を取り戻す術は身の周りにたくさんありますが、大事なことは家庭の中で自然と身につけることなのです。知識ではなく感覚として身につける。無意識の中に「日本」を内在化させることです。そうすると、日本人として何が大事で何が間違っているのかを感覚として判別できるようになりますから、おかしな言説に触れても「それは間違っている気がする」となるのです。知識は後からでも入れることができますが、感覚は幼いうちに身につけておかなければなりません。これは愛国心に限らず、例えば音感や運動神経、お行儀もそうですね。

私が「内なる国防は家庭にあり」と唱えているのは、そういった理由からです。

この本に書かれている内容のほとんどは私の実体験です。そして娘たちには（こんなふうに書いたら怒られるかも知れないけれど）、ある意味では実験をしていた節もあります。仮説を立てて実験をして観察をする。心理学の調査のようなことを長年かけて自分の娘たちに行ってきた……。愛国心は家庭の中で育むことが大切である、との実験結果の論文として本書を読んで下さるのも嬉しいです。

推薦の言葉を書いて下さった竹内久美子先生、そして対談を快諾して下さった橋本琴絵様、この場をお借りして心より御礼申し上げます。

最後に、私をこの世に送り出してくれた亡き母に最大の感謝を捧げます。そして育ててくれた父に、私を母親にしてくれた娘たちに……。

本書を読んで下さった全ての方の子育てが、幸せに満ち溢れたものとなりますように……。

（53）ポリティカル・コレクトネスの略。特定の人物や集団に対して不快感や不利益を与えないように配慮する考え方や行動のこと。

令和6年10月　吉日

近藤倫子

●引用文献

『日本書紀　全現代語訳＋解説〈一〉―世界の始まり』寺田恵子、グッドブックス（２０２４）
『後に続くを信ず』岩田温、かや書房（２０２４）24頁8行
『嫌われる人の話し方、好かれる人の話し方』渋谷昌三、ワック株式会社（２０２４）１８２頁9行
産経新聞デジタル版（２０２４）8月13日
https://www.sankei.com/article/20240813-4JFZY5MVFRLAVAKWCWVN6EC5CM/?outputType=theme_paris2024
『復刻版　国民礼法』礼法教育委員会、ハート出版（２０２２）１７５頁
ＬＧＢＴと多様性を考える会「女装事件リスト」
https://what-is-diversity.com/archives/incidents
文部科学省、教育基本法第10条
https://www.mext.go.jp/index.htm

●参考文献

『女性二千六百年史』山口梧郎、天泉社（１９４１）
『現代語　古事記』竹田恒泰、学研プラス（２０１１）
『古事記完全講義』竹田恒泰、学研プラス（２０１３）
『現代語古事記　神々の物語』竹田恒泰、学研プラス（２０１３）
『現代語古事記　天皇の物語』竹田恒泰、学研プラス（２０１３）
『まんがで読む古事記』竹田恒泰監修、学研プラス（２０１３）
『現代語訳　古事記』福永武彦、河出書房新社（２０１３）

参考文献

『落語DE古事記』 桂竹千代、幻冬舎（2019）
『ラノベ古事記　日本の神様とはじまりの物語』 小野寺優、KADOKAWA（2017）
『ラノベ古事記　日本の建国と初国シラス物語』 小野寺優、KADOKAWA（2021）
『天皇の国史』 竹田恒泰、PHP研究所（2020）
『日本書紀　全現代語訳＋解説＜一＞世界の始まり』 寺田恵子、グッドブックス（2024）
『育ての心』 倉橋惣三、刀江書院（1936）
『「心の基地」はお母さん』 平井信義、企画室（1984）
『子どもを叱る前に読む本』 平井信義、PHP研究所（1991）
『親は子どもの未来をひらく』 平井信義、企画室（1992）
『スキンシップで心が育つ』 平井信義、企画室（1999）
『アイデンティティとライフサイクル』 E・H・エリクソン、西平直・中島由恵訳、誠信書房（2011）
『アイデンティティ　青年と危機』 E・H・エリクソン、中島由恵訳、新曜社（2017）
『しつけと体罰』 森田ゆり、童話館出版（2003）
『国民の修身』 渡部昇一、産経新聞出版（2012）
『復刻版（昭和九年～昭和十五年使用＝第三期）尋常小学校修身書　巻一児童用』 文部省、久保企画（1992）
『復刻版　初等科国史』 文部省、ハート出版（2019）
『復刻版　初等科修身』 文部省、ハート出版（2020）
『復刻版　国民礼法』 礼法教育委員会、ハート出版（2022）
『復刻版　女子礼法要項』 全国高等女学校長協会、ハート出版（2024）
『決定版　心を育てる松谷みよ子の日本の神話』 松谷みよ子、講談社（2010）

『逝きし世の面影』 渡辺京二、平凡社（２００５）
『旧皇族が語る天皇の日本史』 竹田恒泰、ＰＨＰ研究所（２００８）
『子供たちに伝えたい日本の建国』 新田均、明成社（２００４）
『後に続くを信ず』 岩田温、かや書房（２０２４）
『新版　日本人の歴史哲学』 岩田温、産経新聞出版（２０２４）
『神と怨霊』 竹田恒泰　三上丈晴、ビジネス社（２０２４）
『嫌われる人の話し方、好かれる人の話し方』 渋谷昌三、ワック株式会社（２０２４）
『大東亜戦争の開戦目的は植民地開放だった　帝国政府声明の発掘』 安濃豊、展転社（２０１７）
『アジアを解放した大東亜戦争　大日本帝国戦勝解放論』 安濃豊、展転社（２０２０）
『斯くしてアジアは解放された　これが大東亜戦争の真実だ』 安濃豊、展転社（２０２３）
『トランスジェンダーになりたい少女たち』 アビゲイル・シュライアー、産経新聞出版（２０２４）
『ＬＧＢＴの語られざるリアル』 ジェイソン・モーガン、我那覇真子、ビジネス社（２０２３）
『ジェンダー史10講』 姫岡とし子、岩波書店（２０２４）
『若者が選んだ安倍晋三１００のことば』 安倍晋三デジタルミュージアムプロジェクト、幻冬舎（２０２４）
「内なる国防は家庭に在り　アタッチメントと愛国心③」 近藤倫子、展転社『國の防人第二十九号』（２０２４）

●参照ＨＰ
明治神宮
https://www.meijijingu.or.jp/about/3-4.php

一般社団法人　日本ＳＤＧｓ協会
https://japansdgs.net/
日本女子大学
https://www.jwu.ac.jp/unv/
津田塾大学
https://www.tsuda.ac.jp/index.html
橿原神宮
https://kashiharajingu.or.jp/
総務省統計局
https://www.stat.go.jp/index.html
男女共同参画局
https://www.gender.go.jp/index.html
こども家庭庁
https://www.cfa.go.jp/top
ＮＨＫアーカイブス
https://www.nhk.or.jp/archives/
公益財団法人　渋沢栄一記念財団
https://www.shibusawa.or.jp/index.html
伊勢神宮
https://www.isejingu.or.jp/
産経新聞デジタル版（２０２４／08／13）
https://www.sankei.com/article/20240813-4JFZY5MVFRLAVAKWCWVN6EC5CM/?outputType=theme_paris2024

内閣府、性的指向・ジェンダーアイデンティティ理解増進
https://www8.cao.go.jp/rikaizoshin/index.html
LGBTと多様性を考える会
https://what-is-diversity.com/
一般社団法人日本SDGs協会
https://japansdgs.net/
東京都福祉局
https://www.metro.tokyo.lg.jp/index.html
文部科学省、教育基本法
https://www.mext.go.jp/index.htm
厚生労働省、児童虐待の防止等に関する法律
https://www.mhlw.go.jp/
東京都福祉局
https://www.metro.tokyo.lg.jp/index.html
『焚書アーカイブス』　ダイレクトアカデミー
https://dpub.jp/

近藤倫子（こんどう・りんこ）

著述家、元児童家庭支援士

昭和50年、東京都生まれ。日本女子大学卒業。

「皇統（父系男系）を守る国民連合の会」理事、「LGBTと多様性を考える会」事務局長。公益財団法人日本国防協会広報部、靖国神社崇敬奉賛会。

所属学会：日本子ども虐待防止学会。

月刊WiLL、夕刊フジ、学研、展転社にて執筆。

価値観の侵略から日本の子どもを守る

令和7年2月26日　第1刷発行

ISBN978-4-8024-0186-9　C0021

著　者　近藤倫子
発行者　日髙裕明
発行所　ハート出版
〒171-0014 東京都豊島区池袋3－9－23
TEL. 03－3590－6077　FAX. 03－3590－6078

印刷・製本／中央精版印刷

知識ゼロから楽しく学べる!

ニュートン先生の 物理 講義

はじめに

「物理」と聞くと，「むずかしそう」と感じてしまう人は多いでしょう。でも，実は「物理」は，私たちの生活のあらゆる場面に関係しているのです。

たとえば，通勤や通学途中，あなたの乗っている電車に急ブレーキがかかると，あなたは大きく前に倒れそうになるでしょう。これは「慣性の法則」という自然界のルールによる現象です。

また，スカイダイビングをすると，私たちは地球の重力に引っ張られることで，落下スピードは時速200キロ近くまで加速します。でもこのとき，私たちもまた，地球をほんのわずか引っ張っているのです。これは「作用・反作用」という法則です。

そう，物理とは，このような“自然界のルール”のことなんです。物理を知ることで，身の回りでおきるささやかな現象の一つ一つについての理解が深まり，日常生活はより楽しく，興味深いものになるでしょう。

本書は，物理についてのニュートン先生の講義です。講義といってもむずかしいものではなく，先生と，科学に興味をもっている生徒の会話です。この本を読めば，いろいろな物理のエッセンスをつかむことができるでしょう。

ニュートン先生の楽しい物理の講義を，どうぞお楽しみください。

目次

2 時間目

はたらきものの「エネルギー」

3 時間目

「空気」と「熱」のふるまいを知ろう

4 時間目

身のまわりにあふれる「波」の不思議

登 場 人 物

ニュートン 先生

科学のさまざまなことを知っているやさしい先生。

ゆうと

勉強はあまり得意ではないけど科学に興味をもつ中学生。

1時間目

「物の動き」が物理の基本

「運動」の基本ルールをマスターしよう！

はじめに，物理学の基礎となる，物の動きに関する考えかたを解説します。さまざまな物の動きは，「ニュートン力学」で説明することができます。

先生，物理って何ですか？

先生，物理は科学の中でもとくに重要な分野だって聞いたことがあります。でも，そもそも物理って何なのでしょうか？

ゆうとさんはボールを投げたことがありますよね。ボールを高く投げ上げると，宇宙の彼方まで飛んでいかずに落ちてきます。
これはなんでだと思います？

えっと，それは**重力**でボールが下に落ちるから……ですよね？

そう，その通り。ボールが**地球に引っ張られているから**です。では，月が地球をまわりつづけているのはどうしてだと思いますか？

うっ，えーと，それは……，月明かりがないと**夜道が真っ暗で危ないからです！**


ハハハ！　月が地球のまわりをまわりつづけるのも，実は重力のおかげなんです。

このように，地上だろうと宇宙だろうと，その現象の背後には同じ“ルール”，つまり物理法則がはたらいています。**さまざまな自然現象がどのような理屈でおきるかを理解し，その背後にある物理法則を解き明かすのが，物理学なんです！**


じゃあ，物理法則がわかれば，世の中のできごとが**全部まるわかり**ってことですか？


ええ，そういうことです。

人類の文明が，今こういう形で繁栄しているのも，先人たちが一つ一つ自然界のルールを見つけだしてきたからだといえるでしょうね。

また，一口に物理学といっても，さまざまな分野があるんですよ。

この本では，「力と運動」，「気体と熱」，「波」，「電気と磁気」，「原子」という五つの分野を紹介していきます。むずかしい数式は使わずにお話ししていきますから，心配しないでください。


何だかワクワクしてきた！

よろしくお願いします！

はじまりはニュートン！

それではさっそくはじめましょう。1時間目は，主に「物の運動」についてです。まずは**ニュートン力学**についてお話ししましょう。

ニュートン力学？

はい。ニュートン力学とは，身のまわりで見られる「物の運動」を解き明かす科学です。雨粒の落下から惑星の運動まで，自然界のほとんどすべての物体の運動が守備範囲です。つまり，ニュートン力学で，身のまわりから宇宙まで，さまざまな物の運動を説明できるんです。

ニュートンって，あのリンゴが木から落ちるのを見て，万有引力を発見した科学者ですよね？

その通りです！
アイザック・ニュートン（1642～1727）は，万有引力の法則の発見者として有名ですね。
しかし，ニュートンは，**ニュートン力学**という，物理全体の基礎となる分野を確立した科学者であり，物理学における超重要人物なんですよ。まずは簡単にニュートンについて紹介しましょう。

アイザック・ニュートン
（1642～1727）

ニュートンは科学史を塗りかえるたくさんの発見をしました。とくに1665年～1666年にかけてたくさんの発見をし，その年は**驚異の年**とよばれています。

驚異の年？

はい。その年，イギリスではペストが大流行していました。当時まだ20代前半の学生だったニュートンは，通っていたケンブリッジ大学がペストで閉鎖されたため，故郷のウールスソープに一時，帰省したんです。そして，その短い期間に，立て続けに三つの大発見をしたのです。

まず，ニュートン力学の根幹をなす**万有引力の法則**の発見。

そして，ニュートン力学などの物理学に必須の数学，**微分積分**の基礎の確立。

そして，太陽からの白い光は，さまざまな色の光がまざり合ってできているという，**光の理論**の発見。

万有引力の法則

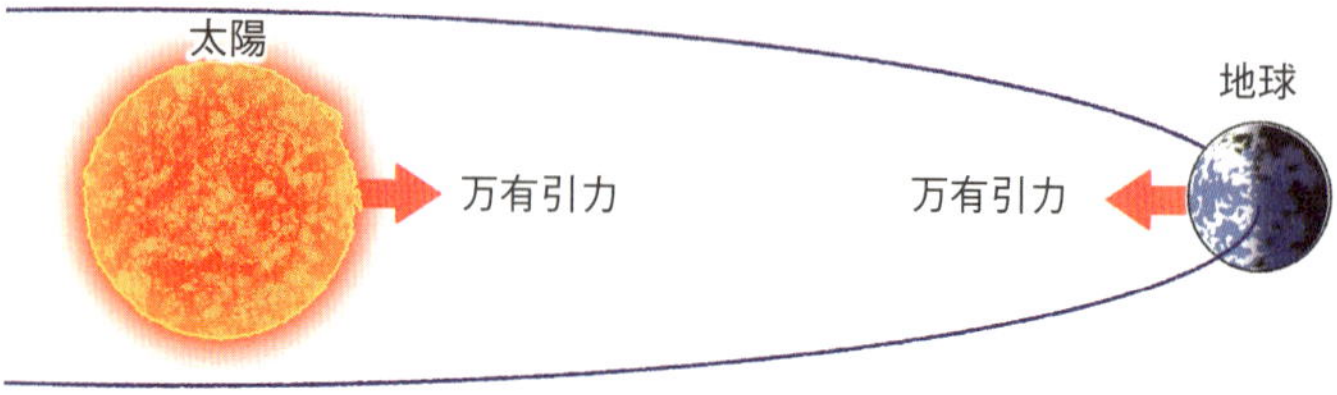

微分積分

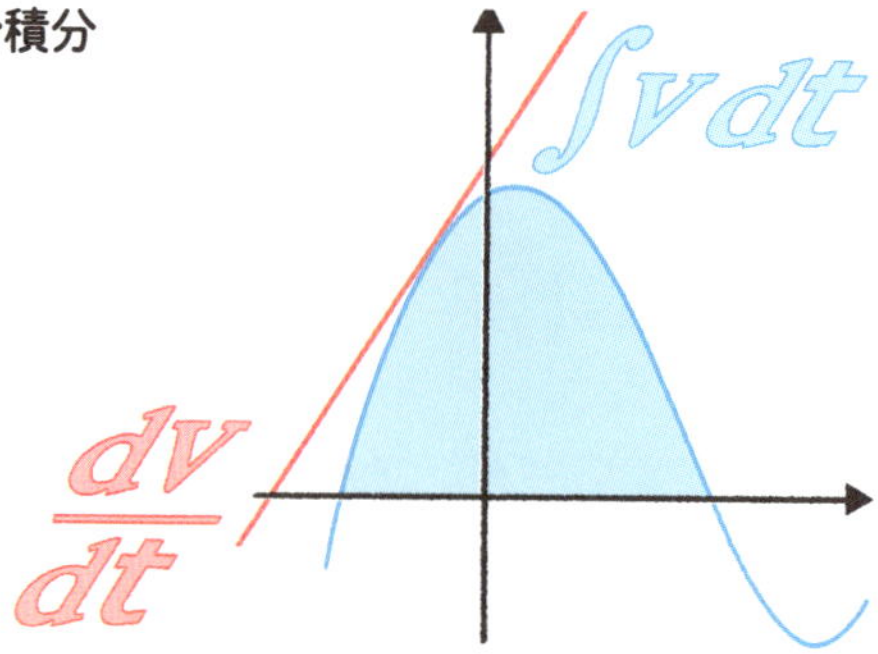

光の理論

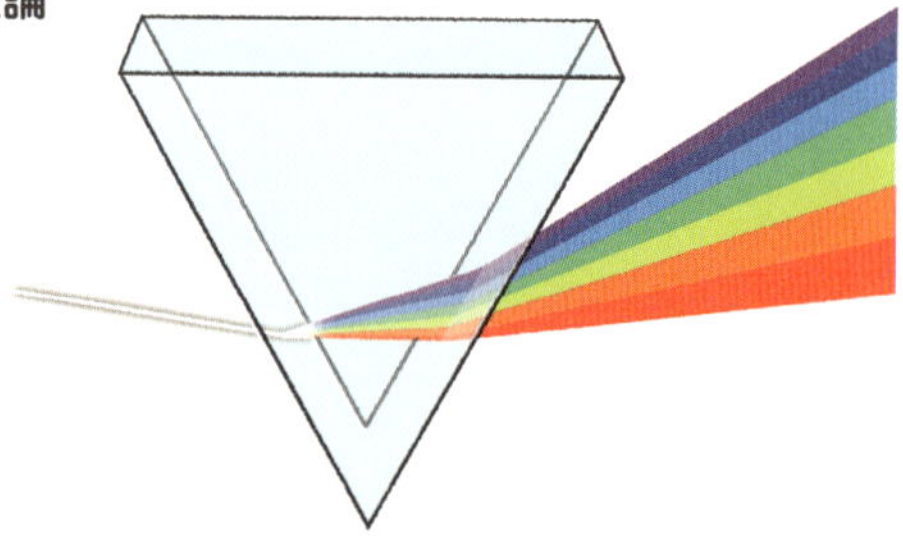

パンデミック中に，大発見が生まれたんですね。

そうです。ただ，これだけの大発見にもかかわらず，ニュートンは論争をきらって，研究成果を発表したがらなかったんです。しかしその後，イギリスの科学者エドモンド・ハレー（1656～1742）の強いすすめでようやく重い腰を上げ，1687年，ニュートン力学をまとめ上げた大著『プリンキピア』を刊行したのです。
『プリンキピア』は，日本語では『自然哲学の数学的諸原理』と訳されています。
この『プリンキピア』こそ，物理学全体，もっといえば近代科学の出発点といっても過言ではない，科学史上，最も重要な書物の一つとされています。

科学史上，最も重要な書物！

ちなみに，物理学の基礎となるニュートン力学は，ニュートンの名が冠されていますが，必ずしもすべてがニュートンの独創ではありません。ニュートン力学は，慣性の法則，運動方程式，作用・反作用の法則という三つの法則が土台になっています。これらを**運動の3法則**といいます。

運動の3法則は，**ガリレオ・ガリレイ**（1564～1642），**ルネ・デカルト**（1596～1650），**クリスチャン・ホイヘンス**（1629～1695）など，16～17世紀のヨーロッパで活躍した科学者たちによって確立されていたか，あるいはおおよそ明らかになっていたようです。

土台をつくった偉大な科学者たちがいたんですね。なぜ「ニュートン力学」って名前がついたんだろう？

ガリレオ・ガリレイ
（1564～1642）

クリスチャン・ホイヘンス
（1629～1695）

それはやはり，ニュートンの画期的な独創があってこそのものだったからでしょう。
この運動の3法則は，ニュートンの万有引力の法則によってはじめて，天体の運動から身近な物体の運動まで，あらゆる運動を説明できることを示したわけです。これはニュートンのまぎれもない功績といえるでしょう。

科学者が力を合わせて発見「慣性の法則」

ここからは，ニュートン力学の土台となっている，**運動の３法則**について，順番に見ていきましょう。

一つ目は，**慣性の法則**です。

さて突然ですが，ここでクイズです！


え，いきなり!?


まず，何もない宇宙空間を想像してみてください。

そこを，宇宙船が地球に向かって進んでいます。そんな中，宇宙船の燃料が尽きてしまいました！　さて，このあと宇宙船はどうなるでしょうか？


当然宇宙船は止まってしまいますよね。そのまま永遠に宇宙空間に停滞したまま……？

そんな！　どうしましょう！

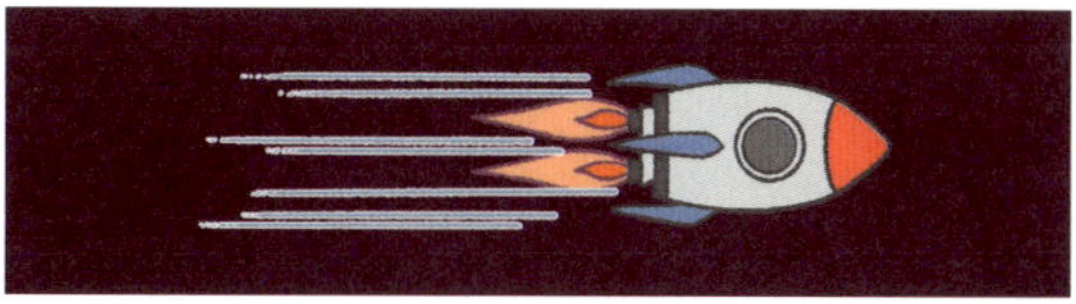

絶望するのは早いかもしれませんよ。実は，宇宙船の燃料がなくなっても，宇宙船は止まることも曲がることもなく，同じ速さでまっすぐ永遠に進みつづけるんです（等速直線運動）。
つまり，**動いている物体は，押されたり引っ張られたりしなくても，等速直線運動をつづけるんです。**
これが，運動の3法則の一つ目，慣性の法則です。**運動の第1法則**ともいいます。

● ポイント

慣性の法則
力が加わらなければ，物体はまっすぐ同じ速度で進みつづける。

そうなんですね！　じゃあ，この宇宙船は直線運動を続けて，やがて地球に到達するってわけですか。

そういうことになりますね。
実際の例を挙げてみましょう。1977年にロケットで打ち上げられたNASAの宇宙探査機，ボイジャー1号とボイジャー2号は，惑星探査の任務を終えたあと，ボイジャー1号は2012年に，ボイジャー2号は2018年に太陽圏の外へ出ました。

そして現在も（2024年），宇宙空間を，慣性の法則にしたがい，太陽系の果てに向かって航行をつづけているんです。

そんなにずっと!?

そうです。慣性の法則は，イタリアの科学者，ガリレオ・ガリレイと，フランスの哲学者・数学者，ルネ・デカルトによって，17世紀の同時期に提唱されました。
彼らの発見までは，古代ギリシャの科学者，アリストテレス（前384～前322）の考えをもとに，「力を加えつづけない限り，物体を動かしつづけることはできない」と考えられていたんです。

ガリレオとデカルトは，およそ2000年もの間常識とされてきたことをくつがえしたわけですね。すごいなあ……。

ガリレオ・ガリレイ
（1564～1642）

ルネ・デカルト
（1596～1650）

それにしても，ガリレオやデカルトは，どうやって慣性の法則を明らかにしたんでしょうか？


当時，慣性の法則は“常識はずれ”の法則でした。

この法則を示すために，ガリレオはある実験を行いました。

次のイラストを見てください。

左にある斜面Aから球を転がします。このとき，斜面はなめらかで，摩擦はほとんど無視できるようにしておきます。

さて，転がった球はどうなると思います？

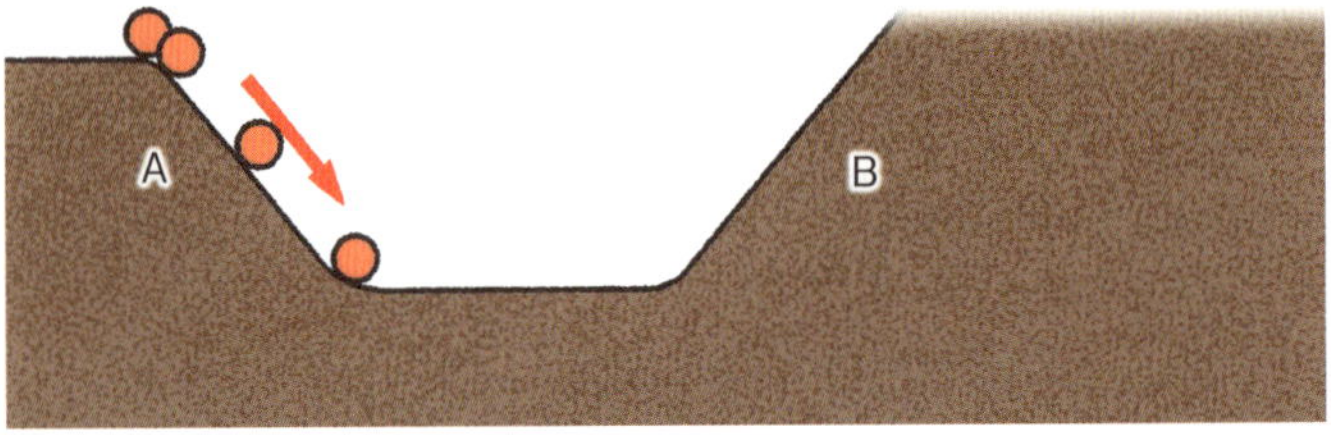

うーむ。斜面Bを少しだけ登って，下りてくるとか？

そうですね。実際は，球は斜面Aの高さと同じ高さまで，斜面Bを登ることになります。

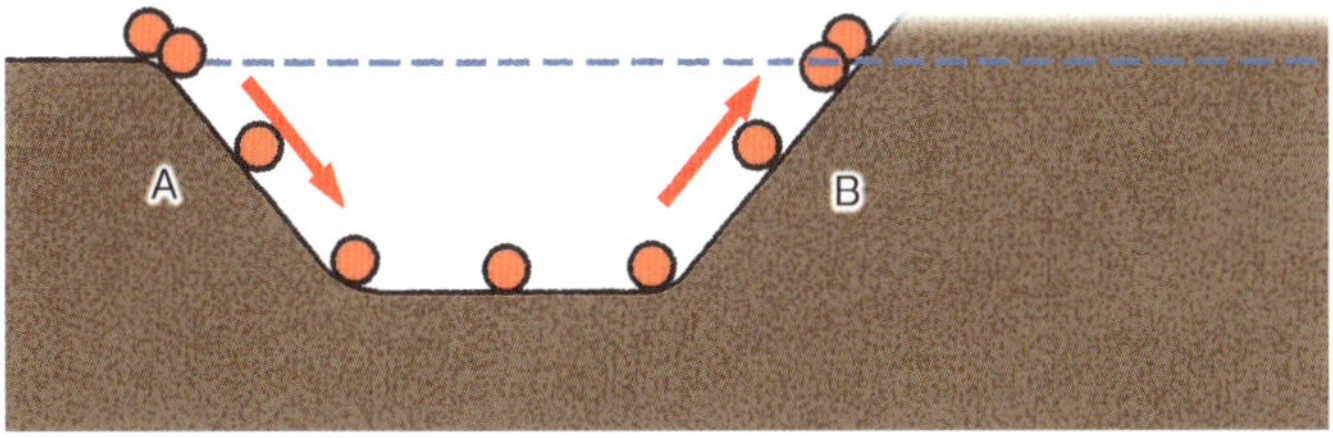

へええ。同じ高さまで登るのか。

さらに，斜面Bの傾きを変えても，最初と同じ高さまで登るという事実は変わりません。

確かに，そうなりそうです。

ガリレオはこの実験から，ある思考実験，つまり，頭の中で実験を行ったのです。ガリレオは，頭の中で，斜面Bの傾きをどんどんゆるやかにしていきました。傾きがどんなにゆるやかになっても，球は同じ高さまで登るはずですから，球はどんどん遠くまで転がっていくはずですよね？

はあ，なんとなくわかります。

斜面Bをどんどんゆるやかにしていくと，最終的に斜面Bは水平になります。そのとき，球はどうなるでしょうか？

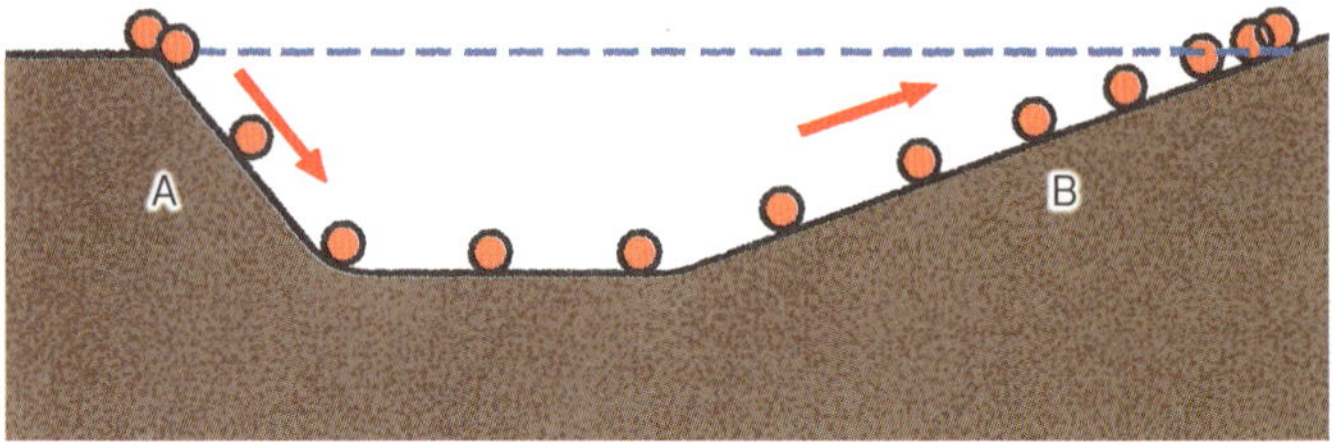

ずっと先まで転がっていきますよね？

そう，その通りです。
永久にこの水平面をまっすぐに進んでいくことになります。つまり，球は水平方向になんの力も受けないのに転がりつづけるわけです。

あ……，ボイジャーと同じだ。

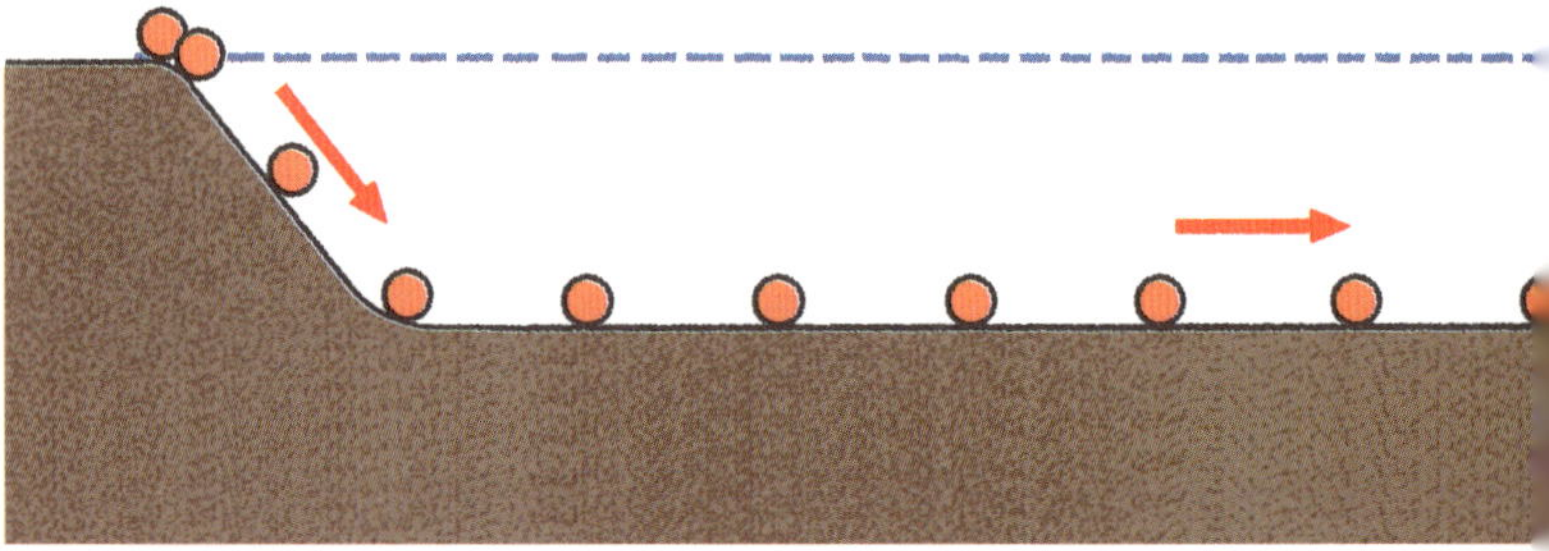

そういうわけです。これこそ慣性の法則です。

なるほど！

ただし，ガリレオは「力がはたらかなければ，動いていた物体は円運動をつづける」と考えました。
地表は球面なので，地表面で水平になっている斜面Bの運動がずっとつづくなら，その動きは円運動になると考えたのです。しかし，地球上でなくても慣性の法則ははたらきます。
そのことから，「力がはたらかなければ，動いていた物体はまっすぐに進みつづける」という，より正しい結論に到達したのが，デカルトなんです。

ああ，ガリレオは正しかったけれども，少しおしかったんですね……。でも，法則って，こんなふうに，当たり前のことを当たり前じゃないと考える人たちによってできていくんですね。

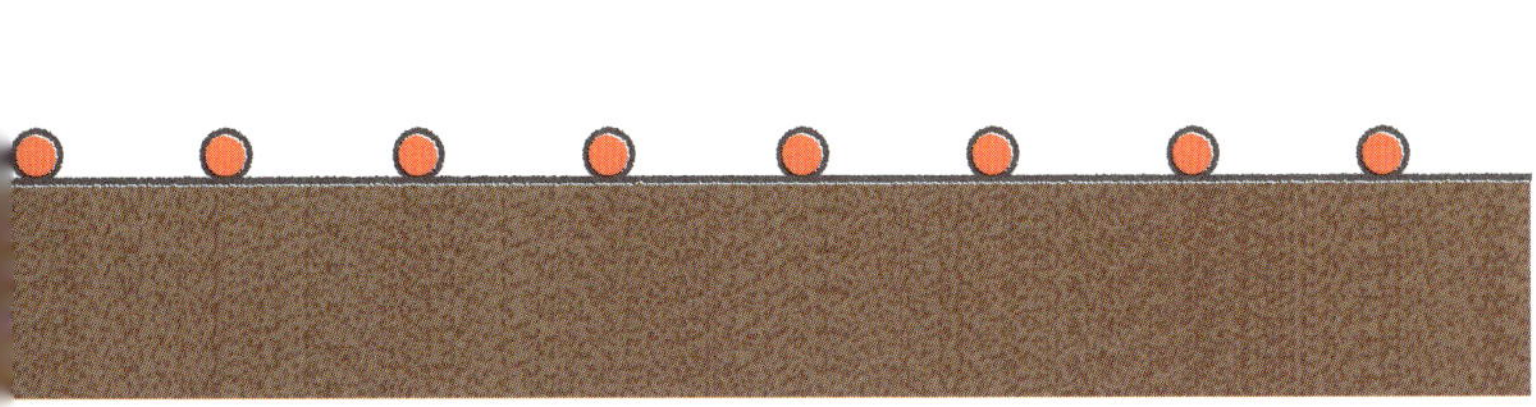

「速度」と「速さ」はちがうんです！

さて，次は，運動の3法則の二つ目，**運動方程式**について見ていきましょう。
その前に，**速度**と**速さ**について，さらに理解を深めていきましょう。
ちなみに，「速度」と「速さ」のちがいはご存じですか？

え？　同じ意味じゃないんですか？

物理学では，両者を区別して使うのです。
まず「速度」は，運動の向きも含めたもので，矢印，つまり「ベクトル」であらわします。
一方，「速さ」は，速度の大きさのみをあらわします。たとえば，「南西の方向に時速100キロメートル」といったら，それは「速度」を意味し，時速100キロとだけいったらそれは「速さ」を意味するというわけです。

へぇ，二つの言葉，厳密にはちがうんですね。

ええ，そうなんです。速度と速さは力学を理解するかなめなんですよ。
速度と速さの意味をおさえたところで，その性質をくわしく見ていきましょう。

● ポイント

速度

運動の向きも含めたもの。矢印（ベクトル）であらわす。

例：南西の方向に時速100キロメートル

速さ

速度の大きさのみをあらわす。

例：時速100キロメートル

まず重要なことは，**同じ物体の運動でも，その速度は見る人，つまり観測者によってことなる，ということです。**

どういうことですか？

たとえば，立っているあなたの目の前を，時速100キロの車が通り過ぎると，すごいスピードに感じますよね。
一方で，高速道路を時速100キロで走行しているとき，同じ方向に走る隣りの車線の車が並ぶとします。そのとき，その車も時速100キロで走行しているのにもかかわらず，静止して見える，という経験はありませんか？

ああ，ありますね。

つまり，静止した状態で見た場合，車の時速は100キロですが，時速100キロの速度で走る車から見た場合，時速100キロで走る隣りの車の速度はゼロになるわけです。

なるほど，速度は見る人によって変わるっていうのはそういうことですか。

そうです。この理論で考えると，私たちは時速**200キロ**の剛速球を投げることだって可能なんです。

200キロ〜!?
一体どうやって!?

時速100キロで走行する電車の中で，進行方向に向かって時速100キロでボールを投げればいいんです。
投げたボールは，時速100キロの右向きの矢印と，電車の時速100キロの右向きの矢印を足し算して見えるわけです。
つまり，静止している人から見たボールの速度は，右向きに時速200キロです。プロの投手でも投げられない剛速球も，速度の足し算を利用すれば簡単に投げられるというわけです。

時速 200 キロのボールを投げる方法

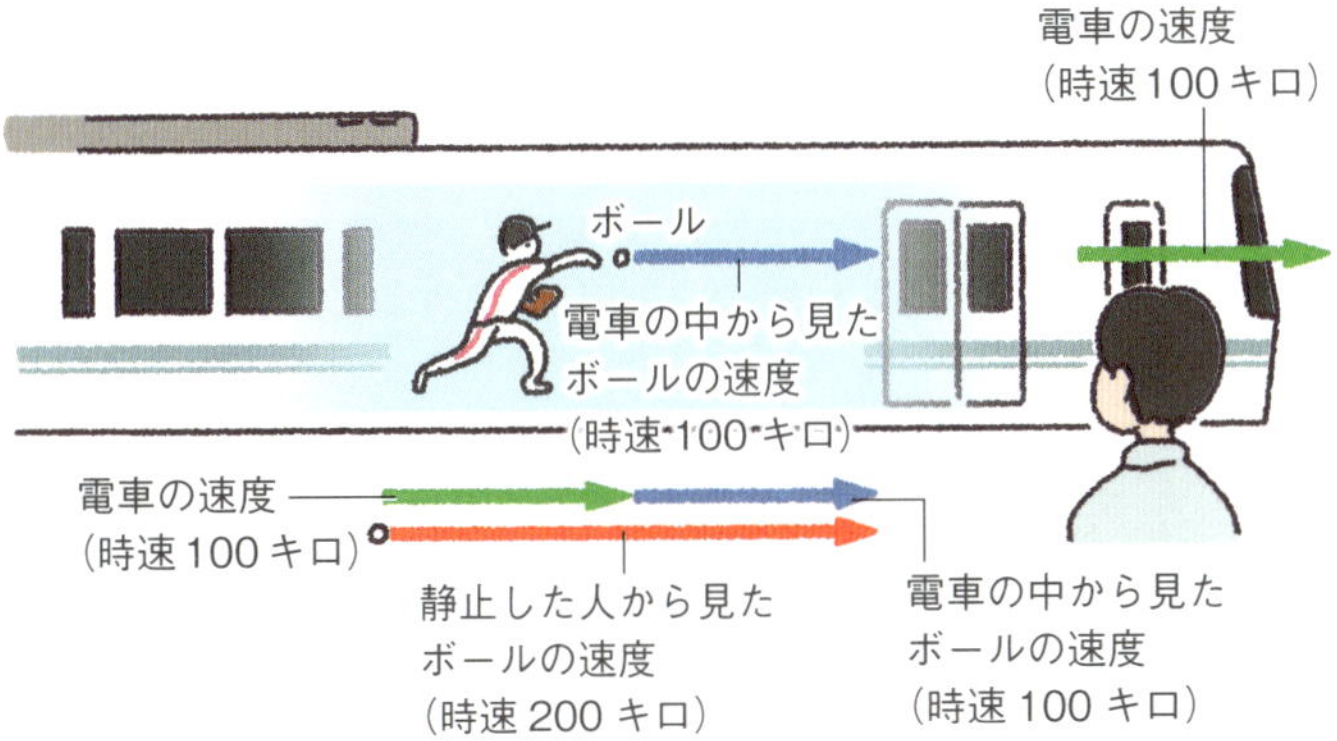

また，電車の中の人が，進行方向と逆方向に時速100キロでボールを投げた場合，足し算をすると両者が相殺されて，ボールの速度は**ゼロ**になります。ですから，静止している人から見ると，静止していたボールは真下に落下することになります。

投げたボールが真下に落下？

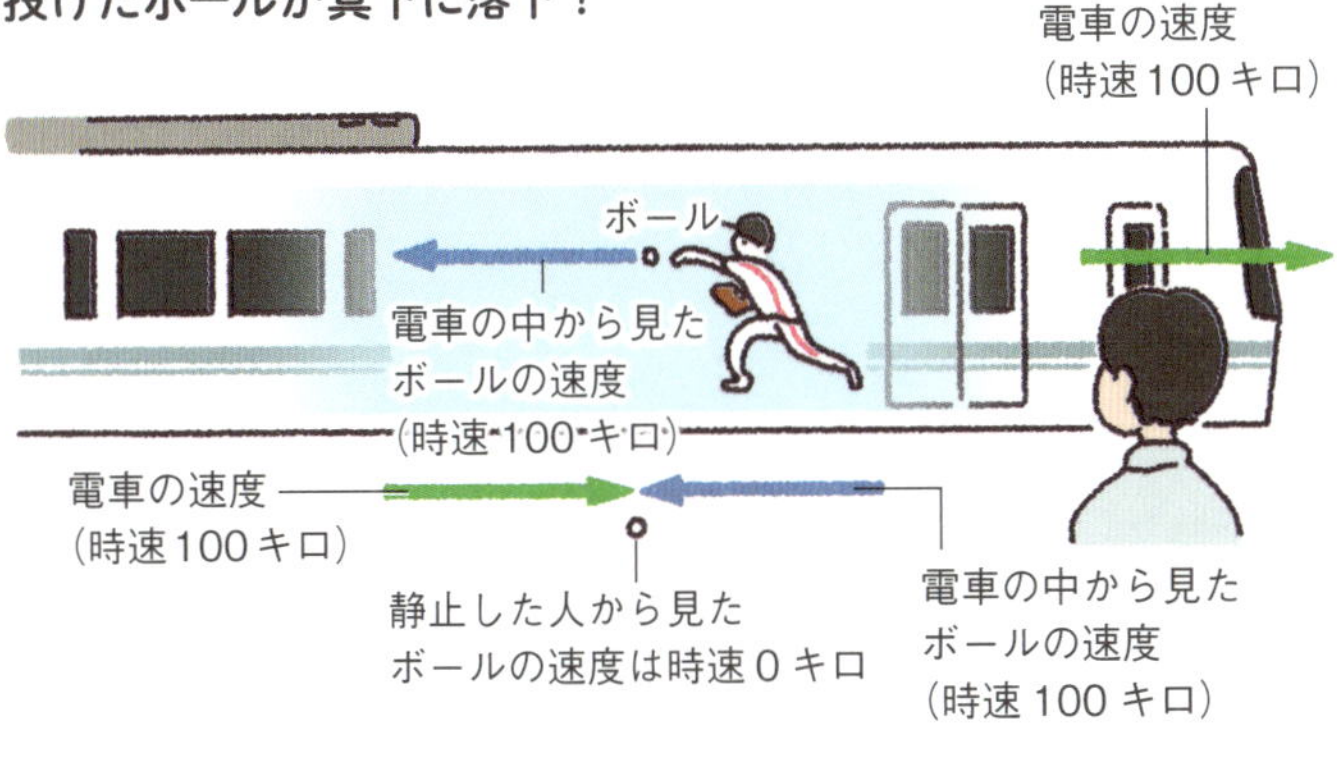

“力”とは，物体の運動の速度を変化させるもの

慣性の法則によって，力が加わっていなくても物体は同じ速度で動きつづけることがわかりました。
今度は，物体に力が加わるとどうなるのかを考えていきましょう。これが，運動方程式を理解するうえで，とても大切なことなんです。
まず，自動車を例に考えてみることにしましょう。

ドライブ大好きです！

自動車のアクセルを踏むと，止まっている状態から進みだし，そしてどんどん加速していきますね。
これは，タイヤの回転がどんどん速くなり，タイヤが地面を後ろに“けりつづけている”からです。
タイヤが地面を“ける”ことで，自動車には進行方向に力が加わります。この，進行方向に加わる力によって，自動車はどんどん**加速**していきます。

そうですね。

逆にブレーキを踏むとどうなるでしょうか。

もちろん，車のスピードは落ちます。

その通りです。タイヤの回転が遅くなり，タイヤと地面の間にはたらく摩擦力が，進行方向と逆向きにはたらくことになります。その結果，進行方向と逆に加わる力によって，自動車はどんどん減速していきます。
つまり，**物体に力が加わったとき，その物体は加速したり減速したりするわけです。**

ふむふむ。アクセルは進行方向に，ブレーキは進行方向とは逆向きに力をかけている，ってことなんですね。

◀ そういうことです。
そして，**一定の力が加わっているとき，物体の速度は一定の変化をしつづけます。**
たとえば，5秒ごとに秒速10メートル，秒速20メートル，秒速30メートルといった具合に，速度は一定のペースで変化するのです。
一定時間での速度の変化量のことを，**加速度**といいます。今の例では，5秒間に秒速10メートルずつ加速したわけなので，そのときの加速度は，秒速10メートル÷5秒＝2メートル/秒^{2}と計算できます。

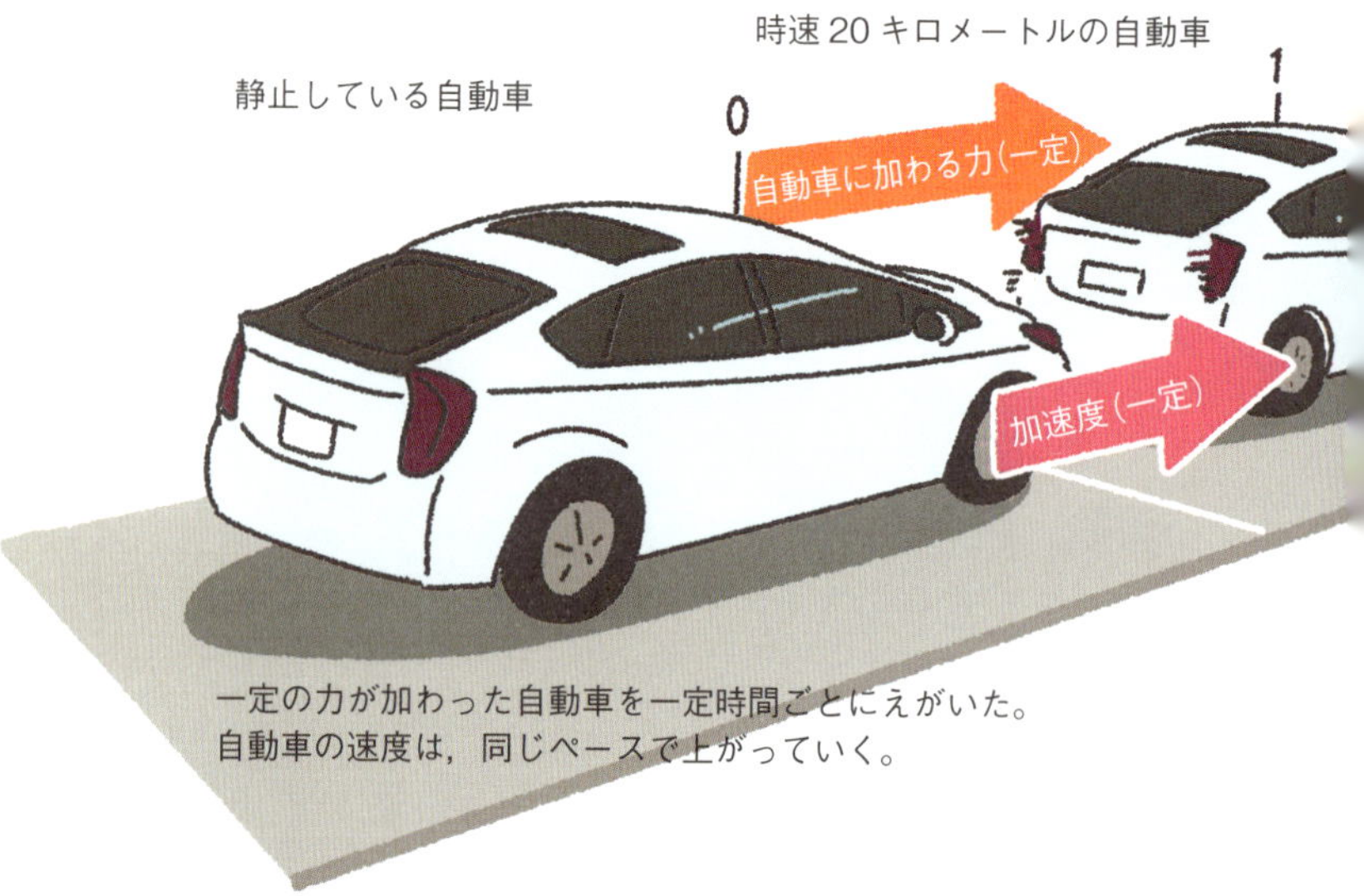

一定の力が加わった自動車を一定時間ごとにえがいた。
自動車の速度は，同じペースで上がっていく。

加える力が一定なら，速度の変化も一定，というわけですね。
その変化をあらわすのが加速度，ということか。

また，**加速度は，加える力の大きさに比例します。**
加える力が大きいほど加速度も大きくなります。加える力が2倍になれば，加速度も2倍になるんですね。

そうか，アクセルを踏み込めば踏み込むほどスピードが上がるってわけですね。

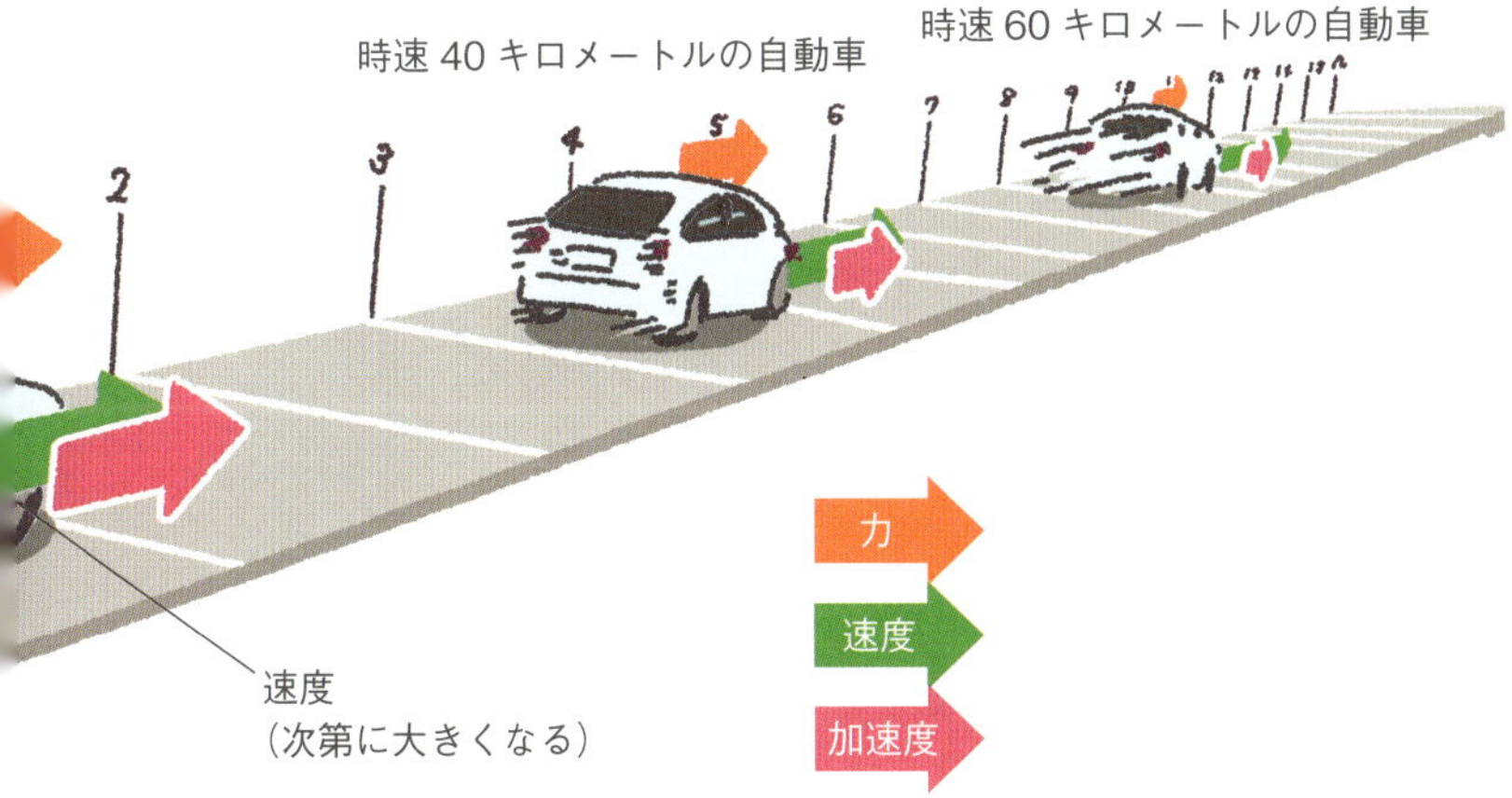

◀ そうですね。
ところで先ほど，「速さ」と「速度」のちがいを説明しました。たとえば，自動車のハンドルを右に切ったら右向きの力が加わり，自動車は右に曲がります。
このとき，たとえスピードメーターの「速さ」は変わらなくても，運動の向きが変わるため，「速度」に変化はおきていることになります。

◀ 自動車の走る向きが変わると，速度は変わる，ということですね。

◀ その通りです。
向きを変える“力”がはたらいて，速度が変わるんです。
このように，物理学でいう「力」とは，「物体の速度を変化させるもの」だといえるわけです。

● ポイント

加速度
一定時間での速度の変化量。
加えた力の大きさに比例する。

力
物体の速度を変化させるもの。

運動の未来を予測できる「運動方程式」

さて，速度と速さ，力，というポイントをおさえたところで，運動の3法則の二つ目，**運動方程式**についてお話ししましょう。

ところで，自動車にたくさんの人が乗っているとき，いつもと同じアクセルの踏み込みでは加速しづらいと思ったことはありませんか？


確かに，ありますね。

親戚たちと車でキャンプに行ったとき，運転していた叔父さんが「全然加速しなくて坂道がきついなぁ」って大変そうにしていました。

この現象は，「重い物体（質量の大きな物体）ほど，加速しづらい」ということを意味しています。
つまり，質量と加速度は反比例するといえます。

先ほど「加速度は加えた力の大きさに比例する」とお話ししましたね。加える力が2倍になれば加速度も2倍に，加える力が3倍になれば加速度も3倍になるわけです。しかし，質量と加速度が反比例するならば，同じ力が加えられたとき，2倍重い物は加速度が2分の1に，3倍重い物は加速度が3分の1になるといえます。

加速度は，力の大きさに比例して，質量に反比例するわけですね。

そうです。これらの関係をまとめると，加速度(a)＝力(F)÷質量(m)となります。これを変形すると**「力(F)＝質量(m)×加速度(a)」という式がなりたちます。**これが，運動の3法則の二つ目，「運動の第2法則」**運動方程式**です。この方程式によって，たとえば，物体の質量と加わっている力の大きさがわかれば，加速度を計算することができます。物体の加速度がわかることは，とても重要なことなんです。

ポイント

運動方程式　F = ma

F：力 [N]，m：質量 [kg]，a：加速度 [m/s^2]

質量と加速度は反比例する。
力と加速度は比例する。

加速度を知ることは，なぜ重要なんですか？


加速度は，運動の“未来”の予測につながるからです。

物体が「どんなふうに加速するのか」がわかれば，物体の速度の変化がわかりますね。

さらに，物体の速度がわかれば，物体の位置の変化が予測できます。**つまり，運動方程式は，物体の未来を予測する式というわけですね。**


運動方程式，すごい!!


でしょう！　運動方程式は宇宙の探査機のコントロールをはじめ，さまざまな場面で利用されています。

それからこの運動方程式を使えば，無重力空間で体重を測ることもできるんですよ。実際に，**国際宇宙ステーション**（ISS）の，微小重力での宇宙飛行士の体重測定に使われています。

まず，ちぢめたばねの上に人が乗ります。このとき，ばねが生みだす「力」を測定しておきます。そして，ちぢめたばねの力を解放したときに，乗った人の「加速度」を測定します。

力と加速度の大きさがわかれば，運動方程式で「質量」が計算できるというわけです。

はあー！　よく考えたものですねえ。

ISSで使われるこの装置は，**BMMD**（Body Mass Measurement Device）とよばれます。
実際には，ばねは上下に振動するので，ばねが生みだす力や乗った人の加速度は一定になりません。ですから，計算には三角関数などの知識が必要ですが，原理はあくまで運動方程式によるものです。

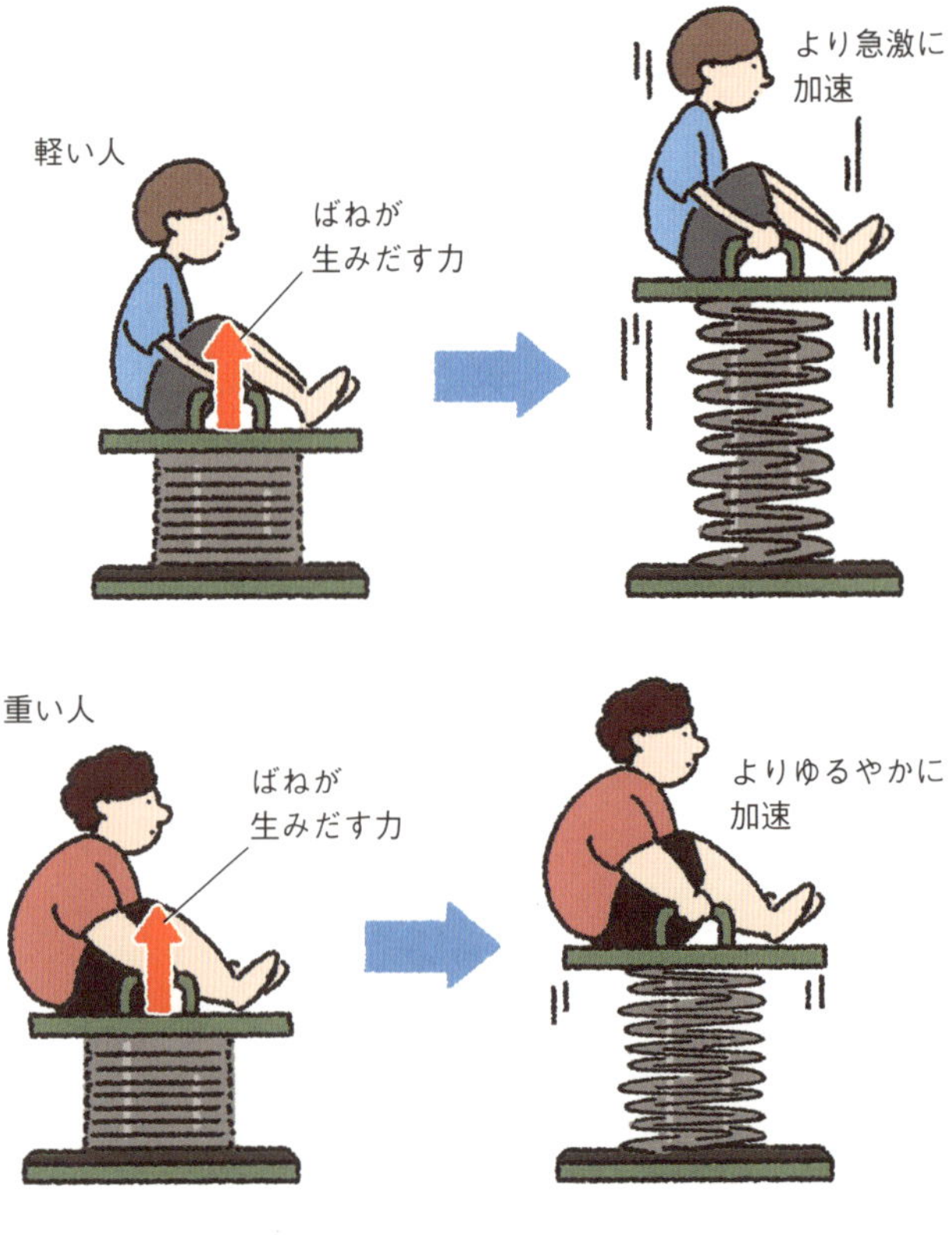

水泳のターンでは，壁が押してくれる！

さて，続いて運動の法則の三つ目，**作用・反作用の法則**を見ていきましょう。
たとえば，水泳選手の動きを考えてみましょう。水泳選手は，壁を勢いよくけることで，力強いターンを決めますよね。
さて，このとき水泳選手の進む方向を変えて，加速させている力は何でしょうか？

えー，壁をけっている力，じゃないんですか？けった勢いで加速がつくんじゃないでしょうか。

たしかに，水泳選手は壁をけっていますね。けることで壁に力がかかります。
しかし，水泳選手自身にも力が加わらないと，運動の速度は変えられませんよね。

いわれてみればそうですね。壁をけるのが目的じゃなくて，ターンで勢いをつけるのが目的なわけだし。

そうです。ここで重要になるのが，作用・反作用の法則です。**実は，力を加えたときには必ず，その力とまったく同じ強さの反対向きの力が，力を加えた側にもはたらくんです。**

つまり，水泳選手が壁をけった力と同じ強さの力で，壁が水泳選手を押し返すのです。この作用のおかげで，すばやいターンができるということです。

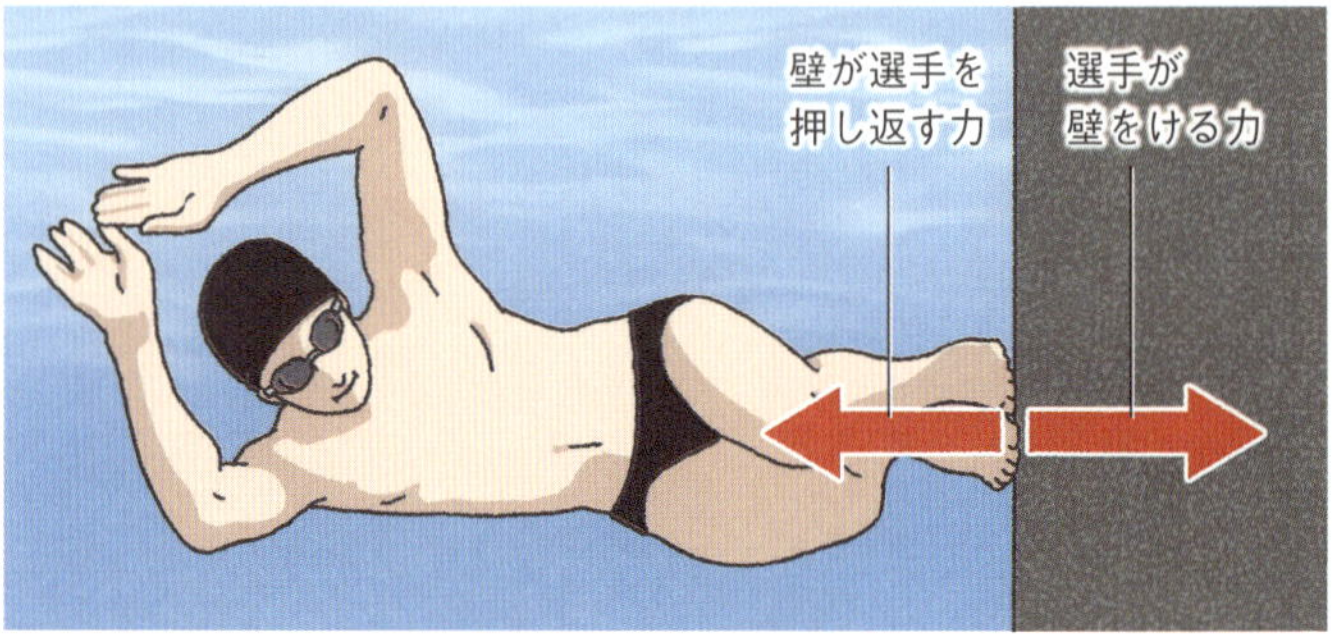

● ポイント

作用・反作用の法則

力を加えたとき，必ず，その力とまったく同じ強さの反対向きの力が，力を加えた側にもはたらく。

壁が押し返してくれるから，ターンする方向に力が加わるわけなのかぁ。

私たちが歩けるのは「摩擦力」のおかげ

運動の基本である「運動の3大法則」を踏まえて，ここからは，**“力”の性質**について見ていきましょう。

お願いします。

最初に「慣性の法則」を紹介しました。
慣性の法則によれば，転がしたボールは転がりつづけるし，アクセルを踏むのをやめた車は，どこまでもまっすぐ進むはずですよね。
でも，それはあくまでも**摩擦力**や**空気抵抗**などの力を想定しない条件でのお話です。
現実の私たちの生活では，「摩擦力」や「空気抵抗」といった力がはたらくため，転がるボールも，アクセルを踏まない車も，どこかで止まってしまうわけです。

摩擦力や空気抵抗というのは，どういう力なのでしょうか？

まず摩擦力とは，接触した物体どうしの間にはたらく，運動を邪魔する向きに加わる力です。
そして，物体どうしが接触している限り，摩擦力は決してゼロになることはありません。

たとえばカーリングのストーンを考えてみてください。氷上では，薄い水の層ができるなどして摩擦力が非常に小さくなります。しかし，それでもゼロになることはないので，カーリングのストーンは，必ずどこかで止まります。
また，空気抵抗も，摩擦力と同じように，物体の運動を邪魔する力です。
物体は，空気を押しのけようとするとき，空気から逆向きの力を受けるのです。これらの力によって，カーリングは減速し，やがて止まるわけです。

摩擦力や空気抵抗が，運動を“邪魔”しているわけですね。

そうです。でも，これらの力がなかったら，世界は不便きわまりないものになってしまうのです。

どういうことですか？

もしも摩擦力がなかったら，地面をけって歩くことができませんし，いったん動きだしたらなかなか止まれません。物も持てないし，イスに座って静止することも不可能でしょう。

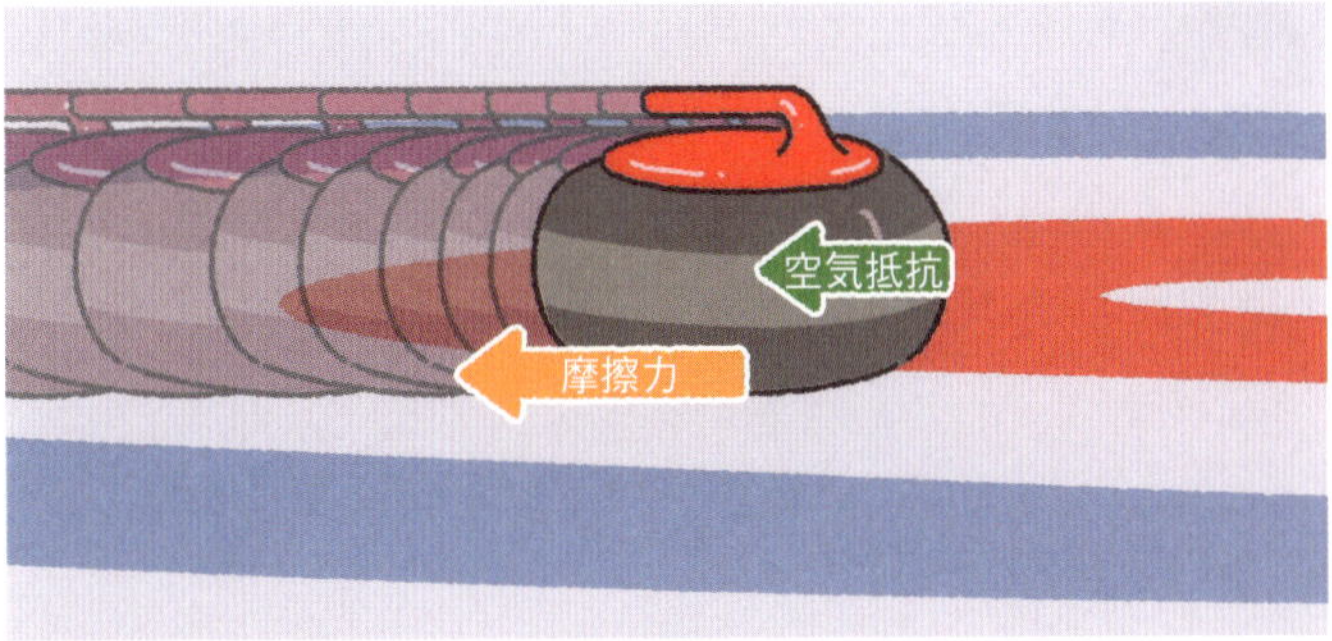

● ポイント

摩擦力

接触した物体どうしの間にはたらく，運動を邪魔する向きに加わる力。物体どうしが接触している限り，決してゼロにならない。

空気抵抗

物体が空気を押しのけようとするとき，空気から受ける逆向きの力。物体の運動を邪魔する。

また，雨粒の速度は，空気抵抗のおかげでおさえられています。空気抵抗がなければ雨粒が高速で降りそそぐため，肌に当たったら痛くてたまらないでしょうね。

それは大変です！　空気抵抗がなければ雨粒はどれくらいの速さなのでしょうか？

もし高度1キロから雨粒が空気抵抗なしで落下してくれば，雨粒は重力によって加速しつづけ，地上に着くころには秒速140メートルに達してしまうことになります。
しかし実際は，台風などではない限り，雨に打たれても痛くはありませんよね。これが空気抵抗のおかげなのです。**空気抵抗の大きさは，物体の速さに比例します。**物体が速くなればなるほど，空気抵抗はどんどん大きくなっていきます。
雨粒ははじめは重力によって加速していきます。しかしある速さになると空気抵抗が重力と同じ大きさになり，重力と空気抵抗がつり合って，それ以上加速しなくなるんです。

つり合う？

はい。ここで「力の足し合わせ」や「つり合い」についても少し話しておきましょう。まず，力は一つの物体に一つだけはたらくとは限りません。たとえば，落下する雨粒には，重力と空気抵抗という，向きのちがう二つの力がはたらきます。このような場合，二つの力の矢印を足し算して，重力と空気抵抗の合力《ごうりき》を求めることができます（次のイラスト）。

「合力」とは，複数の力がはたらいている場合に，それらの力が同時にはたらいた効果と，同じ効果をもたらす一つの力のことです。

落下する雨粒にはたらく二つの力

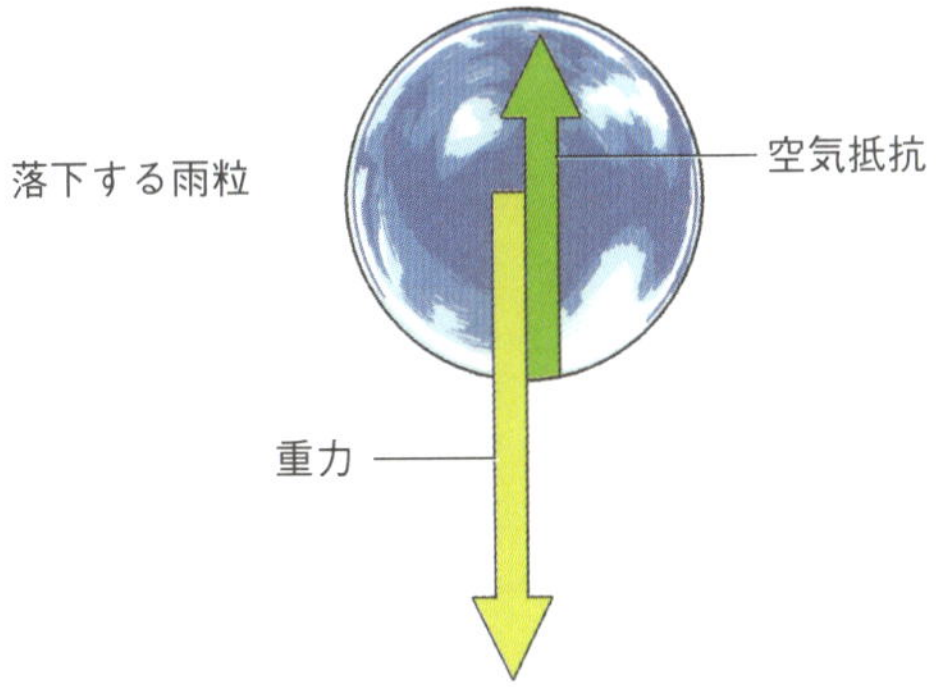

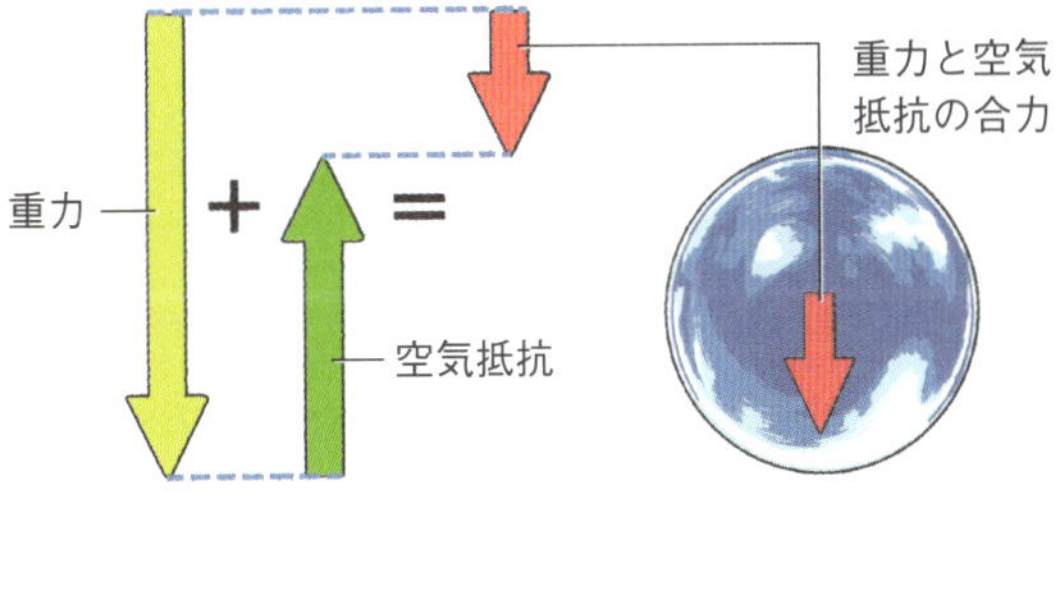

合力の矢印は，重力よりとても短いですね。

そうです。重力から空気抵抗が差し引かれて，重力だけのときよりも落下の加速度がゆるやかになるわけです。空気抵抗は，物体の速さが大きくなるほど増す性質があります。雨粒ははじめ，重力によって加速します。しかし空気抵抗があっという間に大きくなり，最終的に重力と等しくなるんです。
このときの合力は0になりますから，力は実質的にはたらいていないのと同じです。このような状況を「力のつり合い」といいます（次のイラスト）。

先生，ちょっと待って，重力と空気抵抗がつり合うってことは，雨粒は空中で静止してしまうんじゃないですか？

慣性の法則を思いだしてください。
力がはたらいていなくても，ある速度で運動していたなら，その速度を保ちながら等速直線運動をつづけますよね。
つまり，力がつり合った後の雨粒は，慣性の法則にしたがって，そのときの速度を保って落下をつづけます。だから雨粒は極端な速度にならず，当たっても痛くないのです。

面白いですねぇ。

ちなみに，この速度を**終端速度**といいます。空気抵抗の大きさは雨の落下速度に依存しますから，雨粒が重いほど終端速度は大きくなります。

雨粒は，重力と空気抵抗がつり合っている

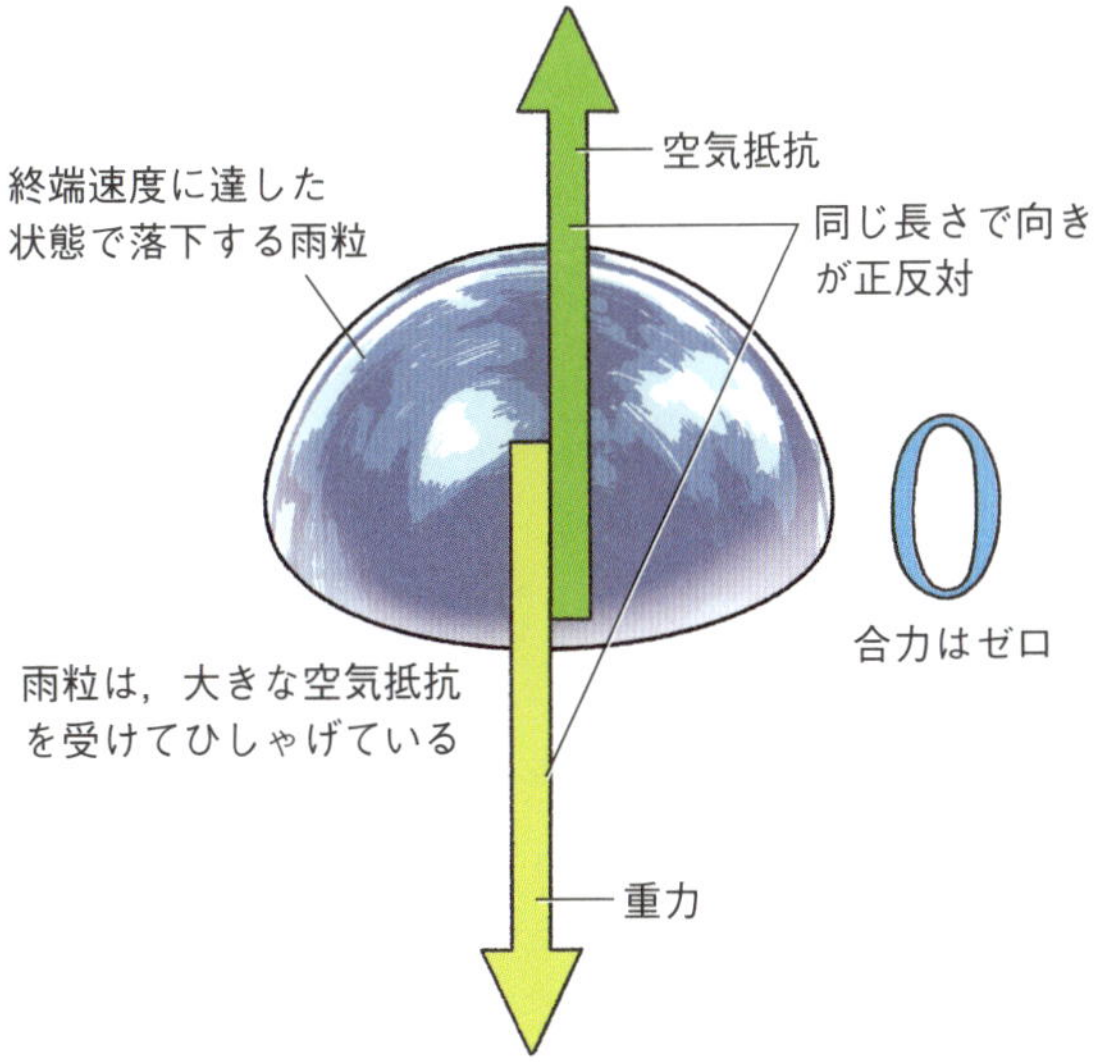

同じように，スカイダイビングでは，落下姿勢が同じなら，体重が重い人ほど，終端速度は大きくなります。ただ，体重のほかにも，落下姿勢とか，いろいろな要素で空気抵抗は変わりますから，そう単純なものでもないんですけどね。

雨粒一つにも，物理があるんですね。

私たちは「みかけの力」でつんのめる

摩擦力とか空気抵抗って，邪魔な力のように感じていましたけど，そうじゃなかったなんて，目からウロコです。

面白いでしょう。それでは続いて，**みかけの力**について紹介しましょう。

みかけの力？

はい。あなたは普段，バスに乗ることはありますか？

はい，塾に行くときに乗っていますよ。

バスに乗っているとき，バスが急加速したら，どんな感じになりますか？

「うわっ」って転びそうになりますね。座っているときだったら，ぐーっと座席に背中が押しつけられる感じがします。

じゃあ，急ブレーキのときは？

立ってるとき危ないですね。勢いがついちゃって，前に向かって派手にこけたことがあります。

それは危なかったですね。つり革にはしっかりつかまらないと。

まったくその通りです。……って，これとみかけの力とどう関係あるんですか？

急加速のときは後ろ向きに力が発生し，逆に急ブレーキのときは前向きに力が発生するように感じられますよね。
これらの力を，**慣性力**というのです。

その名前からすると，慣性の法則に関係が？

その通りです。これをくわしく考えてみましょう。
バスが止まっているときや，同じ速度で進んでいるときは，背中が座席に押しつけられたりつんのめったりということはおきませんよね。つまり等速直線運動をしているときは，慣性力は発生しません。
ズバリ，**慣性力とは，乗り物の速度が変化する運動，すなわち「加速度運動」をしているときにだけ生じる力なんです。**

● ポイント

慣性力

乗り物が加速度運動をしているときにだけ生じる，みかけ上の力。

◀ どういうこと!?

◀ 等速直線運動をしているバスの中では，乗客の体も慣性の法則にしたがい，バスと同じ速度を保っています。ところがバスが急加速すると，バスにだけ，前方に加速する力がはたらく一方で，乗客の体は慣性の法則にしたがい，加速前の速度を保とうとします。

その結果，乗客はバスの動きに“取り残される”ことになり，あたかも後ろ向きに力がかかったように感じるのです。

急ブレーキのときのバスでも同様です。

バスの等速直線運動が止まっても，乗客の体は慣性の法則にしたがって，そのまま前方に進もうとします。

その結果，あたかも前方に引っ張る力がはたらいているように感じられるわけです。

等速直線運動するバスの中

急加速中のバスの中

急ブレーキ中のバスの中

しかし，これをバスの外の静止した観測者から見ると，乗客は加速や減速をするのではなく，むしろバスと同じ速度を保とうとしているように見えます。
つまり，**乗客には実際には力ははたらいていないのです。**

不思議ですねえ。
バスに乗っている人だけが感じる力，ってことですね。

そうです。**慣性力は，加速度運動している場所から見た場合にだけ，加速する方向とは逆向きに，みかけ上あらわれる力なんですね。**これが慣性力の正体です。

だから，慣性力は「みかけの力」とよばれるのかあ。

そうです。**慣性力は，加速度運動する場所から見たすべての物体に作用します。**つまり，バスの中の乗客だけでなく，網棚のカバンも，宙に浮いていた蚊も，そして空気さえも，慣性力を受けているんです。

バスの中の空気まで！

重力が落下運動を加速させる!

ここからは，あらゆる物体にはたらく**万有引力**や**重力**の性質についてお話ししましょう。

ニュートンが完成させた理論ですね。この発見で，いろいろな運動の理論がつながった，という……。

そうです。まずは，落下する物体についての法則をおさえておきましょう。
先ほど，「雨粒は，重いほうが終端速度が速くなる」という話をしました。この理論でいくと，「重いものは軽い物より速く落ちる」と思いますよね。

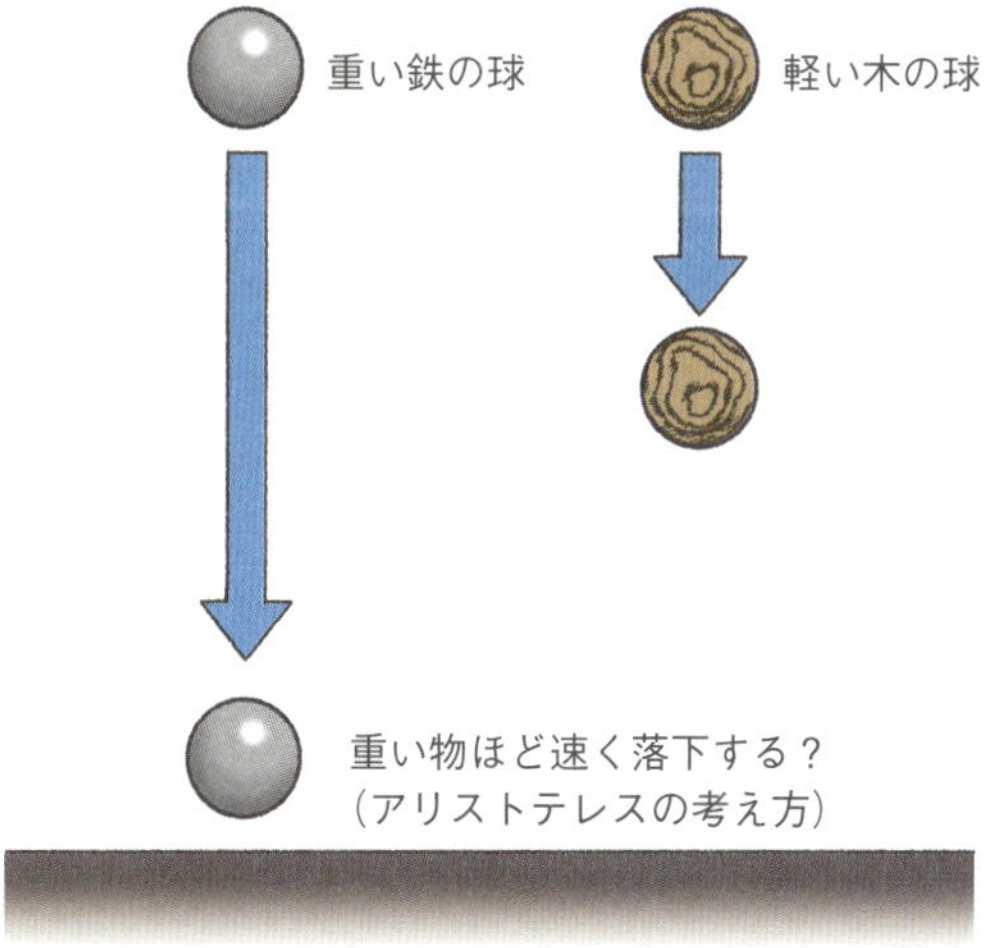

◀ もちろんそう思います。

◀ そうですよね。古代ギリシアの科学者アリストテレスも，そう考えました。そして，その理論が当時の常識だったのです。ところが，この考えに異をとなえたのがガリレオです。
ガリレオは次のような思考実験を考えました。

ガリレオの思考実験

重い球と軽い球をひもで結び，落下させる。重い球が速く落ちるなら，ひもでつながった軽い球がブレーキをかけるので，重い球だけのときより遅く落ちるのではないか？

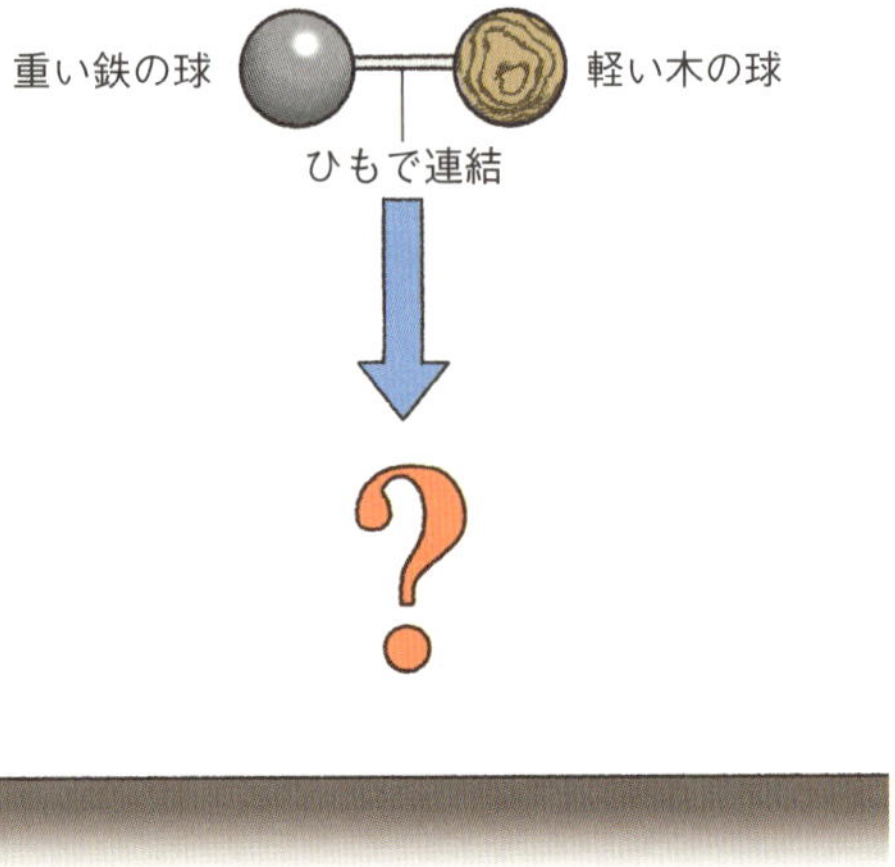

しかし，二つの球の合計の重さはむしろふえているので，重い球だけのときより速く落ちる，ということも考えられそうです。
同じ現象でも，見方を変えるとちがう結果になるのは矛盾ですね。このことから，ガリレオは，最初の仮定「重い物ほど速く落ちる」ということは誤りだと考えたんです。
そして，ガリレオは次のように考えました。

ガリレオの考え

重い物も軽い物も，本来は同じ速さで落下する。羽毛がゆっくり落ちるのは，羽毛が空気抵抗を強く受けるからだ。もし真空をつくれたら，鉄も羽毛も同じように落下するはずだ。

この考えは，のちに真空ポンプが開発され，実証されました。ガリレオの説は正しかったのです。

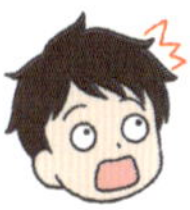

すごい！

さらにガリレオは，実際に物体が落下するようすを調べようと考えました。しかし物体の落下は速すぎて，直接測定するのは困難です。

そこで，斜面を作って球を転がし，一定時間ごとに球が通過する地点を調べて，落下運動を研究したんです。斜面の角度を大きくしていき，最終的に斜面が垂直になれば，それが落下運動になるわけですね。
そして，ガリレオは**球の移動距離は経過時間の2乗に比例する**という結論に達したのです。
これを**落体の法則**といいます。

● ポイント

落体の法則
物体の移動距離は経過時間の 2 乗に比例する。

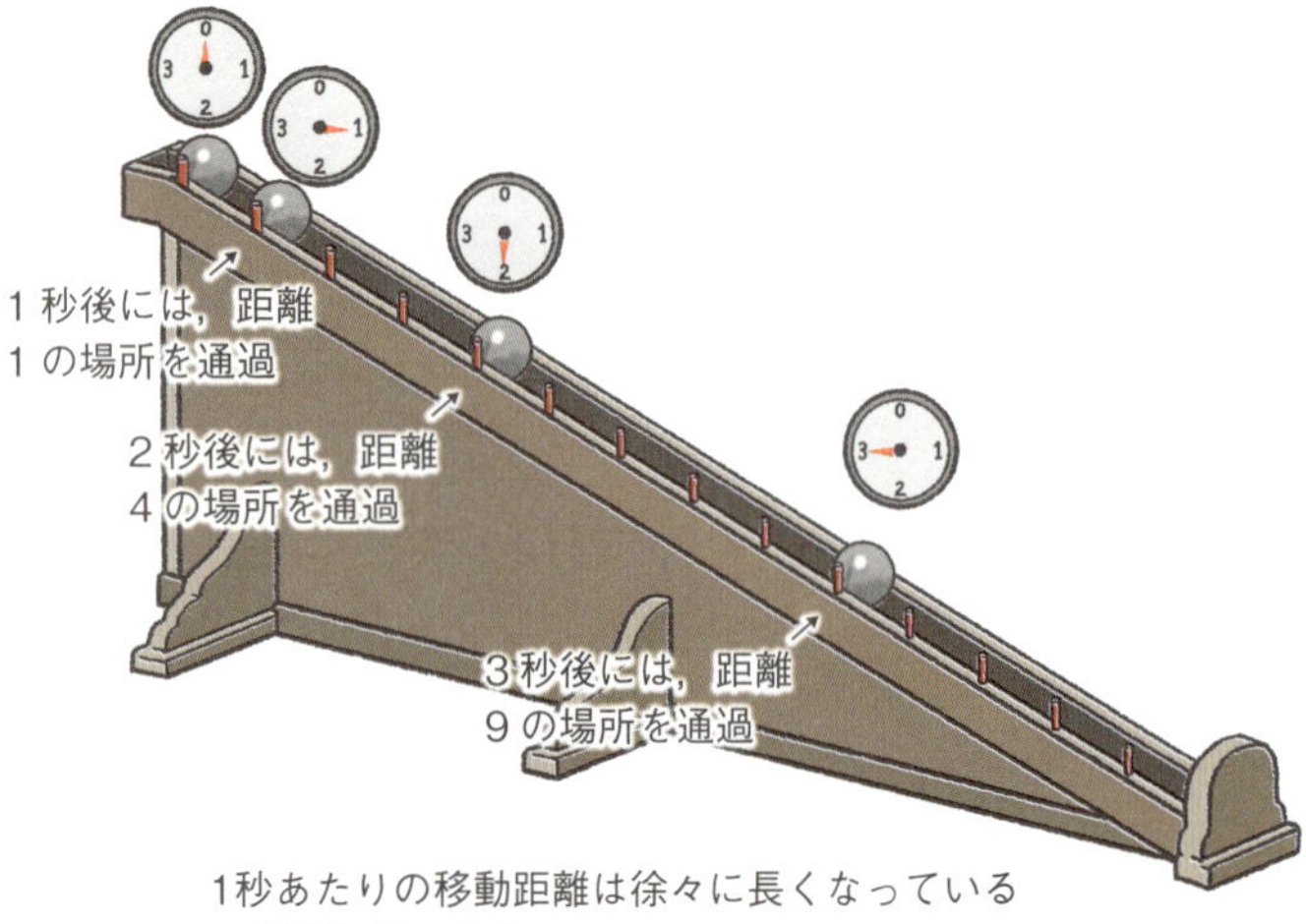

0
3
1
2
1 秒後には，距離
1 の場所を通過
2 秒後には，距離
4 の場所を通過
3 秒後には，距離
9 の場所を通過

1秒あたりの移動距離は徐々に長くなっている
＝加速している！

たとえば，1秒後に到達する距離を1とすると，2秒後には4（$=2^2$），3秒後には9（$=3^2$）の地点を通過するわけです。これは，斜面の角度が大きくても小さくても変わらず，斜面の角度を90度，すなわち落下運動にしたときでもあてはまります。

時間が経つにつれ，移動距離は長くなっていくんですね。

そうです。つまり，時間が経つほど速度が増加するといえます。**落下を物体の加速度運動と考えると，重力が物体を加速させている，ということが導かれるわけですね。**

私たちと地球は引っ張り合っている！

さて，質量をもつあらゆる物体の間には，必ず**万有引力**がはたらきます。
リンゴが木から落ちるのも，月が地球の周囲をまわるのも，万有引力が原因だと見抜いたのが，ニュートンです。
万有引力とは，文字通り「万物が有する引き合う力」を意味します。テーブルの上にはなして置いた二つのリンゴも，万有引力によって引き合っていることになります。

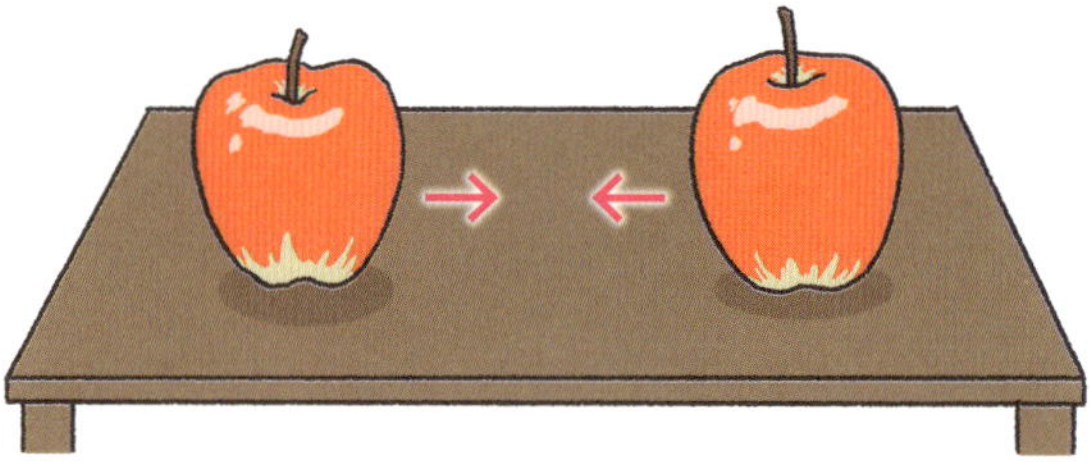

ぜんぜんそうは見えませんが!?

リンゴ程度の質量の物体にはたらく万有引力は非常に弱く，テーブルとの間の摩擦力によって打ち消されてしまっているんです。このように，身のまわりの物体どうしの万有引力の効果は，ほとんど見ることはできません。
二つの物体にはたらく万有引力は，それぞれの質量に比例し，物体間の距離の２乗に反比例します。
つまり万有引力は，質量が大きくて距離が近いほど大きくなるんですね。

じゃあ，重力のように，地球規模の物体でないと，万有引力の効果はわからないというわけですね。

ええ。でも，無重力，真空状態の宇宙空間に行けば，それほど質量が大きくなくても，二つの物体は万有引力によって引き合い，接近し，いずれくっつくでしょう。

ポイント

万有引力

二つの物体にはたらく万有引力は，それぞれの質量に比例し，物体間の距離の２乗に反比例する。

$$\text{万有引力}\quad F = G\frac{Mm}{r^2}$$

F：万有引力 [N]，G：万有引力定数（6.67×10^{-11} N・m^2/kg^2），
M と m：二つの物体の質量 [kg]，r：二つの物体間の距離 [m]

ちなみに，地球は万有引力で私たちを地上に引きつけています。このとき，私たちもまた，地球を引っ張っているんですよ。
スカイダイビングを考えてみましょう。時速200キロメートル近くまでダイバーを加速させるのは，地球の重力，すなわち地球と人との間にはたらく万有引力です。
運動の3大法則の二つ目，「作用・反作用の法則」を思いだしてください。地球が重力によってダイバーを引っ張るということは，重力と同じだけの力で，私たちも地球を引っ張っていることになります。

地球もダイバーに向かってちょっぴり動く，ってことですか？

その通りです。といっても，地球の質量は約6×10^{24}キログラムと非常に大きいので，動く距離は非常にわずかです。

たとえば60キログラムの体重の人が1000メートル落下したとき，地球は0.0000000000000000001ミリメートル程度動きます。これは，水素の原子核1個分の直径の，さらに10万分の1という，ごくごくわずかな距離です。

作用・反作用の法則は，たとえ地球と人であっても，どんな場合も常に有効なんです。

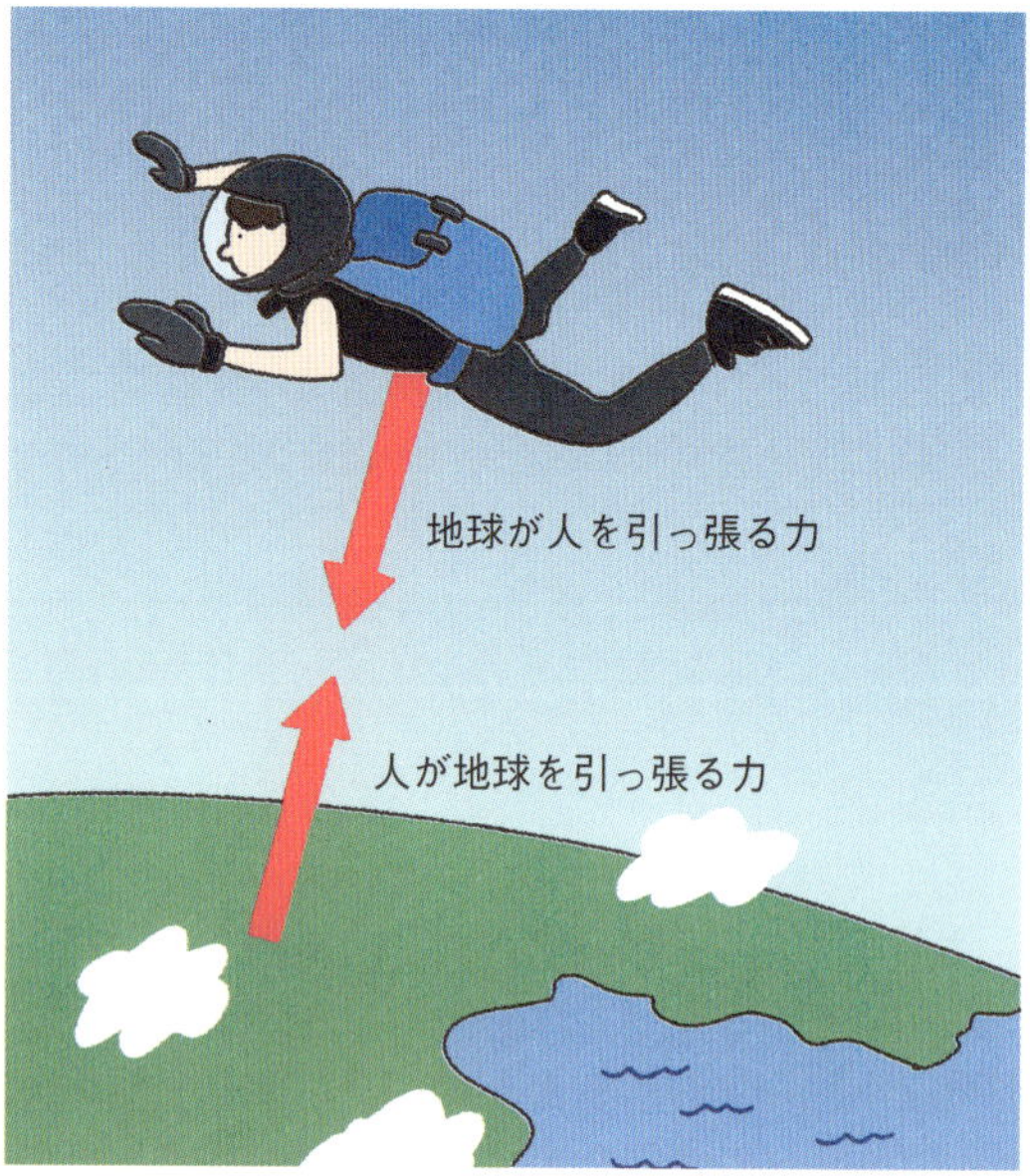

月が飛んでいかないのは万有引力のおかげ

夜空を見上げるときれいな月が輝いています。月が地球から遠くにはなれていかないのも，万有引力のおかげです。

地球と月は，万有引力で引き合っているわけですね。
あれっ？　そういえばなぜ月は地球に落ちてこないんだろう？

月は誕生から45億年以上，地球のまわりをぐるぐるとまわりつづけています。月は万有引力によって地球に引っ張られているにもかかわらず，なぜ落ちてこないのか，不思議ですよね。
月が落ちてこない理由，それは，月が地球に対して秒速1キロメートルもの速度で動いているからなんです。

秒速1キロで!?

だから，もし万有引力がなかったら，月は慣性の法則にしたがって，まっすぐに飛び去ってしまうでしょう。
しかし実際は，月は万有引力によって地球に引っ張られているため，月の進行方向は地球に向かって曲げられていることになります。

ですから，月が慣性の法則にしたがってまっすぐ飛び去る経路から，月は地球に向かって“落ちている”ともいえます。

なるほど……。

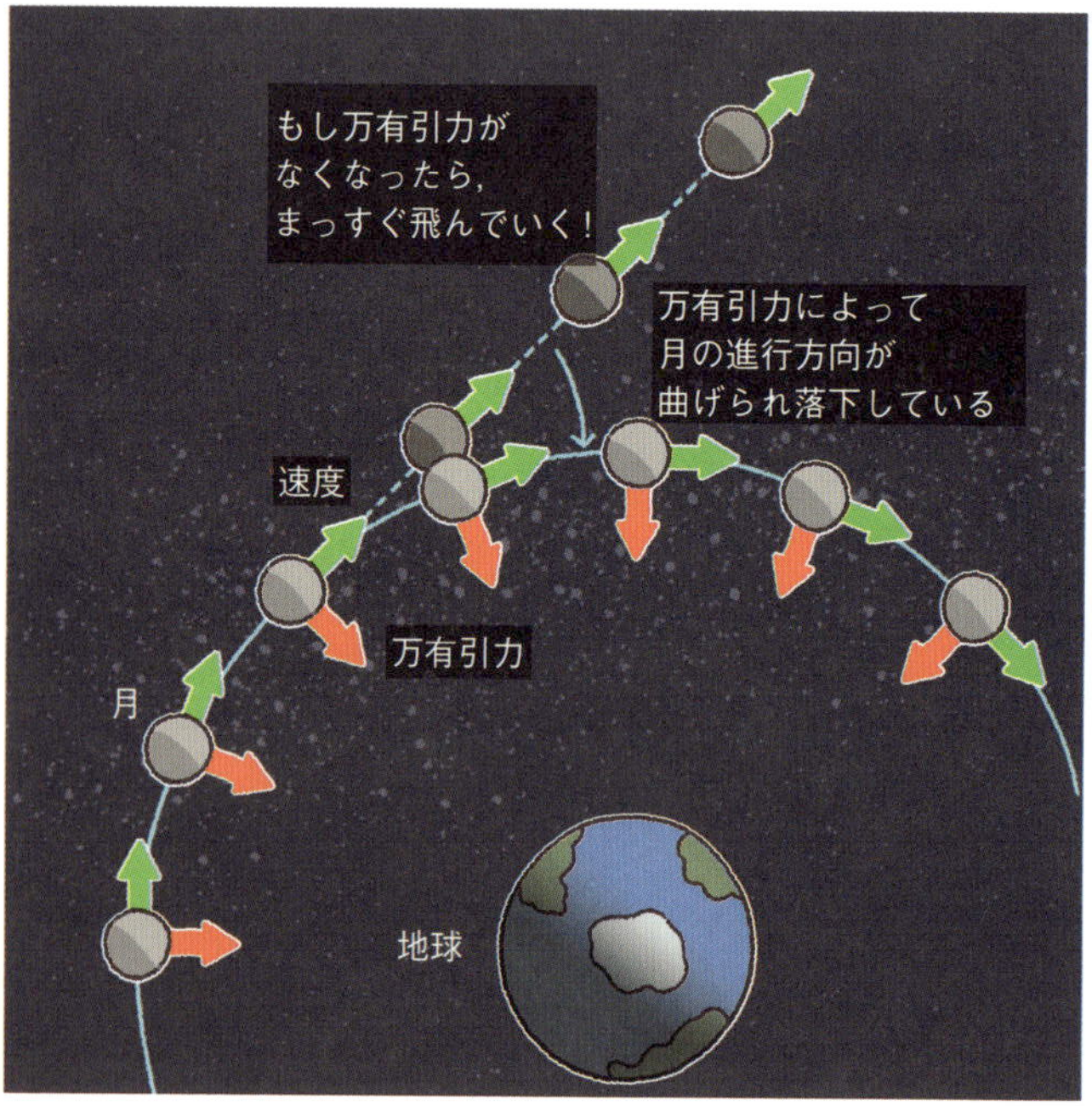

つまり，高速で動く月は，このように地球に落ちつづけながら，地球との距離をほぼ一定に保って「円運動」をつづけているというわけです。

なるほど。それで月は落ちてこずに，延々と地球のまわりをまわっているわけか。

そういえば，月と地球の場合，さっきのスカイダイビングの話みたいな作用・反作用はないんですか？


いい質問！

もちろん，作用・反作用の法則によって，地球も月に引っ張られています。そのため，地球も月からの力によって“振りまわされて”います。地球は，地球と月の重心を中心とした小さな円運動をしているんですよ。

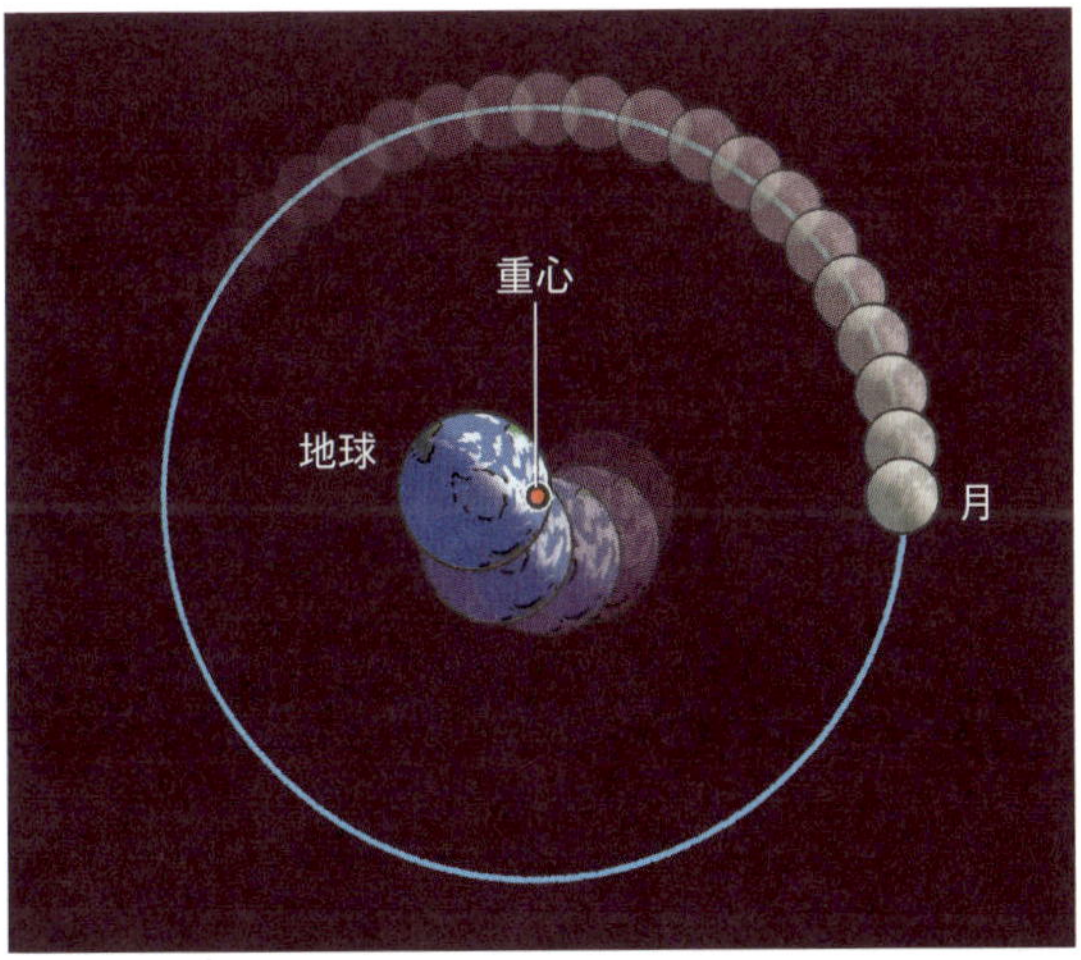

物理の法則は，宇宙でも地上でも，すべてに当てはまるんですね。不思議だなあ。

ボールを人工衛星にする方法

先ほどの「月の円運動」の話に関連して，ちょっと「思考実験」をしてみましょう。ボールを投げて，地球をまわる人工衛星にすることを考えてみたいと思います。

ボールを投げて人工衛星に～!?

ええ。まず，地面と水平に，普通にボールを投げてみます。すると，ボールは徐々に地面に向かって落下していきますよね。ここで，もし万有引力，つまり重力がはたらいていなかったらどうなると思いますか？

それは，さっきの月の話と同じで，そのまま遠くに飛んでいっちゃうんじゃないですか？

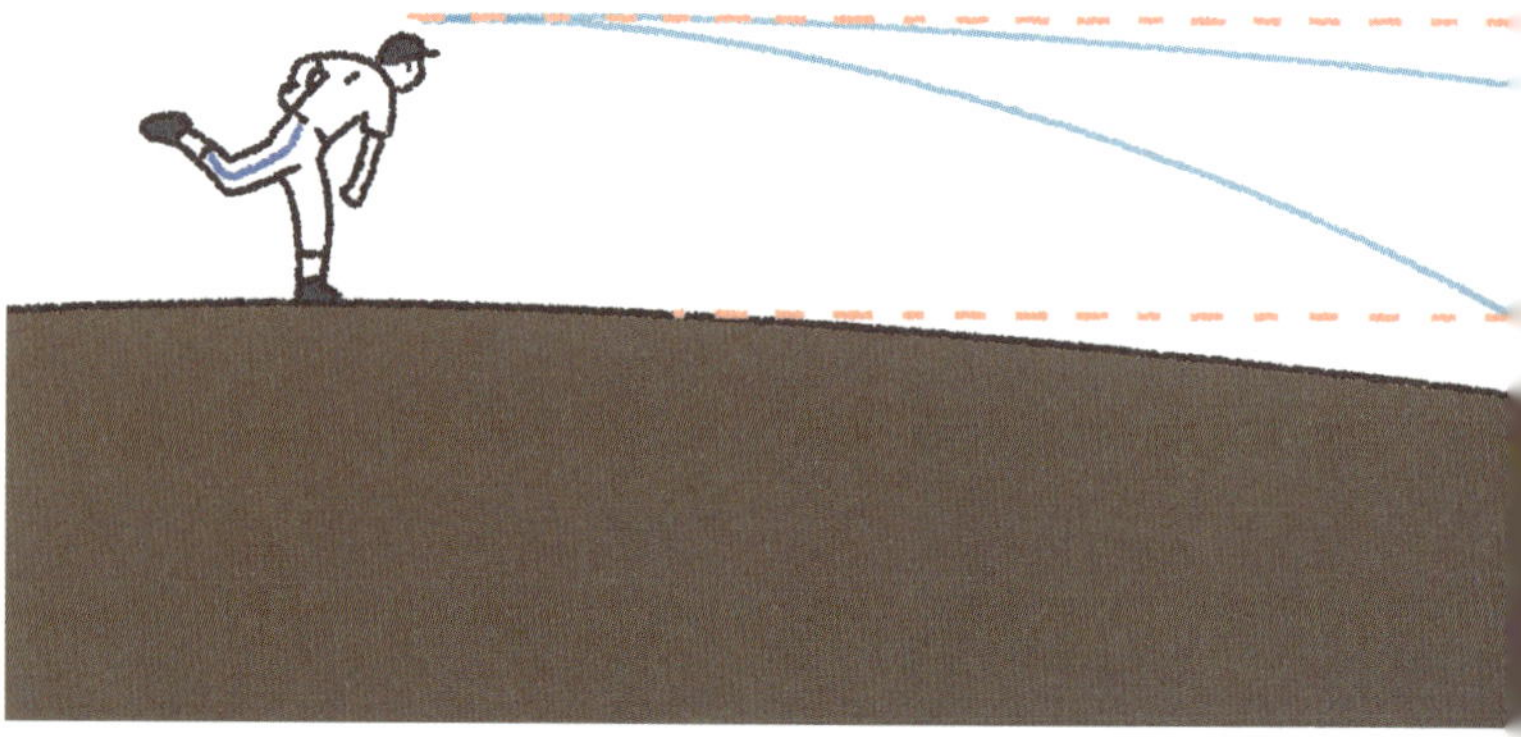

その通り。慣性の法則にしたがって，ボールは投げられた後，まっすぐ進むはずです。しかし，実際は万有引力の影響で，ボールの軌跡はまっすぐのラインより下にきます。

このとき，等速直線運動をした場合の進行方向より下のラインにくることを“落下”とよぶことにします。

すると，ボールはずーっと“落下”しつづけていることになりますよね。つまりボールは，投げた瞬間から“落下”をはじめるわけです。

そして，ボールの放物運動の場合，ボールの軌跡が地面と交わるため，ボールは地面に落ちてしまいます。では，ボールの速さをどんどん上げていったらどうでしょう？


どんどん遠投できるんじゃないですか？

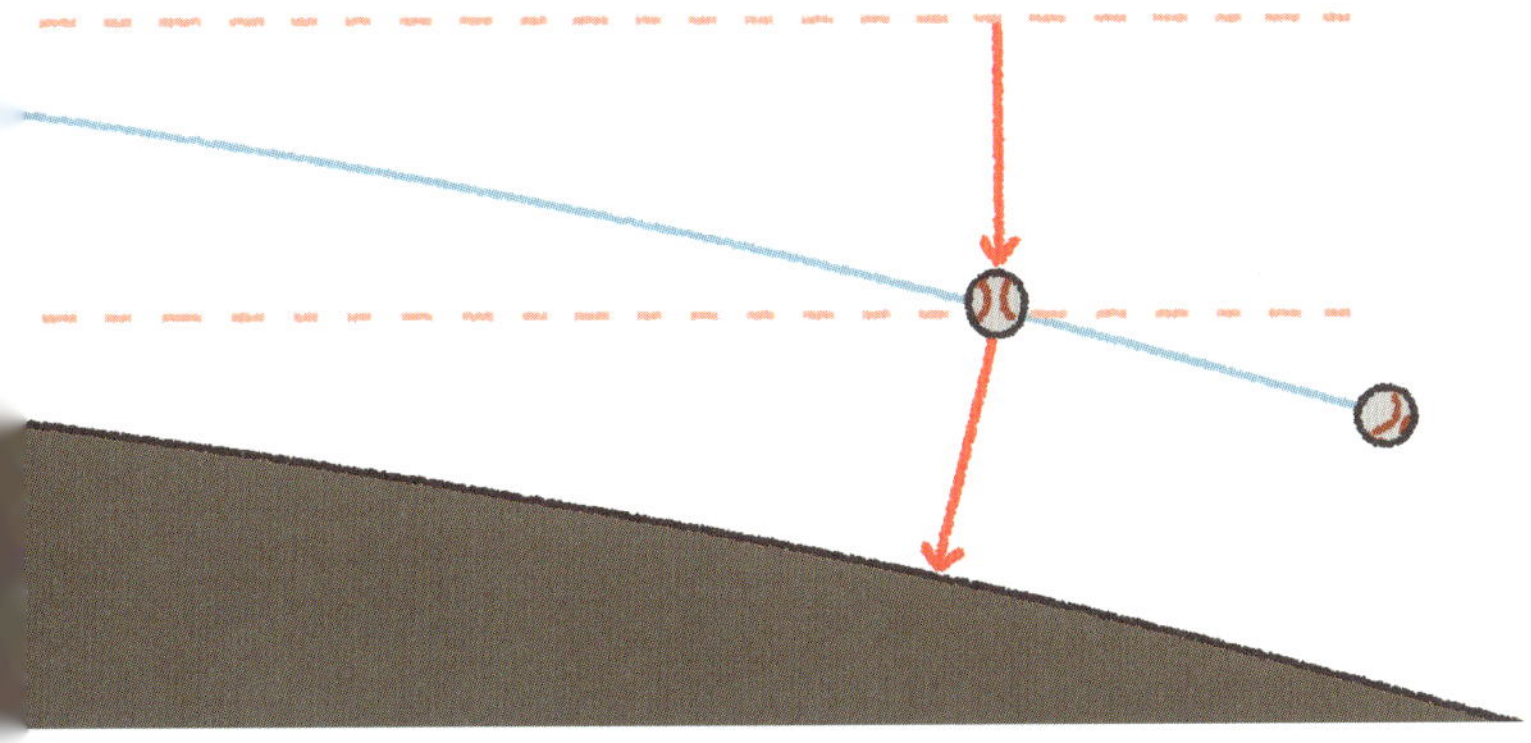

◀さえてますね！　とすると，ボールの落下地点はどんどん遠ざかっていくことになりますね。ところで，地球は球ですから，地面はカーブしていきます。ボールの速さが大きくなって，遠くまで飛ぶようになると，この地面のカーブが無視できなくなってきます。つまりボールからすると，地面が下降していくことになりますよね。どんどん速度が上がると，ついにはボールの落下幅と地面の降下幅が一致してしまいます。すると，ボールと地面の距離がちぢまらなくなり，ボールは地面から一定の距離を保ったまま地球をまわりつづけるのです。

◀ほおお〜！　人工衛星になった！

◀ボールが人工衛星になれる速度を**第1宇宙速度**といい，秒速約7.9キロメートルです。ただし，これは空気摩擦※，空気抵抗，地球の凹凸は無視しています。
ちなみに，もっとボールを速く投げると地球の重力を振り切って地球をあとにすることができます。この速度を**第2宇宙速度**（**脱出速度**）といい，秒速約11.2キロメートルです。さらに，太陽の重力をも振り切って，太陽系の外へ飛びだすには，秒速約16.7キロメートルが必要で，これを**第3宇宙速度**といいます。

※物体が気体中を落下・移動する際に気体から受ける抵抗（空気抵抗）に対し，気体自体がもつ粘性によって，流れている気体から物体が受ける摩擦力のこと。

memo

万有引力と重力のちがい

万有引力と重力はほぼ同じ意味の言葉だが，区別して使う場合もある。地球は自転しているので，あらゆる物体は遠心力をわずかに受ける。この遠心力と万有引力との合力が，地表での重力で，物体は重力の方向に落下する。つまり，物体は赤道と両極以外では，地球の中心からわずかにずれた方向に落ちていく。

宇宙で天体どうしにはたらく引力にも重力という言葉を使う。この場合は，万有引力と同じ意味だととらえてよい。ただし,「万有引力」がニュートン力学の文脈で使われるのに対し,「重力」は，ニュートン力学だけでなく，一般相対性理論（現代の重力理論）などでも広く使われる。

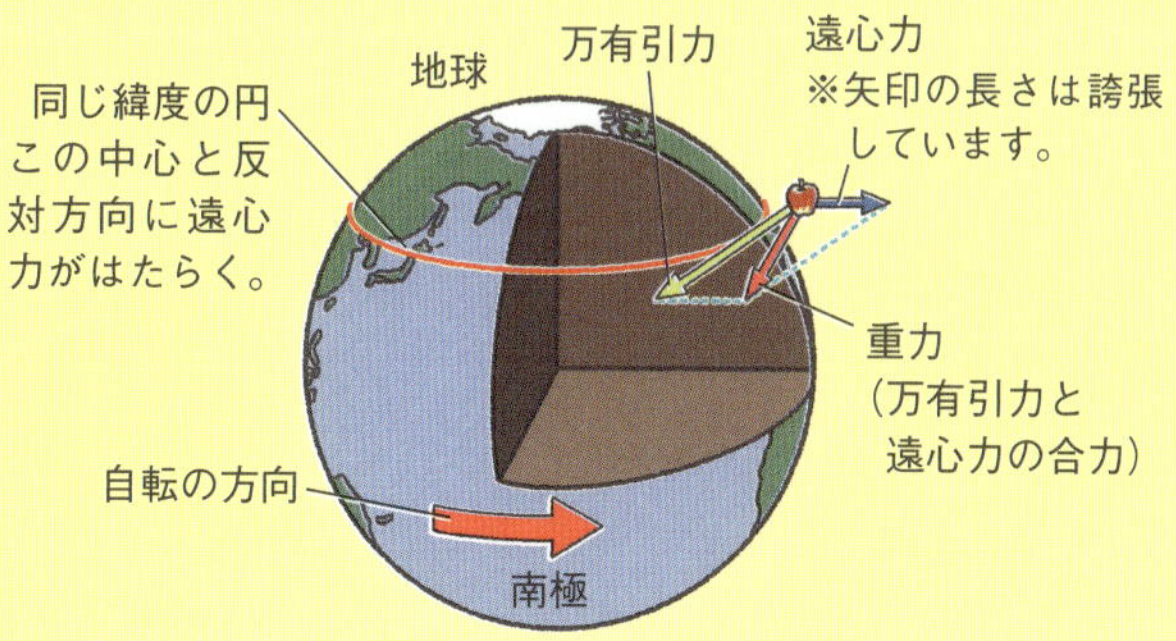

2時間目

はたらきものの「エネルギー」

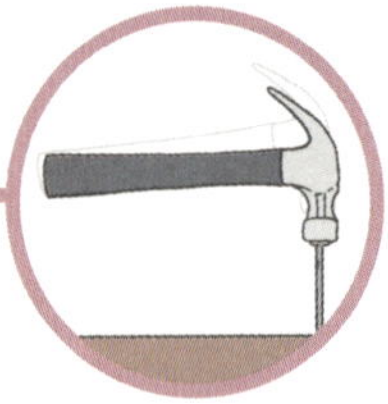

「エネルギー」とは何か

運動の勢いをあらわすには,「運動量」や「エネルギー」といった指標を使います。2時間目では,運動量とエネルギーの基本をおさえましょう。

速くて重いほど運動量が大きくなる!

2時間目からは,運動の勢いをあらわす運動量や,エネルギーとは何かについてお話ししましょう。
キャッチボールをしているとします。グローブでボールを受けるとき,勢いがあると感じるのはどんなときでしょうか?

それはもちろん,速いボールがきたときですよ。**バシーン!**と。速いボールは痛くて手がしびれるんですよね〜。

ではもう一つ,ボールの中に鉛を仕込んだらどうでしょう。そうすれば,同じ速度でも,軽いボールより,捕手はボールに勢いを感じるはずです。

たしかにそうです。

これはつまり，物体の速度と質量が運動の勢いの重要な要素になるということです。
物理学では，運動の勢いをあらわすものとして**運動量**という指標を使います。
今の例から想像できるように，運動量は**質量×速度**であらわされます。

なるほど，速くて重いほど，ボールの運動量が大きくなるんですね。

ポイント

運動量 mv

m：質量 [kg]，v：速度 [m/s]

運動の勢いをあらわす。質量が大きく，速度が大きいほど，運動量は大きくなる。

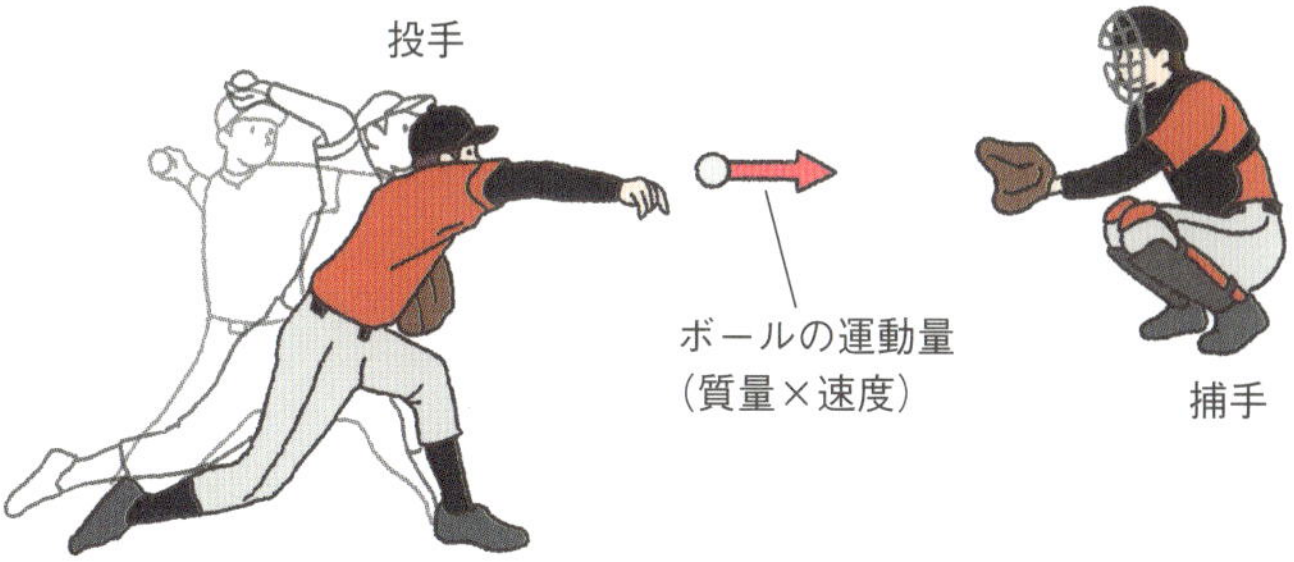

その通りです。

また，**運動量は向きをもっていて，矢印であらわすことができ，矢印の足し算で考えることができます。**

たとえば，もし速いボールをキャッチしたら，ボールの速度は0になります。大きな運動量を持っていたボールは，キャッチされた瞬間，運動量が0に変化します。

このように，力を加えることで，運動量は変化させることができるわけです。

運動量と力には次のような関係があります。

記号を使うと次のようにあらわすことができます。

ポイント

運動量　m（質量）× v（速度）＝ mv
力積　F（力）× t（時間）＝ Ft

運動量の変化量＝力積
$$mv - mv_0 = Ft$$

v：変化後の速度，v_0：変化前の速度

「運動量の変化」とは，「力を加えた後の運動量」から「力を加える前の運動量」を引いたものです。

そして，**力積**とは，**「ボールに加える力」に，「力を加える時間」を掛け算したものです。**
この式は，力が大きく，そして力を加える時間が長いほど，運動量の変化が大きくなることをあらわしています。

へええ〜！

力積も運動量と同様に，矢印であらわすことができます。ボールをキャッチするという行為は，「捕手の手が，ボールに，進行方向とは逆向きの力を加えて，ボールの運動量をゼロに変化させること」だといえます。

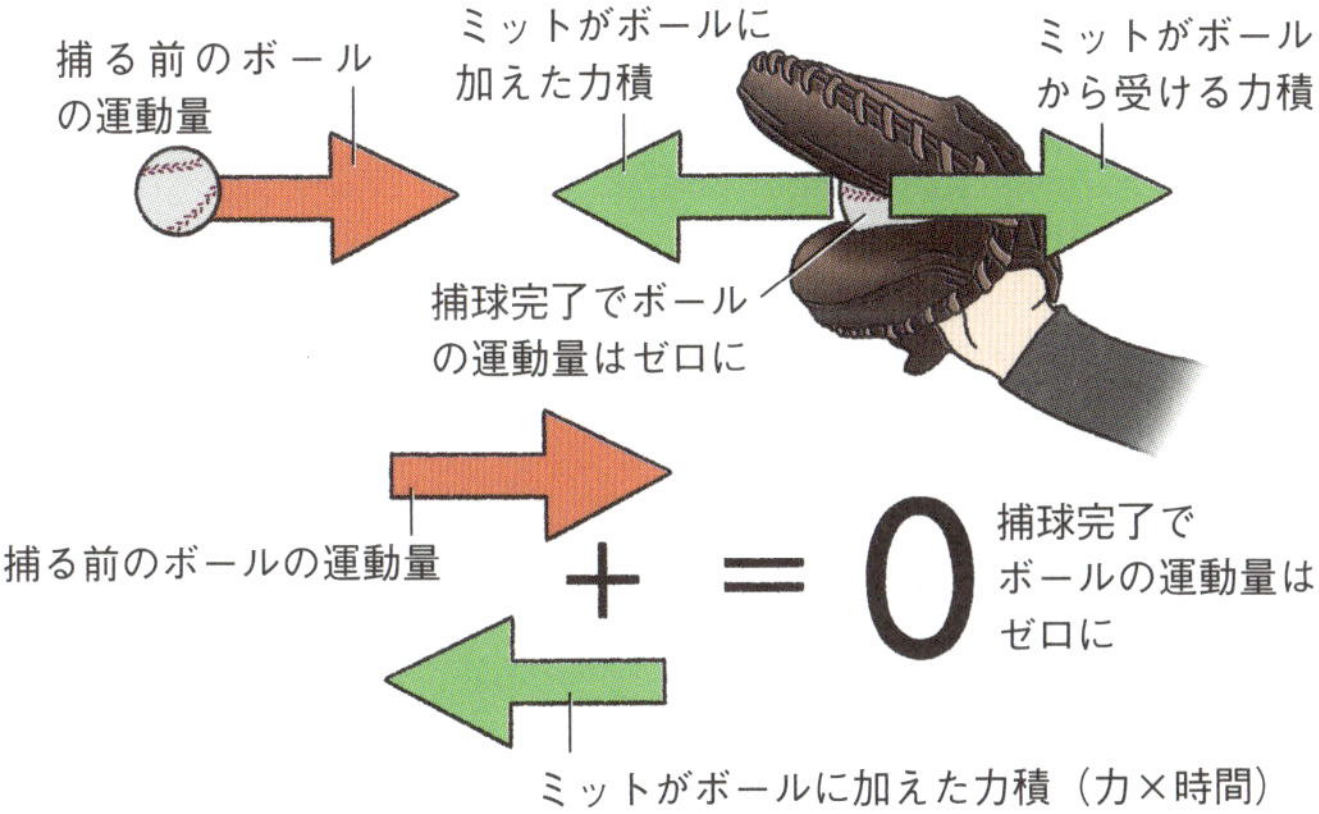

はやぶさ2は燃料を後ろに捨てて加速した

さて，運動量についての話をつづけましょう。
次の題材は，JAXAの探査機「はやぶさ2」です。
このはやぶさ2，摩擦も空気抵抗もない宇宙空間で，どうやって加速するかご存じですか？

いわれてみれば，どうやって加速したり，方向転換したりするんだろう？

この謎を，キャスターつきの椅子を使った思考実験で考えていきましょう。
まず，キャスターつきの椅子に，バスケットボールを持って座り，足を床からはなし，勢いよくバスケットボールを投げることを考えてみてください。

ええと，どうなるかな……。ボールを投げたら，反動で椅子が動きそうです。

そうですね。椅子からボールを投げた瞬間，椅子はその反動で，ボールとは反対の方向に動きだします。
実はこれが，はやぶさ2が加速した原理なんです。

ええ～!?

はやぶさ2は，イオンエンジンを使って，ガス状のキセノンイオンを後ろ向きに放出し，その反動を利用して，前向きの加速を実現したんです。

キセノンイオンの放出がボールを投げたのと同じはたらきをしたということですか？

その通りです。

これらの現象は**運動量保存の法則**で説明することができます。

運動量とは，物体の「質量×速度」で求められる“運動の勢い”のことでしたね。

運動量保存の法則とは，「外から力がはたらかない限り，二つの物体の運動量の合計は常に一定」という法則です。

先ほどの椅子の例でいうと，椅子に座っている人とバスケットボールは，はじめはどちらも動いていないので，運動量の合計はゼロです。

そこからボールを投げると，飛んでいくボールに前向きの運動量が発生します。しかし，運動量の合計は変わらないので，ボールの運動量の分だけ，人に後ろ向きの運動量が発生するというわけです。つまり，人は後ろに進むんですね。

● ポイント

運動量保存の法則

外から力がはたらかない限り，二つの物体の運動量の合計は常に一定

不思議ですね……。

これと同じで，はやぶさ2は，イオンエンジンを使って，キセノンイオンを後ろ向きに放出しました。キセノンイオンは，後ろ向きの運動量を得たわけです。
すると，運動量保存の法則から，キセノンイオンがもつ後ろ向きの運動量の分だけ，はやぶさ2は前向きの運動量を得ることができます。
こうして獲得した運動量によって，はやぶさ2は前向きに加速していたんですね。

エネルギーの合計は常に同じ

今度はテニスを題材に，**エネルギー**について解説しましょう。
高台から，ラケットでサーブを打つことを考えてみましょう。
さて，ここで問題！　同じ速さで，斜め上や斜め下などことなる角度にサーブを打ったら，着地寸前のテニスボールの速さは，どの場合が最も速くなるでしょうか？
空気抵抗は無視してよいこととします。

上の方に打てば，落ちるときの勢いもつくから，上に打ったサーブがいちばん速いんじゃないですか？

残念，不正解。
実は，**着地寸前のボールはどれも同じ速さなんです。**

そうなんですか？

はい。その理由の鍵となるのが，ボールの**エネルギー**なんです。

エネルギーとは，ごく簡単にいうと，「力を生みだし，物体の運動を引きおこすことのできる潜在能力」だといえます。そして，エネルギーは計測したり計算することができるんです。

先ほどのテニスの話にもどりましょう。

運動するボールは，主に2種類のエネルギーをもっています。一つ目は，ボールの運動の速さで決まる**運動エネルギー**。

二つ目は，ボールの位置の高さで決まる**位置エネルギー**です。

運動エネルギーはボールが速いほど大きくなり，位置エネルギーはボールが高い位置にあるほど大きくなります。

ふむふむ。

● ポイント

運動するボールのエネルギー

①運動エネルギー

……ボールの運動の速さで決まる

②位置エネルギー

……ボールの位置の高さで決まる

運動エネルギーはボールが速いほど大きくなり，位置エネルギーはボールが高い位置にあるほど大きくなる。

ボールの状態の変化を見ながら説明しましょう（次のページのイラスト）。
たとえば，斜め上に打った場合，打った直後，ボールは斜め上に進みます。このとき，ボールは重力に引っ張られて次第に遅くなり，「運動エネルギー」が減ります。
しかしその分，より高い位置へと上がっていくので，「位置エネルギー」は増えていきます。

なるほど。

実は，このときの運動エネルギーの減少分は，位置エネルギーの増加分と同じになるのです。

つまり，運動エネルギーと位置エネルギーの総量は常に一定なのです。

これを**力学的エネルギー保存の法則**といいます。

この法則を踏まえて，着地寸前のテニスボールの速さを考えてみましょう。

まず，同じ速さで打ったとすると，角度にかかわらず，打った瞬間は同じ速さであり，同じ運動エネルギーをもちます。同時に，高さも同じなので，位置エネルギーも同じです。

一方，どの角度で打ったとしても，着地寸前のボールは，同じ高さにありますから，すべてのボールが同じ位置エネルギーをもつことになります。

● ポイント

力学的エネルギー保存の法則
運動エネルギーと位置エネルギーの総量は常に一定。

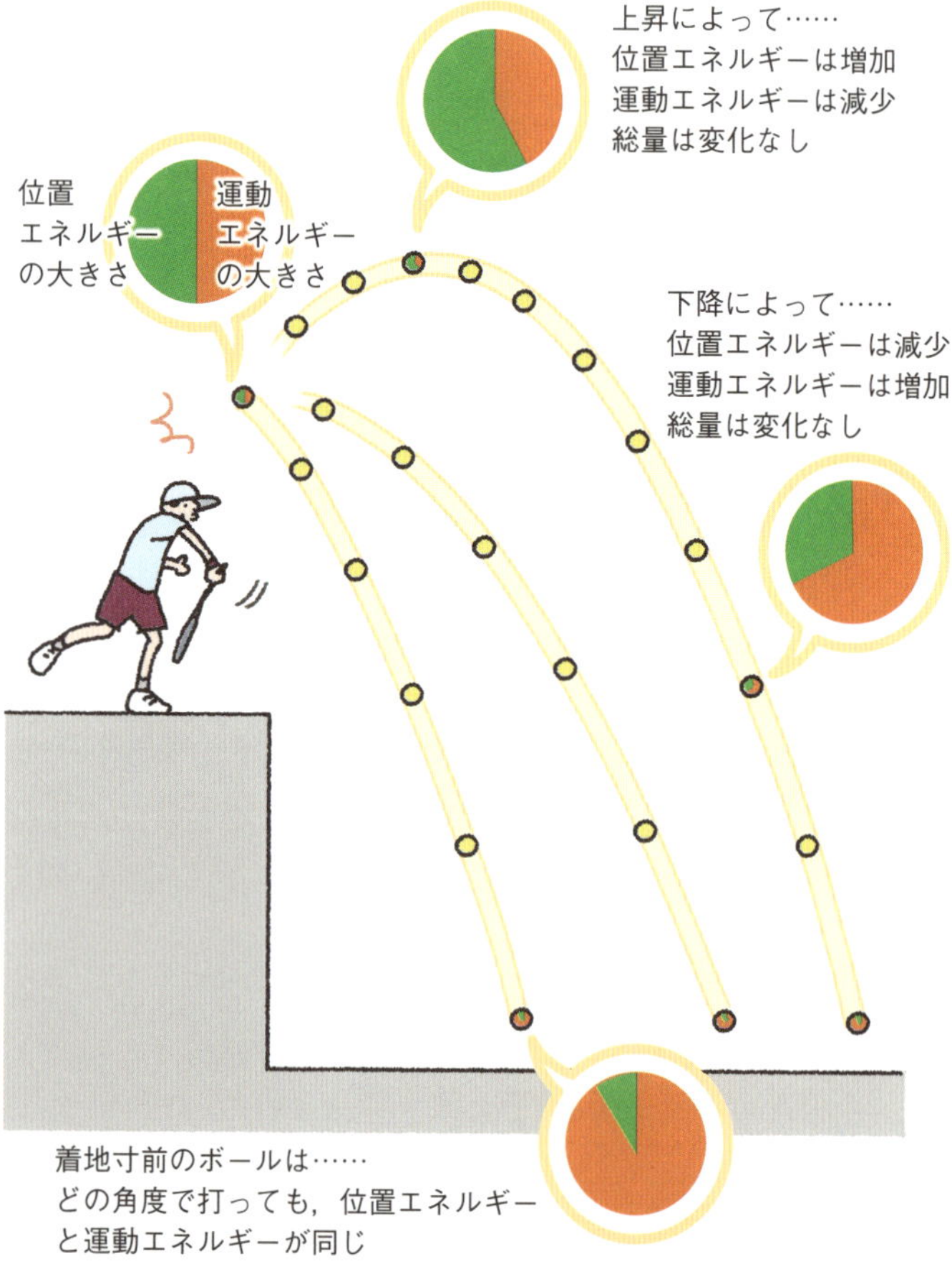
上昇によって……
位置エネルギーは増加
運動エネルギーは減少
総量は変化なし
位置
エネルギー
の大きさ
運動
エネルギー
の大きさ
下降によって……
位置エネルギーは減少
運動エネルギーは増加
総量は変化なし
着地寸前のボールは……
どの角度で打っても，位置エネルギーと運動エネルギーが同じ

たしかに！

力学的エネルギー保存の法則によると，位置エネルギーと運動エネルギーの総量は常に一定なわけですから，着地寸前のボールは，どれも同じ運動エネルギーをもつことになります。
すなわち，どれも同じ速さになるわけです。

そういうことですか。

位置エネルギーと運動エネルギーは，次の式で求めることができます。
お話ししたように，運動エネルギーも位置エネルギーも計算で求めることができるんです。

● **ポイント**

力学的エネルギー

運動エネルギー＝ $\frac{1}{2}mv^2$

位置エネルギー＝ mgh

m：物体の質量 [kg]，v：物体の速さ [m/s]，
g：重力加速度（約 $9.8m/s^2$），h：物体の高さ [m]

エネルギーは別なエネルギーに変換できる

エネルギーには，運動エネルギーや位置エネルギーだけでなく，光エネルギーや電気エネルギー，熱エネルギーなど，さまざまな種類があります。
そして，運動エネルギーが位置エネルギーに変わるように，**エネルギーは別のエネルギーへと変換することができるのです。**

変換？

たとえば，太陽光エネルギーは，太陽電池パネルによって，電気エネルギーに変換することができます。
さらに電気エネルギーは，電気ヒーターによって，熱エネルギーに変換することができます。
それから，スピーカーは，電気エネルギーを使って，音のエネルギーを生みだします。

いろいろなエネルギーがありますね。

そうでしょう。
そして，エネルギーは，このような変換がおきても，エネルギーの総量は決して変わらないのです。

これをエネルギー保存の法則といいます。
これは自然現象すべてに適用できる自然界の大法則なのです。

● ポイント

エネルギー保存の法則

エネルギーは，変換がおきても，エネルギーの総量は変わらない。

エネルギーとは，「力を生みだし，物体の運動を引きおこすことのできる潜在能力」だとお話ししました。

これについて，もう少しくわしく説明しましょう。

たとえば，金づちでくぎを打つ場合を考えてみます。

「金づちでくぎを打つ」とは，「金づちのもつ運動エネルギーを使って，くぎを動かす」ということです。

このとき「力×力を加えた距離」を仕事とよびます。

「金づちでくぎを打つ」とは，「運動エネルギーを使ってくぎに仕事をした」ということであり，エネルギーとは，「仕事を行うことのできる潜在能力」ということができます。

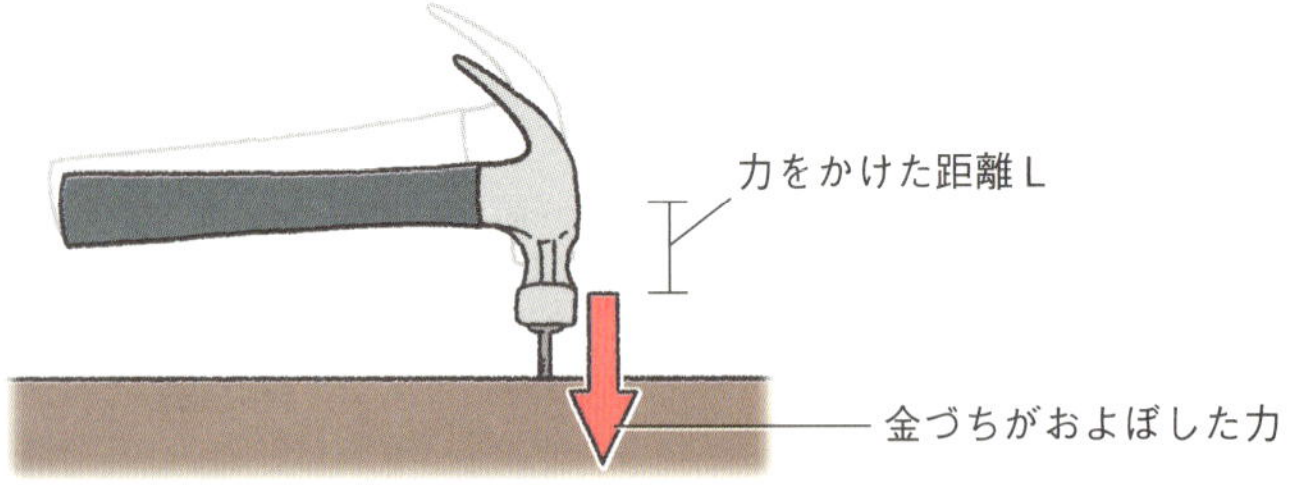

金づちが行った仕事＝F×L

なるほど！　「エネルギー」が，だいぶハッキリしてきました。エネルギーが大きいほど，より多くの仕事ができるわけですね。

その通りです。そして，物体が仕事をすると，その分だけ物体のもつエネルギーは減ります。逆に，物体に仕事をあたえると，物体のもつエネルギーは増えます。
つまり，エネルギーの増加分＝物体に加えた仕事という関係が成り立つんです。
ちなみに食事もそうです。私たちは，食物の化学エネルギーを体内で変換して体を動かす力を得ているんです。

仕事とエネルギーは表裏一体の関係なんですね。

3時間目

「空気」と「熱」のふるまいを知ろう

「空気」と「熱」のしくみ

力学にとどまらず，「気体（空気）」や「熱」にも，さまざまな物理の法則があります。3時間目では，気体や熱のふるまいについて紹介していきましょう。

実はすごい！ 「空気」のチカラ

ここからは視点を変えて，**空気**や**熱**にまつわる物理学を解説していきましょう。

空気も熱も存在が当たり前すぎて，それらの“物理”について考えたこともなかったですよ。

物理学は，この世のあらゆる現象の背後にある法則についての学問ですからね。
まずは**空気の力**について紹介しましょう。
あなたのお家には**吸盤**はありますか？

お風呂場のタオル掛けに使ってます。

その吸盤は，接着剤なしでどうして壁にくっつくことができるのか，そのしくみをご存じですか？

いや，知らないし，考えたこともないです……。

吸盤が壁にくっつくしくみの鍵をにぎるのは，私たちの周囲を飛びかっている無数の**分子**たちなんです。

分子？

はい。私たちのまわりにある空気は，目に見えないほど小さな気体分子がたくさん集まったものなんです。
常温の大気の場合，1立方センチメートルの中には，およそ10の19乗，つまり1000兆のさらに1万倍もの数の気体分子が存在しています。

すごい量ですね！

気体分子は，空気中を自由に飛びかっていて，たがいに衝突したり，壁に衝突してはね返ったりしています。実感することはできませんが，私たちの体にも大量の気体分子が常に衝突しているんですよ。

さて，気体分子が壁に衝突すると，その瞬間，壁には力が加わります。**気体分子１個の衝突による力は非常に小さいです。しかし，大量の気体分子がひっきりなしに衝突しているため，合計すると無視できないほど大きな力になるんです。これが気体の圧力の正体です。**
この空気の圧力を**気圧**や**大気圧**といいます。これが吸盤を壁にくっつけているんです。

吸盤は気圧でくっついていたなんて知りませんでした。

吸盤を壁に押しつけると，吸盤と壁の間の空気が押しだされ，吸盤の内側の空気の分子が減ります。
その結果，吸盤の内側からの空気の圧力が小さくなり，吸盤の外側からの空気の圧力のほうが大きくなります。そのため，吸盤は壁に押しつけられてくっつくわけなんです。

なるほど～！　吸盤は，周囲の空気の圧力に押されていたのですね。

そうです。一つ一つはごく小さな気体分子の運動が，吸盤が動かなくなるほどの力を生むんです。

空気って，すごい！

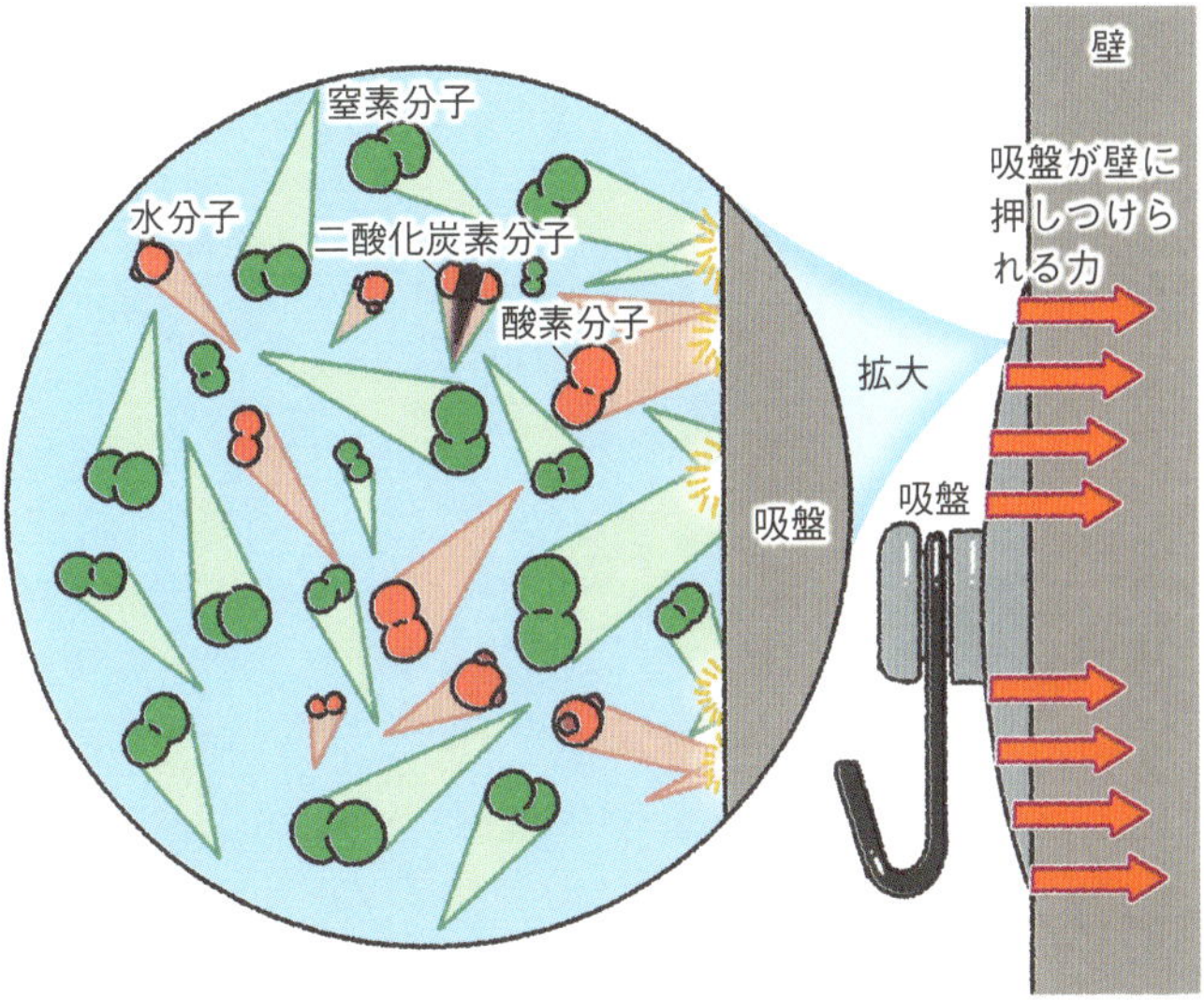

すごいでしょう。私たちの体や，壁，机など，あらゆる物体の表面は，大気圧によって，常に押されています。
海面付近の大気圧の大きさは約1013ヘクトパスカルで，これは，1平方メートルの地面に，なんと10トンものおもりが乗っているのと同じ圧力になるんです。この重さは，自動車約7台ぶんほどですね。
また，大きなドラム缶だって，内部の空気を抜くと，いとも簡単につぶれてしまいます。
このように，私たちが気づかないだけで，私たちは上からも下からも横からも，常に大気から大きな力を受けて暮らしているんです。

飛行機の中でお菓子の袋がパンパンになるのはなぜか

気体分子の話をつづけましょう。
飛行機内や高い山の頂上で，ポテトチップスなどのお菓子の袋がパンパンにふくらんだ経験はないですか？

あります。いつも不思議に思っていました。

これも気圧が関係しています。
上空に行くほど空気は薄くなり，気圧は低くなりますよね。飛行機内は気圧を調整していますが，それでも地上の0.7倍程度しかないのが普通です。そのような場所では，ポテチの袋にかかる気圧は小さくなります。

あ，吸盤と同じ理論ですね。今度は逆で，ポテチの袋の中の空気圧の方が強くなるわけですね。

その通り！　外の気圧が小さくなると，袋の中の気体が外へ向けて押す力のほうが強くなり，袋がふくらむというわけです。
このポテチの袋の中の気体がどのように変化して袋がふくらむのかは式であらわすことができ，この式を**状態方程式**といいます。

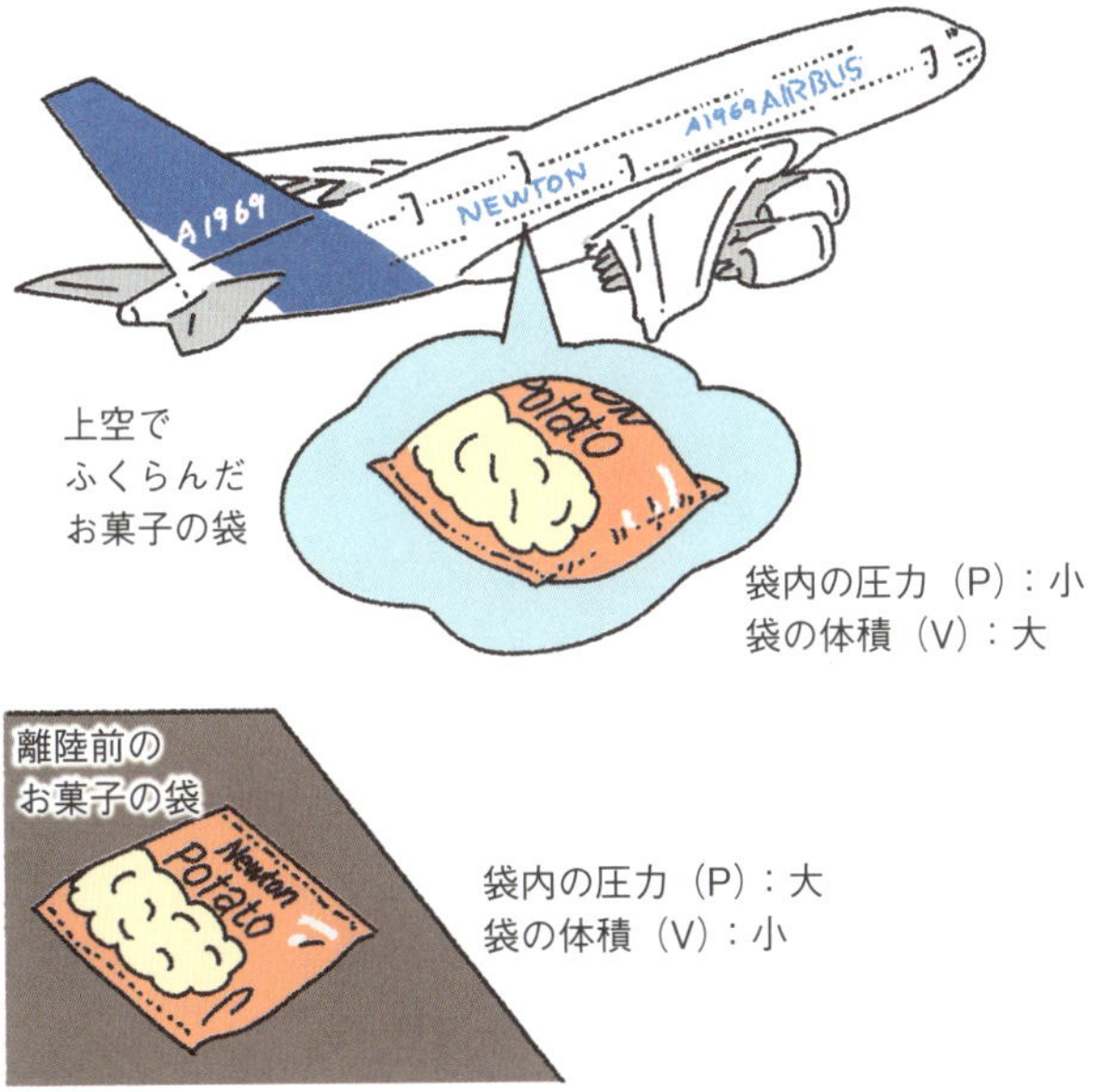

● ポイント

状態方程式

気体の圧力（P）と体積（V）と温度（T）の関係をあらわす式

$$PV = nRT$$

P：圧力［Pa］，V：体積［m^2］，n：物質量［mol］
R：気体定数［$J \cdot K^{-1} \cdot mol^{-1}$］，T：絶対温度［K］

※厳密には，この式は，分子の大きさが無視できて，分子どうしが力をおよぼさない理想気体で成り立つ。実際の気体の場合は，この式から少しずれる。

状態方程式は，気体の圧力（P）と体積（V）と温度（T）の関係をあらわした式で，閉じこめられた気体は概ねこの式にしたがいます。

計算できるんですね！　でもむずかしそう……。

式はややむずかしいですが，気体の圧力と体積と温度の関係性がつかめれば大丈夫です。

ポテチの袋の場合，離陸前の地上と飛行機内の温度（T）が同じだとすると，右辺は飛行機の中でも変わりません。

一方，上空で飛行機内の気圧が小さくなると，袋がふくらみ，袋の体積（V）が大きくなります。その分，袋内の気体の圧力（P）が小さくなり，状態方程式を満たします。

このとき袋は，中の気圧が外の気圧と同じになるまでふくらみます。

つまりこの式によって，飛行機内の気圧（P）や温度（T）がわかれば，袋がどれくらいふくらむか（V）が求められるということなんです。

なるほど……。

温度とは，原子や分子の運動のはげしさの度合い

気体分子に注目すると，ほかにもいろいろな現象を説明できます。

たとえば，ほてった体を冷ますには，冷たい風に当たって涼んだりしますよね。逆に体が冷えたら，暖房をつけたり，温かい飲み物を飲んだりします。

これらは，**「温度差のある物体の間で熱を移動させている」**といえます。

そう言われるとそうですね。

冷たい空気や熱い空気など，温度のちがいを生みだしているのは，空気中を飛びかう気体分子の**動きのはげしさ**です。

高温の気体では，気体分子ははげしく運動しており，反対に低温の気体では，気体分子はゆっくりと運動しています。
温度とは，「原子や分子の運動のはげしさの度合い」のことなんですね。
これは気体だけではなく，液体や固体でも同じです。

暑い夏は，「気体分子がはげしく運動している」というわけですね。

その通りです。
気温が高いときに私たちが熱いと感じるのは，はげしく運動している気体分子が体に何度もぶつかることで，気体分子の運動のエネルギーが体の表面の分子へ伝わり，はげしく揺らされるからなんです。
反対に，気温が低いときに寒さや冷たさを感じるのは，ゆっくり運動する気体分子に触れることで，体を構成している原子や分子の運動のエネルギーが気体分子に渡されるからです。

へええ～！
分子や原子の運動エネルギーが受け渡されているんですね。

熱い物体は，周囲をはげしく揺らす！

温度とは，「原子や分子の運動のはげしさの度合い」のことだとお話ししました。
続いては，熱について見ていきましょう。

温度と熱，ですか。ちがいを考えたことなかったです。

温度差のある物体間での運動エネルギーの受け渡しは，最終的に，両者の運動の差，つまり温度差がなくなるまでつづきます。**物理では，このように小さな粒子の衝突によって受け渡されるエネルギーのことを熱というのです。**

温度は原子や分子の運動のはげしさであるのに対し，熱はエネルギーのことなんですね。

その通りです。
そして，なぜ温度差のある物体間でエネルギーの受け渡しがおきるのかというと，**熱は，温度が低い方に移動するという性質があるからなんです。**
たとえば，熱々の缶コーヒーを冷たい手で持ちます。
すると，手がすぐに熱くなりますよね。これは，熱い缶から，冷たい手に熱が移動したからです。

このとき，熱い缶の表面にある金属原子は，その温度に応じたはげしい振動をしています。一方で，冷たい手を構成する分子は，それほどはげしい振動をしていません。缶と手の境界では，振動のはげしさがことなる原子と分子が接触しています。原子と分子どうしが何度も衝突すると，冷たい手を構成する分子が，缶を構成する金属原子の振動でゆり動かされ，徐々にはげしく振動するようになるんです。

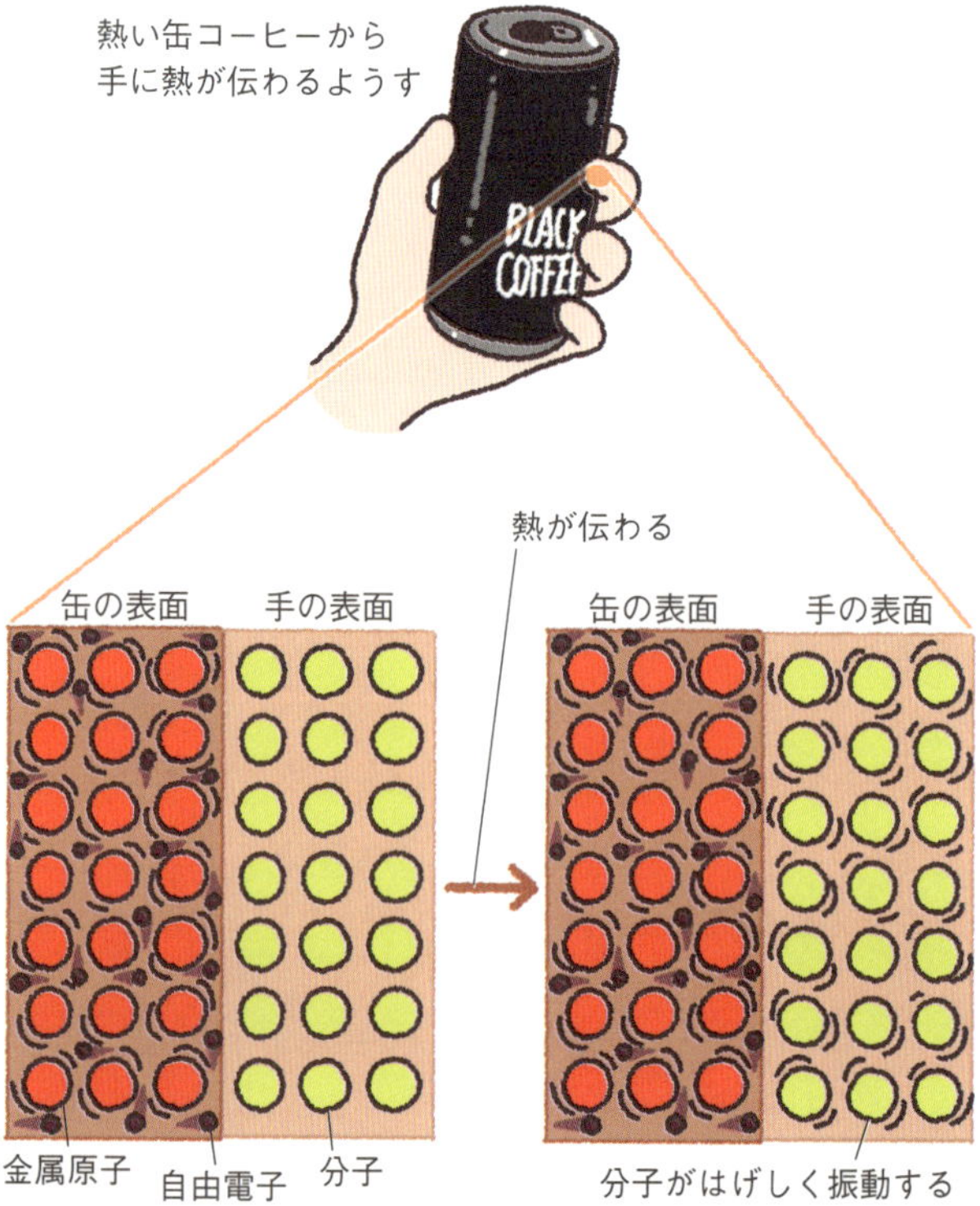

熱い缶コーヒーから
手に熱が伝わるようす

ちなみに，必ずしも，温度が高いほど熱く感じるわけではないんですよ。たとえば，同じ温度でも，50℃の風呂には熱くて入れませんが，50℃のサウナなら耐えられますよね？

ああ，たしかに！
どうしてですか？

風呂の湯に含まれる水分子の密度は非常に高いため，湯に触れたとき，皮膚には非常に多くの水分子が衝突します。
一方，気体の場合，分子の密度は，液体にくらべると格段に低いんです。
したがって，湯の中にくらべて，空気中では皮膚に衝突する分子の数が少なくなります。その結果，分子から受け渡されるエネルギーが少なくなり，熱を感じにくくなります。

なるほど。熱いと感じるかどうかは，ぶつかる分子の量にも影響されるんですね。

ポイント

熱
温度差のある物体間で受け渡されるエネルギーのこと。温度の高いほうから低いほうへ移動する。

産業革命の鍵はズバリ，「熱エネルギー」！

1700年代からイギリスでおこった**産業革命**で，人々の生活は急速に豊かになりました。そのきっかけとなったのが，**蒸気機関**です。
そして，蒸気機関の原動力となったのが，高温の水蒸気による**熱エネルギー**です。
蒸気機関とは，水蒸気を動力にした機械です。1712年に，イギリスの技術者，**トーマス・ニューコメン**（1664～1729）が，実用的な蒸気機関をはじめてつくりました。1769年には，イギリスの技術者，**ジェームズ・ワット**（1736～1819）が，より効率のよい蒸気機関を開発します。これによって，蒸気機関は急速に広まったのです。
ワットが開発した蒸気機関は，水を熱して高温の水蒸気をつくり，その熱エネルギーで歯車を回転させるものでした。

どういうしくみなんでしょうか？

通常，水が水蒸気になると，体積はおよそ1700倍以上にふえます。しかし，もし閉じた容器内で水を熱したとすると，閉じこめられた水蒸気は膨張することができず，そのかわりに圧力が急激に上昇するんです。

水蒸気がぎゅうぎゅうの状態になるんですね。

そこで可動式のピストンを利用します。ここに水蒸気を入れると，水蒸気の圧力に押されて，ピストンは一気に動きます。ピストンに棒を介して車輪をつなげておけば，棒が押しだされて車輪が回転することになりますよね。

その後，今度はピストンの反対側から熱い水蒸気を入れると，今度は逆方向にピストンが動きます。これをくりかえして車輪を回転させるのが，ワットの蒸気機関のしくみだったんです。

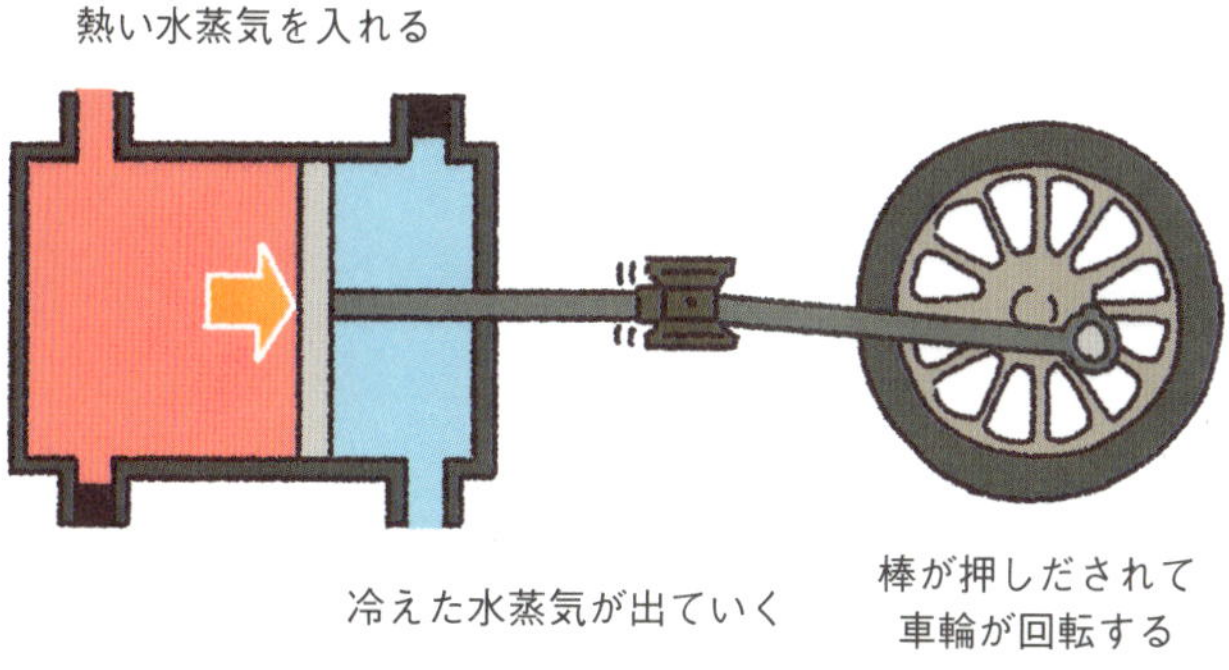
熱い水蒸気を入れる
冷えた水蒸気が出ていく
棒が押しだされて
車輪が回転する

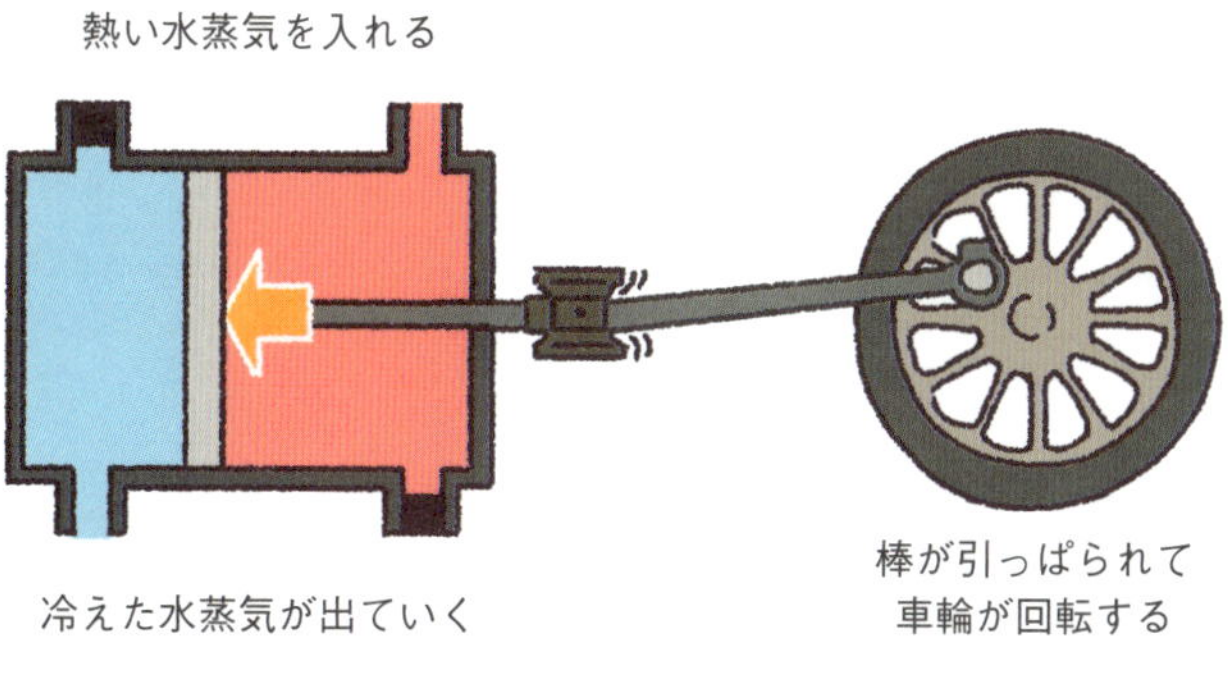
熱い水蒸気を入れる
冷えた水蒸気が出ていく
棒が引っぱられて
車輪が回転する

水蒸気の熱エネルギーが，運動エネルギーに変換されているわけですね。

その通りです！　よく覚えていましたね。
この蒸気機関は，水蒸気の熱エネルギーを運動エネルギーに変換することでピストンを動かします（仕事をする）。そのとき仕事をした分，水蒸気の熱エネルギーは減ります。
このように，気体のもつ熱エネルギーは，外部に対して行った仕事の分だけ減少するんですね。
これを**熱力学第１法則**といいます。

ポイント

熱力学第１法則
気体がもつ熱エネルギー（内部エネルギー, U）は，外から熱（Q）を与えられると増えるが，外に仕事（W）をするとその分減る。

$$\Delta U = Q - W$$

ΔU：熱エネルギー（内部エネルギー）の変化［J］,
Q：気体にあたえられた熱量［J］，W：気体がした仕事［J］

熱力学第１法則は，エネルギー保存の法則を，熱力学に適用したものだといえます。

4時間目

身のまわりにあふれる「波」の不思議

「波」の面白い性質を知ろう！

光や音は，「反射」や「屈折」，「散乱」など，波に特有の現象をおこします。それらの現象がどのようにあらわれるのかを見ていきましょう。

世界は「波」であふれている

さて，4時間目では，波をテーマにお話ししましょう。私たちの日常生活は，光や音であふれていますね。実はそれらの正体は，波なのです。

「波」，ですか……。そもそも波ってどういうものでしょうか？

はい。
たとえば，おだやかな水面に石を投げ入れると，同心円状に波紋が広がっていきますよね。このように，波とは，周囲へ何らかの振動が伝わっていく現象です。
音であれば，スピーカーで発生した空気の振動が，次々と周囲の空気をふるわせて，波として伝わっていきます。

光は，空間自体にそなわっている電場や磁場の振動が伝わっていく波のことです。
ちなみに，音は1秒間に約340メートル，光は1秒間に約30万キロメートルの速さで空気中を進みます。

すごい速さ！

波には**横波**と**縦波**の2種類があります。
波の進行方向に対して垂直に振動する波が「横波」，同じ方向に振動する波が「縦波」です。
光は横波で，音は縦波です。また，光や音のほかに地震のときに発生する**地震波**もあります。
地震波は，横波と縦波の両方の波を含んでいます。

横波

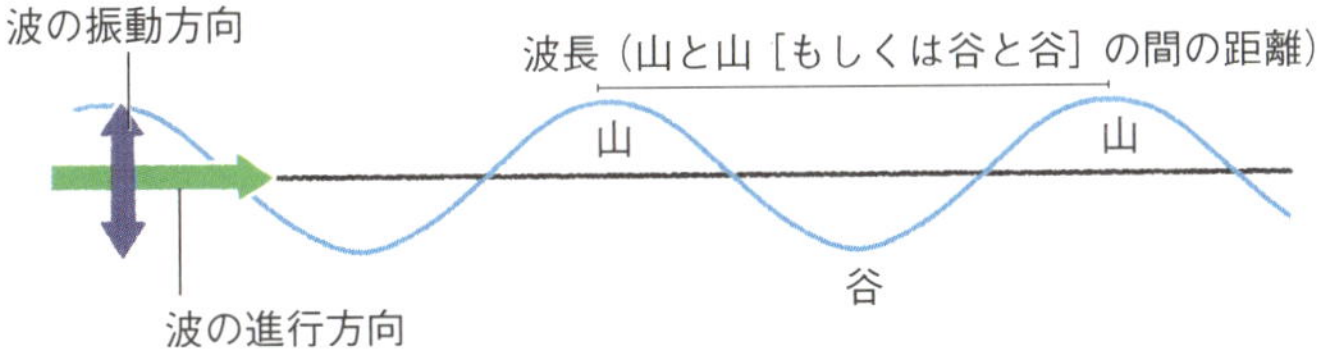

縦波

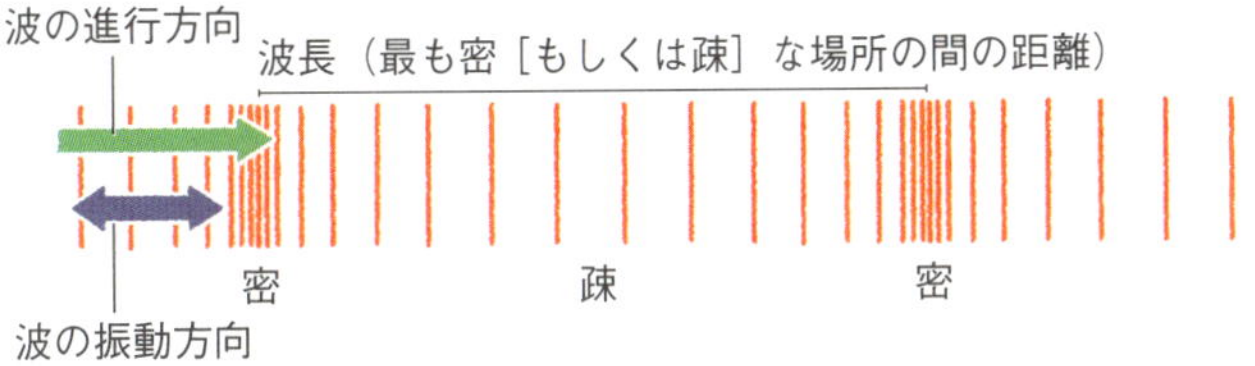

「音」も「光」も波

身近な例を挙げながら，もう少し詳しく紹介していきましょう。まずは**音**からいきましょうか。
たとえば，**太鼓**をたたくと，私たちの耳に「ドン！」という音が届きますね。

そうですね。

太鼓をたたくと，太鼓の皮が振動し，これがまわりの空気に伝わることで，空気が振動するんです。これをスローモーションで考えてみましょう。
まず，太鼓をたたくと，太鼓の皮がへこみます。太鼓の皮が急激にへこむことで，皮の周囲の空気の密度が下がり，空気が「疎」になります。そして次の瞬間，今度はへこんだ太鼓の皮が，反動ではげしく跳ね上がります。すると，太鼓の皮の周辺の空気が圧縮され，空気が「密」になります。このように太鼓の表面が振動することで，まわりの空気に「密」な部分と「疎」な部分ができて，それが波として周囲に伝わっていくのです。

薄い空気と濃い空気の波ができるんですね。

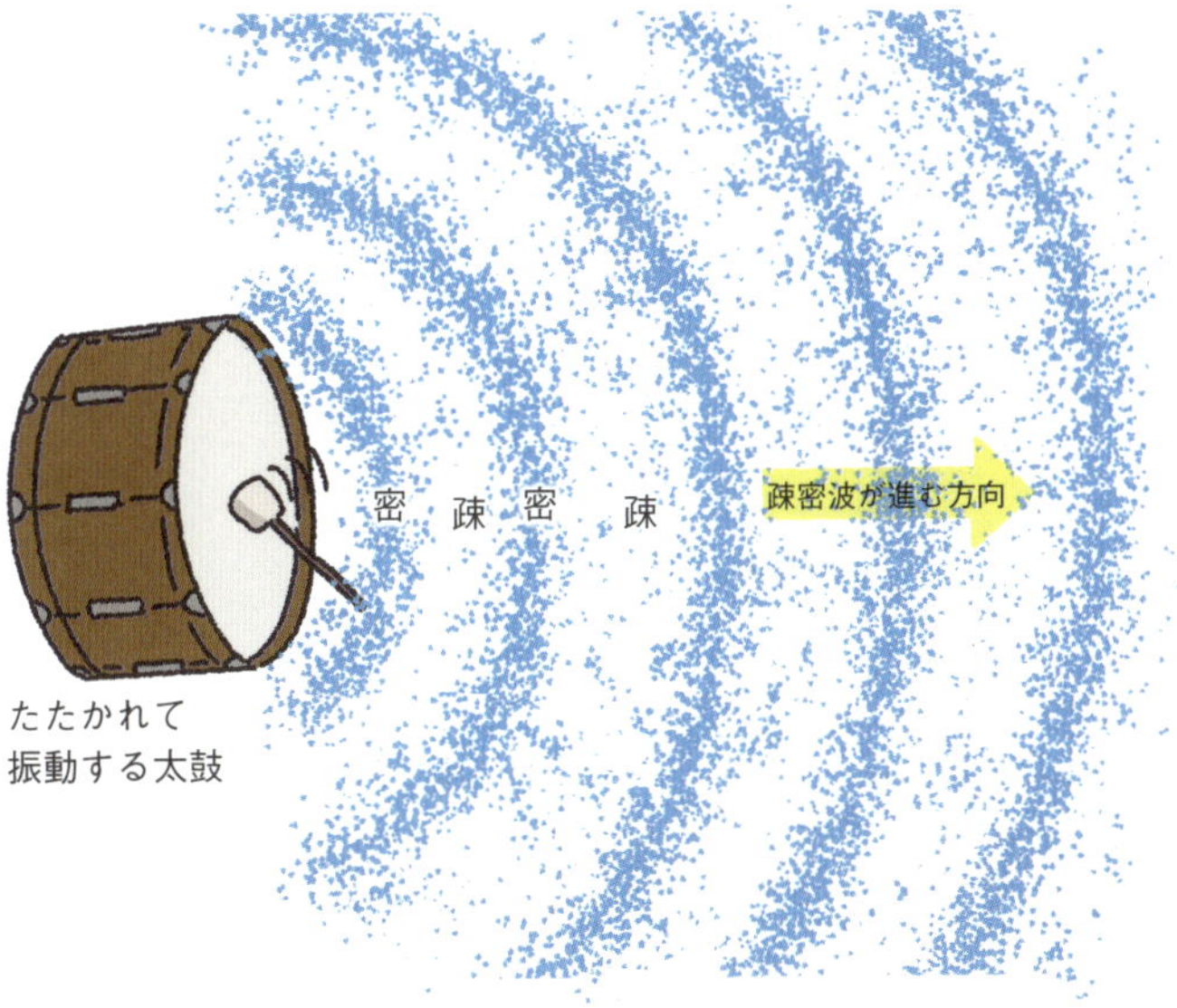

そうです。ここで重要なのは，空気自体が移動するわけではないということです。空気自体はその場にとどまったまま，前後に振動をくりかえし，「疎」と「密」の変化だけが伝わっていくんですね。
このような現象を**粗密波**といいます。
太鼓をたたくことで空気に粗密波が発生し，それが空気を伝わって私たちの耳に届くと，鼓膜が太鼓の皮のようにゆらされて，音を感じ取るというわけです。

へえぇ〜！ 「ドン！」ってそういうしくみで届いていたんですね。

続いて光について見ていきましょう。

光は，空気のような物質の振動による波ではなく，電磁波という，「電場」と「磁場」の振動が対になったものです。

音は空気という物質の振動なので，真空中では伝わりませんが，電磁波は真空中でも伝わります。

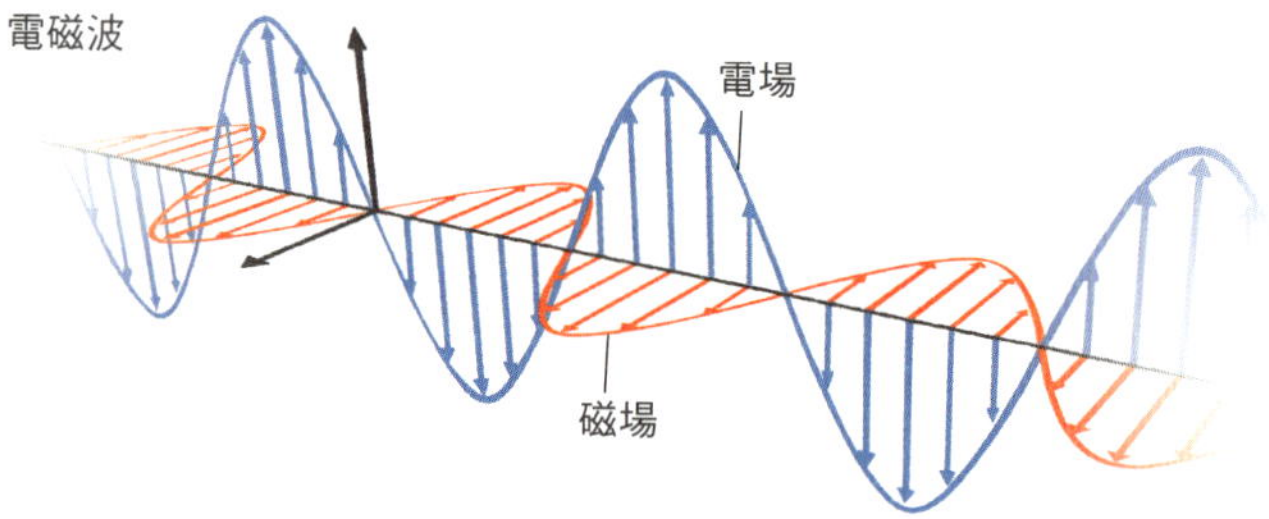

そういえば宇宙空間は無音だって聞いたことがあります。これは空気がないからなんですね。ところで電場と磁場って何ですか？

ここではざっくりとした説明しかしませんが，電場も磁場も空間のもつ性質（場）のことです。現代の物理学では，電気をもつもの（電荷）や，磁石のような磁気をもつもの（磁極）のまわりでは空間の性質（場）が変化すると考えます。電気によって生じる空間の性質を電場，磁気によって生じる空間の性質を磁場といいます。

電磁波というのは，この電場と磁場が連鎖的に生じて，その振動が空間を伝わる横波のことなんです。そしてこの電磁波こそ光の正体です。

電磁波については5時間目でくわしく解説するのでお楽しみに。

「地震」は衝撃の波

次は**地震波**についてお話ししましょう。

地下の断層で地層がずれたりすると，その衝撃で波が発生します。これが地震波です。

地震波は地中を伝わり，地上をゆらします。これが**地震**です。

先にお話ししたように，地震波は縦波と横波があり，縦波をP波，横波をS波といいます。


地震って，縦ゆれと横ゆれがありますよね。この地震波が関係しているんでしょうか。


その通りです。

縦波のP波は速度が速く，最初に地上に到達して，初期微動をおこします。ちなみにP波は，「最初の波」，つまりPrimary waveを意味します。

その速さは場所によってちがいますが，地殻では秒速約6.5キロメートルにも達します。

おそろしいスピードですね。


また，P波は，地盤を波の進行方向にゆらします。この地震波は多くの場合，地面に対して垂直に近い下方からやってきて，弱い縦ゆれをおこすんです。

一方，S波は，P波に遅れてやってきます。そのため，S波は「2番目の波」，すなわちSecondary waveを意味します。

S波の速度はP波より遅く，地殻では秒速約3.5キロメートルです。S波は横波のため，多くの場合，地上では大きな横ゆれとして感じられます。被害をおこすのは，主にS波のほうです。

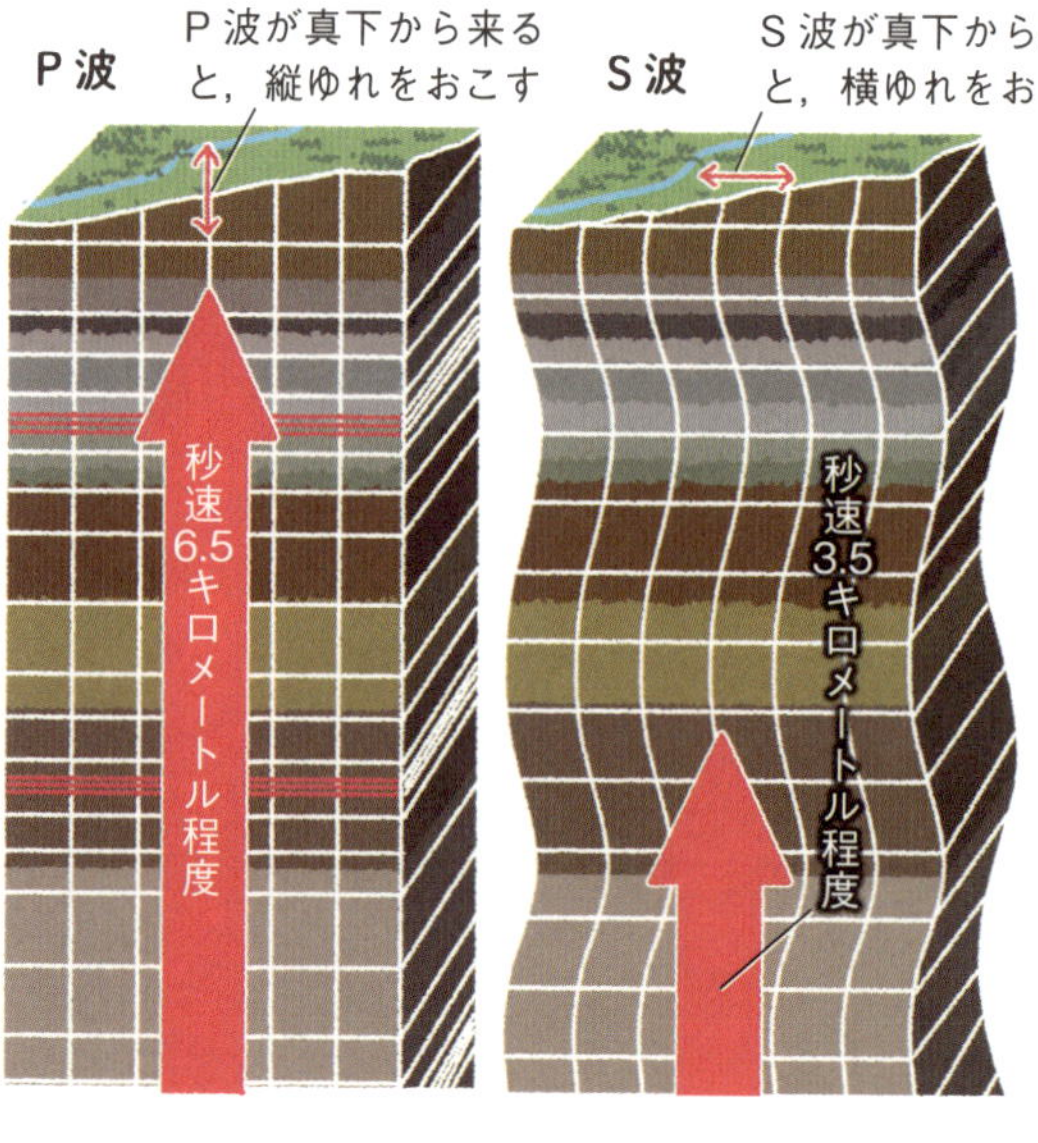
S波が真下から来ると，横ゆれをおこす

地震は，S波が到達すると，ゆれがはげしくなります。
「緊急地震速報」では，ゆれの小さなP波が先に地上に到達することを利用し，震源近くの地震計でP波の到達を検知すると，その情報をもとに，各地へのS波の到達時刻や震度をすばやく予測し，強いゆれが来る前に速報しているんですよ。

救急車のサイレン音の変化は，波の長さの変化

「音」，「光」，「地震」と三つの身近な波について紹介しました。ここからは，それぞれの波が引きおこす現象についてお話ししましょう。
最初に紹介するのは，**救急車のサイレン**にまつわる現象です。

あの「ピーポーピーポー」という？

ええ。サイレンの音とともに救急車が近づいてきて，目の前を通りすぎました。その瞬間，サイレンの音がそれまでより低い音に変わった——そのような経験をしたことはありませんか？

あぁ，あります。子どものころから不思議に思っていました。

この現象は，音の発生源と音を聞く人が接近，もしくは遠ざかるときに生じる，**ドップラー効果**によるものです。

あの現象には，ドップラー効果というちゃんとした名称があったんですね。一体どんなものなんでしょう？

まずは，音の高低がどういうしくみで決まるのか，というところから説明しましょう。
次のイラストは，鉄琴から出る，さまざまな高さの音の波のイメージを描いたものです。

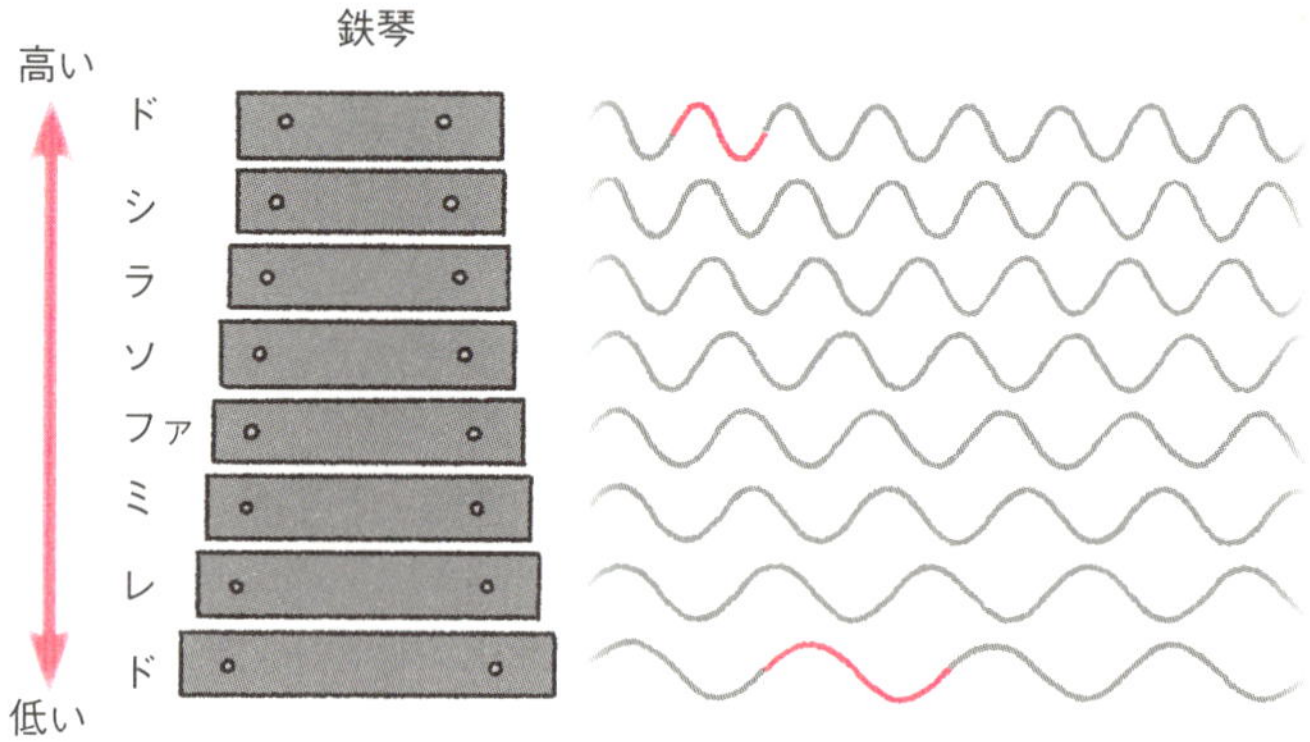

高い音の方が波の幅がせまくて，数が多いですね。
反対に，低い音は，波がゆるやかで少ない。

その通りです。
イラストからわかるように，音の高低は波の数，すなわち振動の数で決まります。1秒間に波が振動する回数を**振動数**あるいは**周波数**といい，Hz（ヘルツ）という単位であらわされます。**音は，振動数（周波数）が大きいほど高くなります。**
また，この振動数は波の間隔，すなわち「波長」と密接な関係があります。波長とは，波の山（谷）から次の山（谷）までの長さのことです。波の振動数（f），波長（λ），速さ（v）には$v = f\lambda$という関係があるのです。

ポイント

波長
音の波の山と山の間隔。

振動数（周波数）
音の波が1秒間に振動する回数。単位はHz（ヘルツ）。振動数が大きいほど音は高くなる。

波の速さ（v）＝振動数（f）×波長（λ）

この式から何がわかるのでしょうか？

たとえば音が空気中を進む速度（v）はほぼ一定です。先ほどの関係式を変形すると$f = \frac{v}{\lambda}$ですから，波長（λ）が小さい音波ほど，振動数（f）が大きくなり，高く聞こえることがわかります。逆に波長（λ）が大きい音波ほど，振動数（f）は小さくなり低く聞こえます。

波長と振動数の大きさは反対の関係なんですね。

さて，ドップラー効果の場合，救急車のサイレンの音を計測すると，「ピー」が960Hz，「ポー」が770Hzになります。
まず，救急車が音を発しながら前進すると，救急車の前方では音の波がちぢまり，波長が短くなります。波長が短くなると，次から次へと音の波がやってくることになり，振動数が大きくなります。
そのため，**音源が接近しているときは，本来の音よりも振動数が大きくなり，高い音に聞こえるのです。これがドップラー効果です。**
反対に，遠ざかるときは逆の現象がおき，今度は音の波長がのびて，振動数が小さくなって観測者に届くんです。

なるほど～！

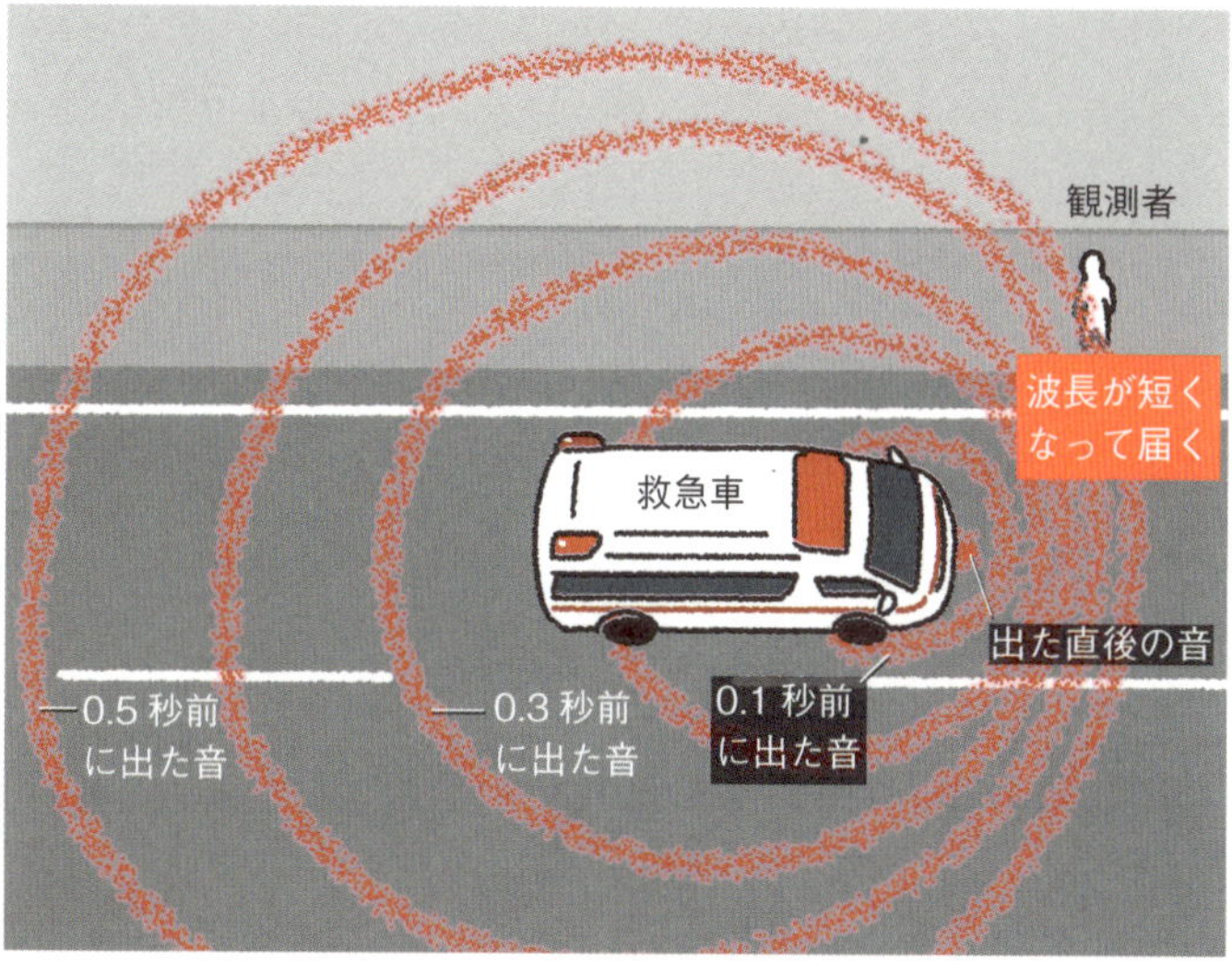
観測者
波長が短く
なって届く
救急車
出た直後の音
0.1 秒前
に出た音
0.3 秒前
に出た音
0.5 秒前
に出た音

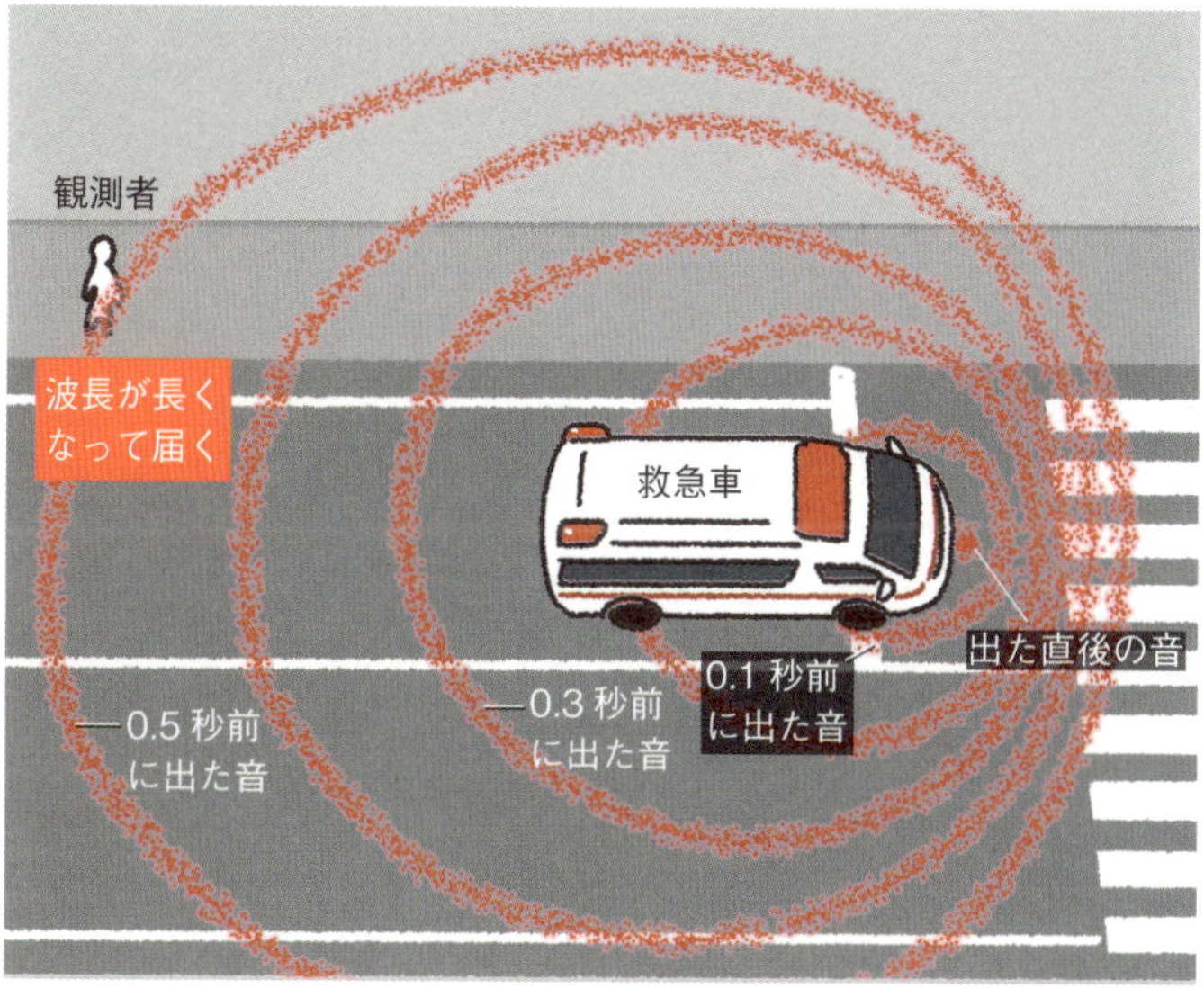
観測者
波長が長く
なって届く
救急車
出た直後の音
0.1 秒前
に出た音
0.3 秒前
に出た音
0.5 秒前
に出た音

音は壁を回り込める

波が引きおこす現象をもう一つ紹介しましょう。

波は障害物があってもまわり込むという性質をもっているんです。これを**回折**といいます。

たとえば，姿は見えないのに，壁の向こうから声が聞こえたりするでしょう？


確かに！

回折は基本的に，波の波長が長いほどおきやすい現象です。たとえば人の声の波長は1メートル前後と比較的長いので，壁や建物をまわり込みやすいんです。

波長が長いと回り込めるわけですね。
光は回折するんですか？

可視光線の波長は**0.0004～0.0008ミリメートル程度**です。
このように，光の波長は非常に短いので，日常生活ではほとんど回折はおこりません。
光は直進性が高くてまわり込みにくいことは，日陰ができることからもわかりますよね。
もし光が回折しやすければ，建物の裏にも太陽の光がまわり込むことになります。

なるほど……。光が回り込んだら大変だ。

より正確にいえば，「回折のしやすさは，すき間や障害物の大きさが，波長に対してどの程度大きいかで決まる」といえます。
というのは，回折は，波長とすき間の大きさが同程度，または波長のほうが大きいときにおきやすいからです。
だから，波長が短い光でも，その波長に応じたごく小さなすき間を通してやれば，大きく回折することになります。

鏡に顔が映るのは，反射のおかげ

次は，反射と屈折という現象についてお話ししましょう。

一般に波は，物質の境界面で，一部は「反射」し，残りは「屈折」をおこして進むという性質があります。

鏡を例に，まずは反射から説明しましょう。

鏡は，ガラス板にメッキされた金属を貼ったものです。金属面は光を反射し，また，なめらかで凹凸がないように加工されているので，光は一方向にだけ反射します。この反射を鏡反射といいます。この鏡反射のおかげで，鏡に像が映るのです。

また，鏡には赤い物は赤く，青い物は青く映ります。これは，鏡がどんな色の光でも反射することを意味しています。

だから，鏡の前に立てば，自分の顔をカラーで映すことができるんですね。

毎日何も考えずに鏡を見ていましたが，そうなんですね。

そうです。では鏡の前に立って，もう少し深く考えてみましょう。鏡に自分の顔を映すとき，まず照明からの光があなたの顔の各部で反射し，その光が鏡に当たり，それが反射して目の中に飛び込んできています。つまり，私たちは自分の顔で反射された光を見ているわけです。次のイラストを見てください。

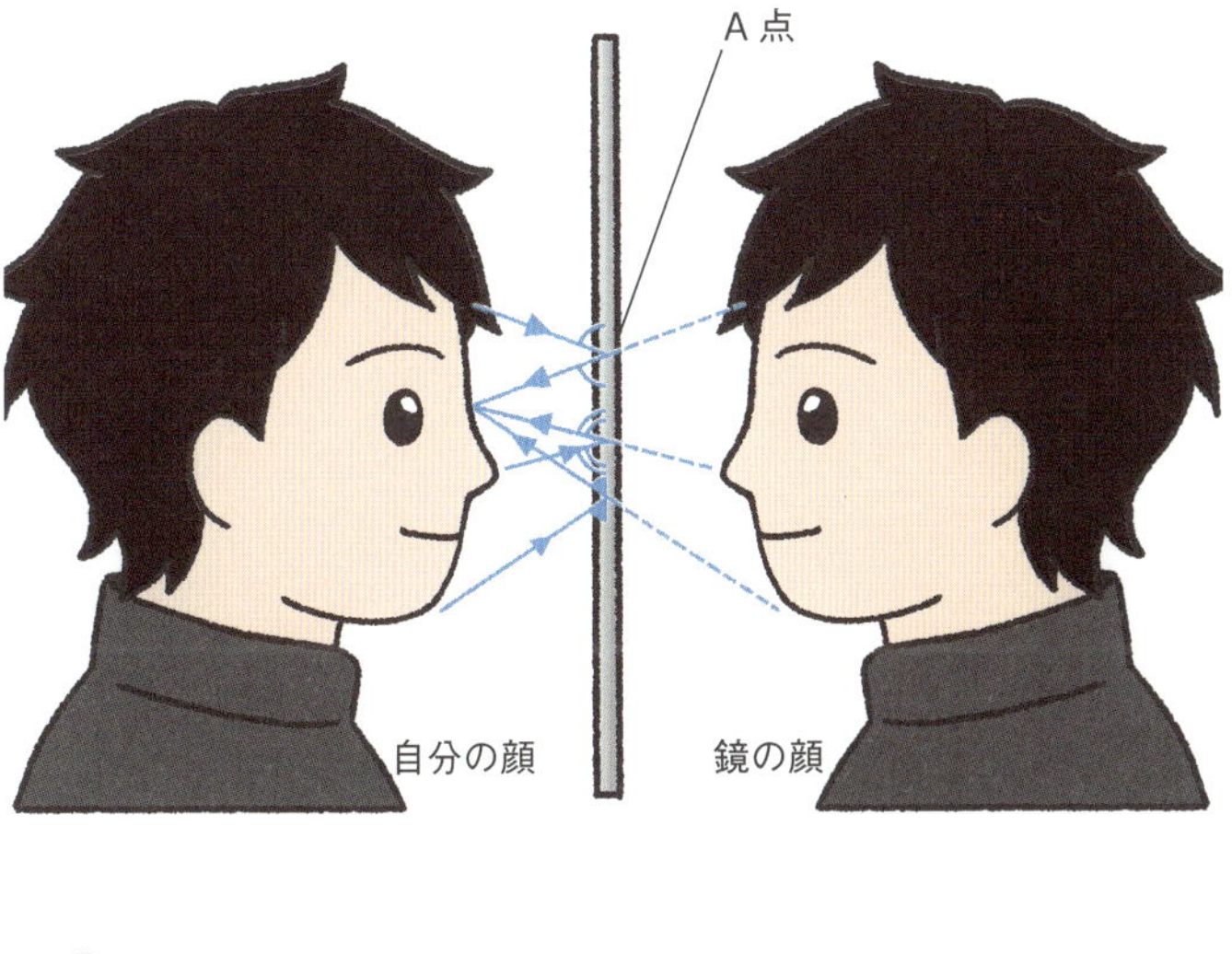

私たちの視覚は「光は直進するはず」と認識します。ですから，たとえば額から出て目に入った光は，目とA点を結んだ延長線上から来た，と普通は認識されます。

顔のあらゆる場所からの光で同じことがいえるので，鏡面と対称な位置に自分の顔があるように見えるのです。

鏡ってそういうしくみなんですね。

そうです。一方，金属の表面に凹凸があると，光は四方八方に反射します。これを**乱反射**といいます。
でこぼこの鏡に顔を映すと，光はあちこちに反射し，多方面から目に届くことになります。そのため，鏡面と対称な位置に自分の顔があるようにに見えないのです。

なるほど。

それから，反射は，私たちの目に見える物体の色にも関係しています。**物体ごとに色がついて見えるのは，物体によって反射する光と吸収する光の色がことなるからです。**
たとえば，赤い色の物体は，赤い色の光を乱反射し，ほかの色の光を吸収しています。乱反射された赤い光が目に届くため，その物体は赤色に見えるわけです。

色って，反射なんですね。

光の進路は空気中と水中で変わる

続いて，屈折について説明しましょう。

光は，空気中からガラスや水などの透明な物質中に進入したり，物質中から空気中に出ていくとき，進路が曲がります。この現象が「屈折」です。

光が空気中から水中に進入する場合を見てみましょう。

次のイラストを見てください。

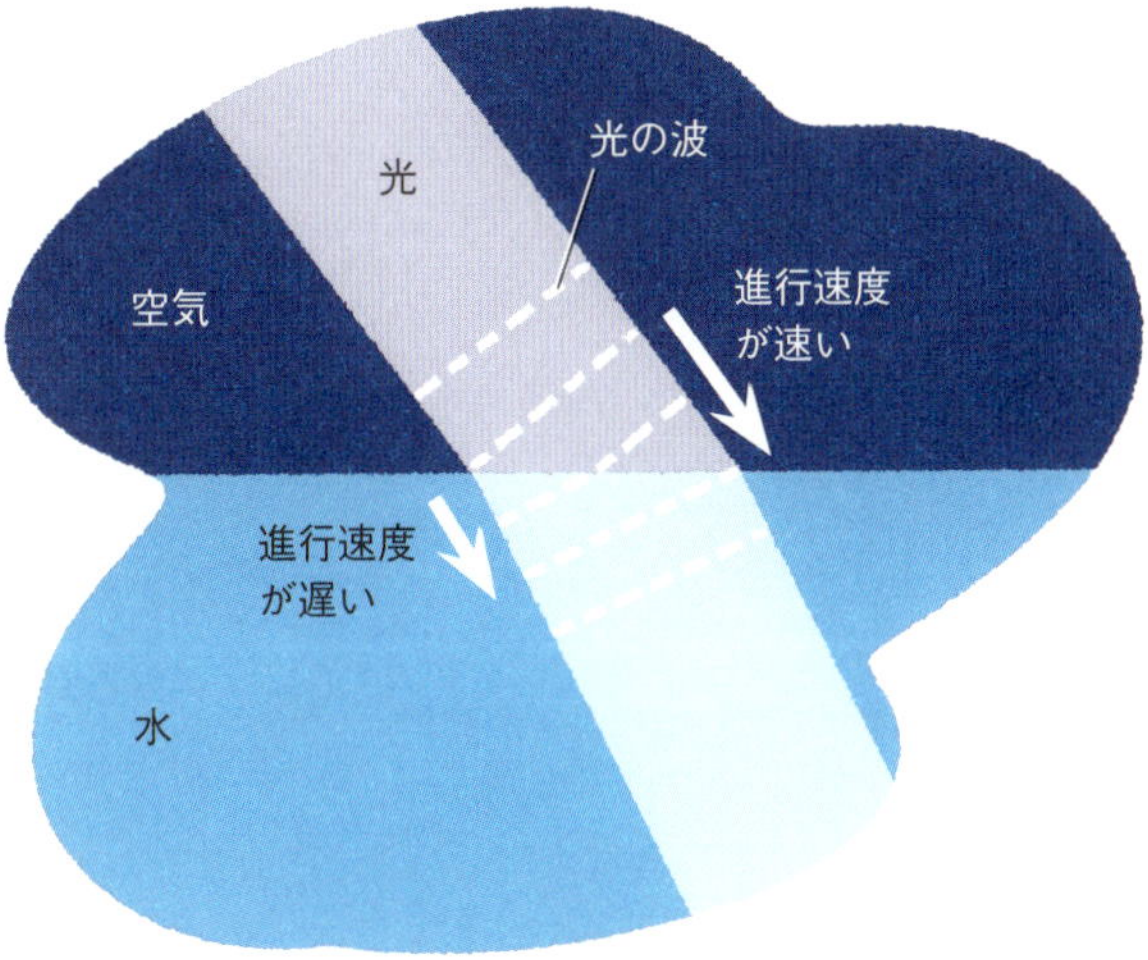

光は，空気中よりも水中の方が進行速度が遅くなります。そのため，光が水中に斜めの角度から進入すると，光の波は，水中に進入した部分から先に速度が落ちます。

つまり，先に水中に進入した部分と，後から進入する部分（光の右側）とでは，左右で速度差が生じるわけです。その結果，光の進路が曲がるんです。
屈折の角度は，物質間の速度差によって決まり，速度差が大きいほど屈折は大きくなります。

不思議だなあ……。

屈折を利用すれば，面白い実験ができますよ。たとえば，コップの中に500円玉を入れて水を注ぐと，500円玉は本来の位置より少し浮き上がって見えます。

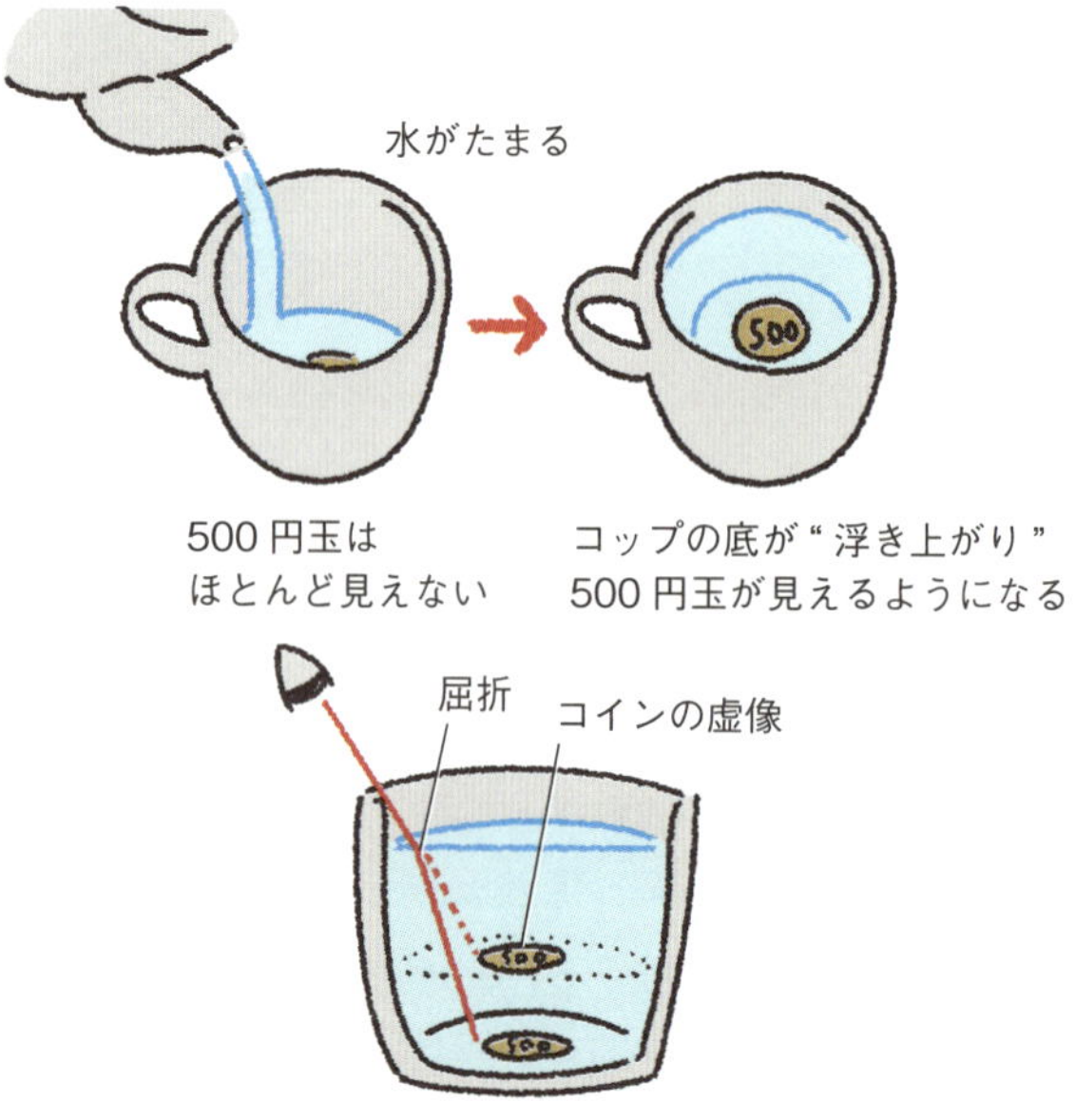
水がたまる
500
500円玉は
ほとんど見えない
コップの底が“浮き上がり”
500円玉が見えるようになる
屈折
コインの虚像
500
500

光の進路は屈折により曲がりますが，私たちの視覚は，光は直進してきたはずと認識します。そのため，本来の500円玉の位置より高い場所から光が出ている，と錯覚するわけです。

実際に500円玉の位置が変わったわけではないのに，光が曲がるせいで目が錯覚をおこすわけですか。

そうなんです。また，屈折を使うと，太陽の光をいろんな色に分解することができるんですよ。先ほどお話ししたように，私たちは，光の波長のちがいを色のちがいとして認識しています。波長が長い光を赤色，短い光を紫色や青色として認識するんですね。
その中で，太陽光は**白色光**とよばれています。しかし，実は白色光は，赤や黄色，緑，オレンジなど，さまざまな波長の光がまざり合った結果，白色に見えているんです。
これが，ニュートンが発見した**光の理論**（14ページ）です。
ですから，太陽光をガラスの**プリズム**に通すと，屈折によって虹のように七色に分けることができるんです。

いったいなぜプリズムに通すと，太陽光を分けることができるんですか？

光がガラスのプリズムの中に入ると，その速度は秒速20万キロメートル，空気中の約65%程度にまで遅くなります。
また，ガラスの中では，光の波長によって進行速度がわずかにことなり，波長が短い光ほど遅くなります。
そのため，光の波長（色）によってガラスに入ったときの「屈折」の角度がことなります。その結果，白色の太陽光が虹のように七色に分かれるというわけです。

なるほど～！

【光の速度】

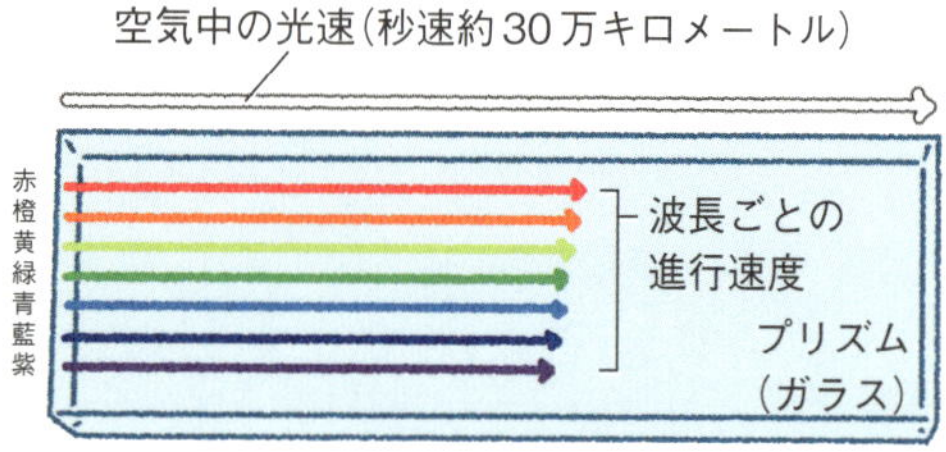

【太陽光を七色にわける】

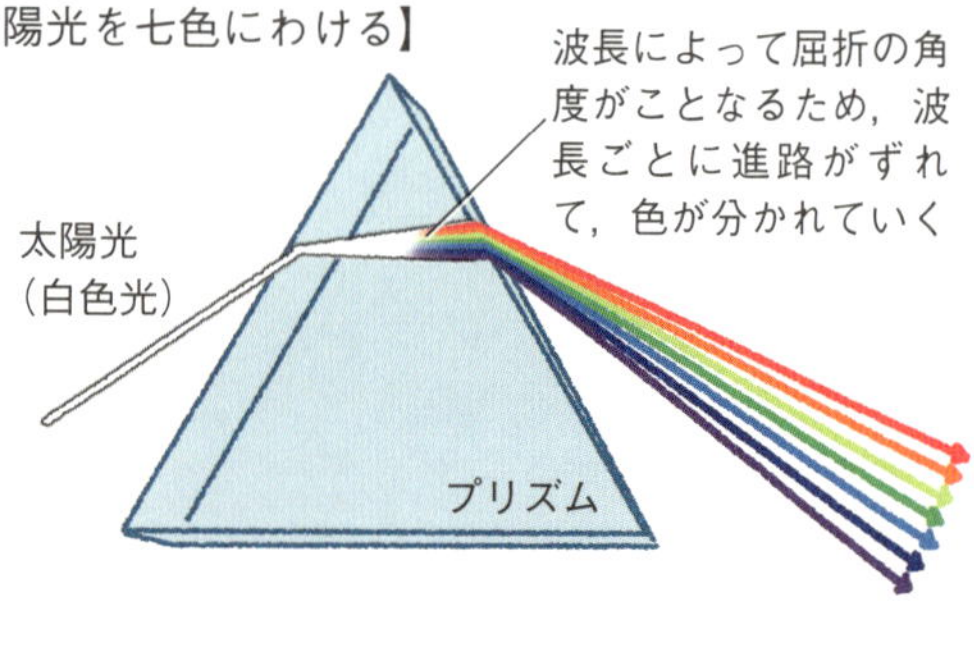

シャボン玉がカラフルなのは光を強め合うから

無色透明なシャボン玉に虹のような模様が見える現象にも，光が波であることが関係しています。

シャボン玉ってきれいですよねえ。どうして虹色に見えるんだろう？

ご説明しましょう！
次のイラストを見てください。シャボン玉に光が当たると，一部の光はシャボン玉の薄い膜の表面で反射しますが，一部は膜の中に入ります。さらに膜の中に進んだ光の一部は，膜の底面で反射し，ふたたび膜の表面から出ていきます。

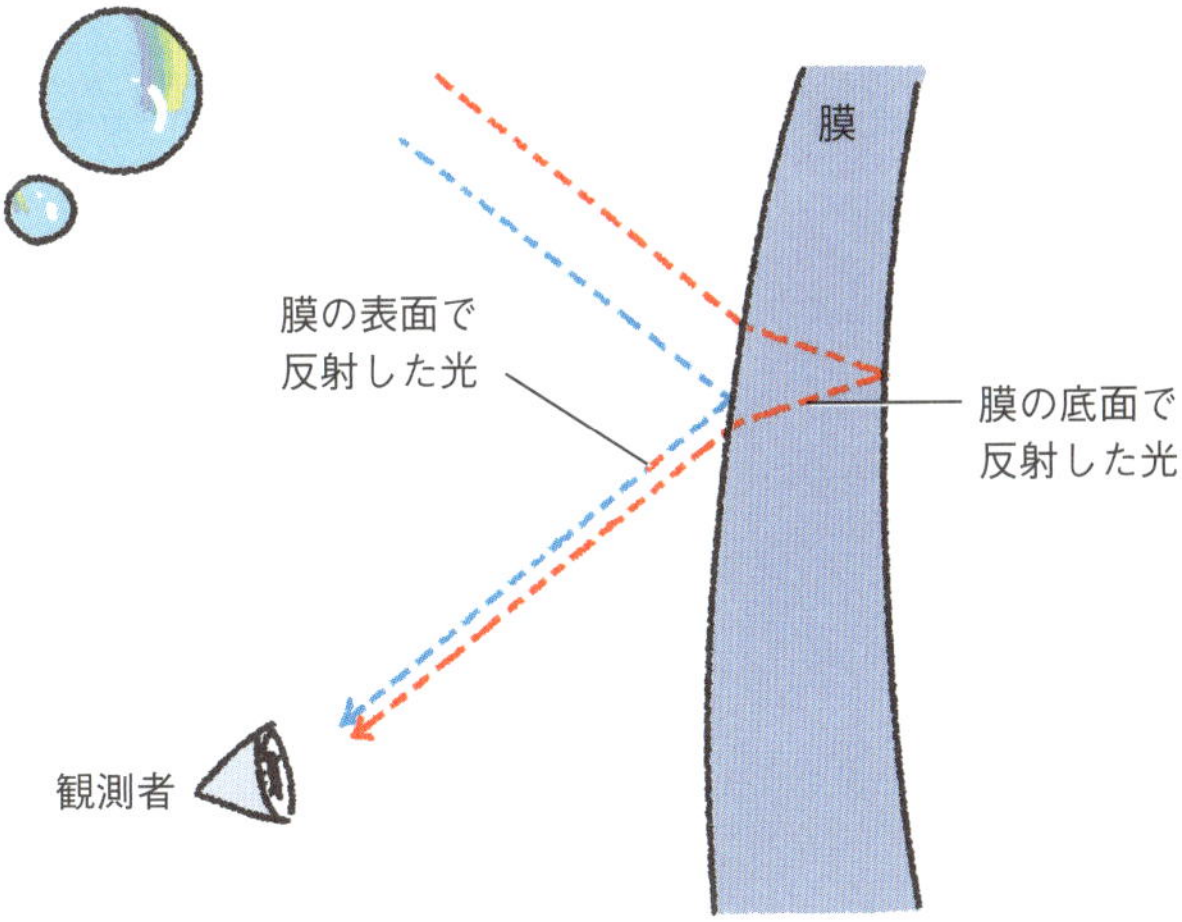

表面で反射する光と，底面に反射して出て行く光に分かれるんですね。

そうなんです。そのため，私たちの目には，「膜の表面で反射した光」と「膜の奥まで進んで底面で反射した光」が，膜の表面で合流してから届いていることになります。

なるほど。

膜の表面で合流した二つの光は，元は同じ太陽光です。ところが，膜の底面で反射した光は，膜を往復した分だけ，表面で反射した光よりもわずかに長い距離を進んでいることになります。そのため，両者の間で波の山や谷の位置がずれるんです。その結果，**合流した二つの光の波は，山どうしが重なって強め合ったり，山と谷が重なって弱め合ったりするんです。**
これを光の干渉といいます。そして，反射する光のうち，干渉によって強め合った色の光だけがとくに明るく見えるんです。
シャボン玉表面の場所や見る角度によって，干渉で強め合ったり弱め合ったりする波長（光の色）は少しずつ変化します。そのため，シャボン玉は虹色に見えるのです。

へえぇ～！　はじめて知りました。

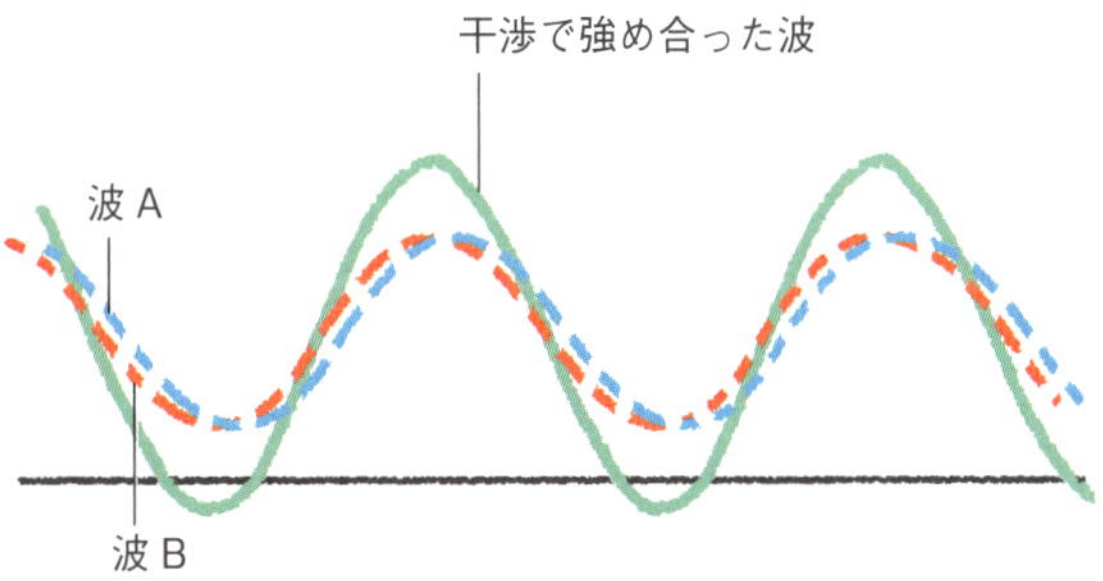

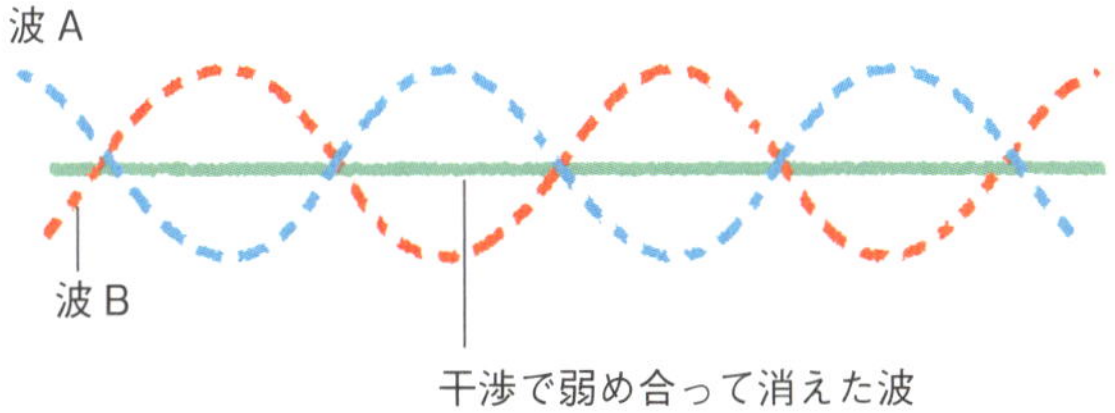

● ポイント

干渉

二つの光の波が重なって，強め合ったり，弱め合ったりする現象。

また，干渉は音でもおきます。

たとえば野外のコンサート会場で，ステージの左右に置かれた二つのスピーカーから同じ音を出す場合，干渉によって，会場内で波が強め合って音量が大きく聞こえる場所と，逆に弱め合って小さく聞こえる場所が生じたりします。

空が青いのはなぜ?

色について，もう少しお話を続けましょう。
今日もとてもよいお天気ですね。雲一つない青空が広がっています。さて，空はなぜ青いのでしょうか？

ええと，なぜでしょう……？

空が青く見えるのは，**散乱**という現象のおかげなんです。
大気は透明ですが，大気中には空気の分子のほか，ちりや砂塵，水滴などの細かい粒子が含まれています。
光は，不規則に分布するこれらの微小な粒子にぶつかることで，四方八方に飛び散ります。この現象を散乱というのです。

「散乱」が，なぜ空を青く見せるのでしょう？

空気の分子による散乱は，光の波長が短いほどおきやすいことが知られています。
ちりや砂塵，水滴といった粒子は，地表に近づくにつれて増えていくので，太陽光が大気圏に届くと，まず空気の分子にぶつかります。

したがって，光の波長が短い紫色や青色の光が散乱し，空全体から青色や紫色の光が目に届くことになります。
さらに，私たちの目は紫色よりも青色の光への感度が高い性質があります。そのために，空は青く見えるというわけです。

なるほど～。ところで，夕方には空が赤く染まりますよね。これはどういうわけですか？

夕焼けも散乱で説明できます。太陽は，昼間は頭上にありますが，夕方になると，地平線近くまで沈みますよね。すると，太陽光が大気の中を進む距離が，昼間にくらべてとても長くなります。そのため，**青や紫色などの波長の短い光は，太陽光が大気圏に入ってから比較的早く散乱してしまい，私たちの目に届く前に失われてしまいます。**一方，太陽の光に含まれる赤色やオレンジ色などの波長の長い光は，長い距離を進むうちに散乱されます。つまり，私たちから比較的近い空で散乱されて，私たちの目に届くことになります。その結果，**夕方の西の空から私たちの目に届くのは，赤系の色の光ばかりになるというわけです。**

へえぇ～！　面白いですね。

昼間の青空

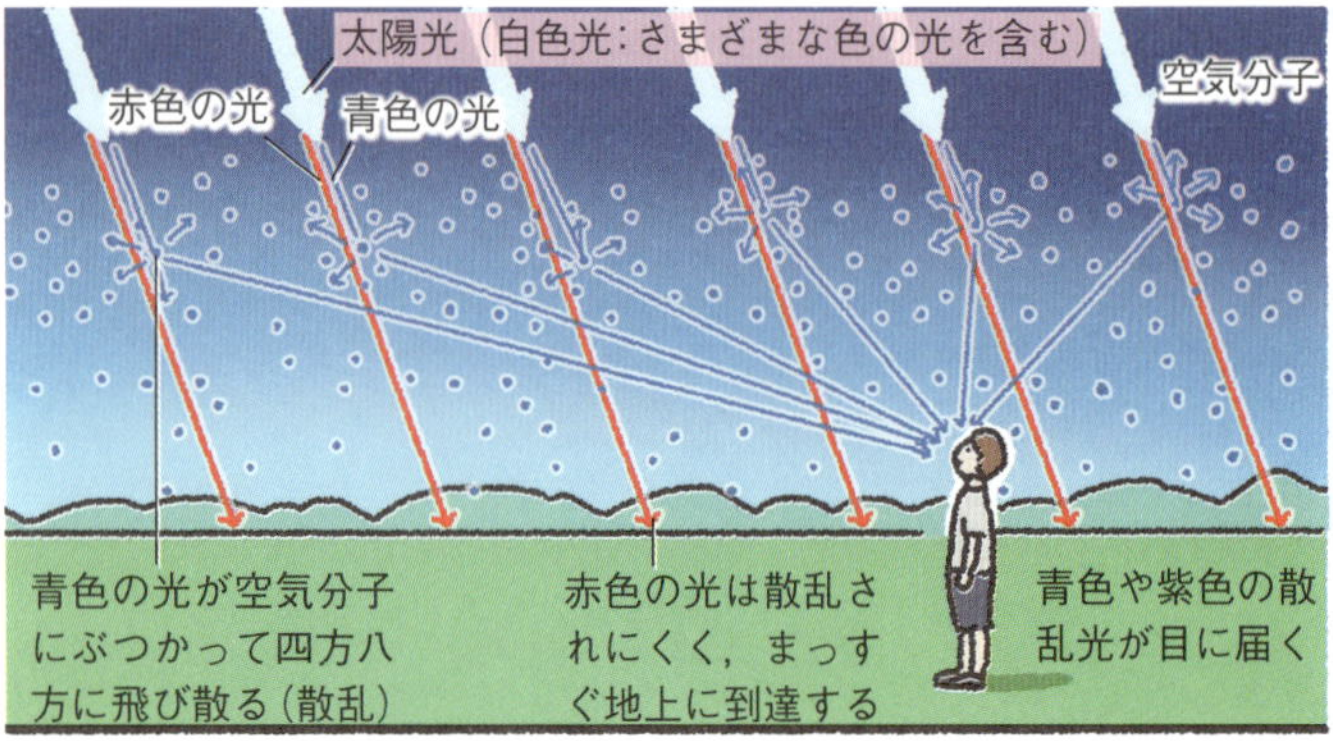

夕焼け

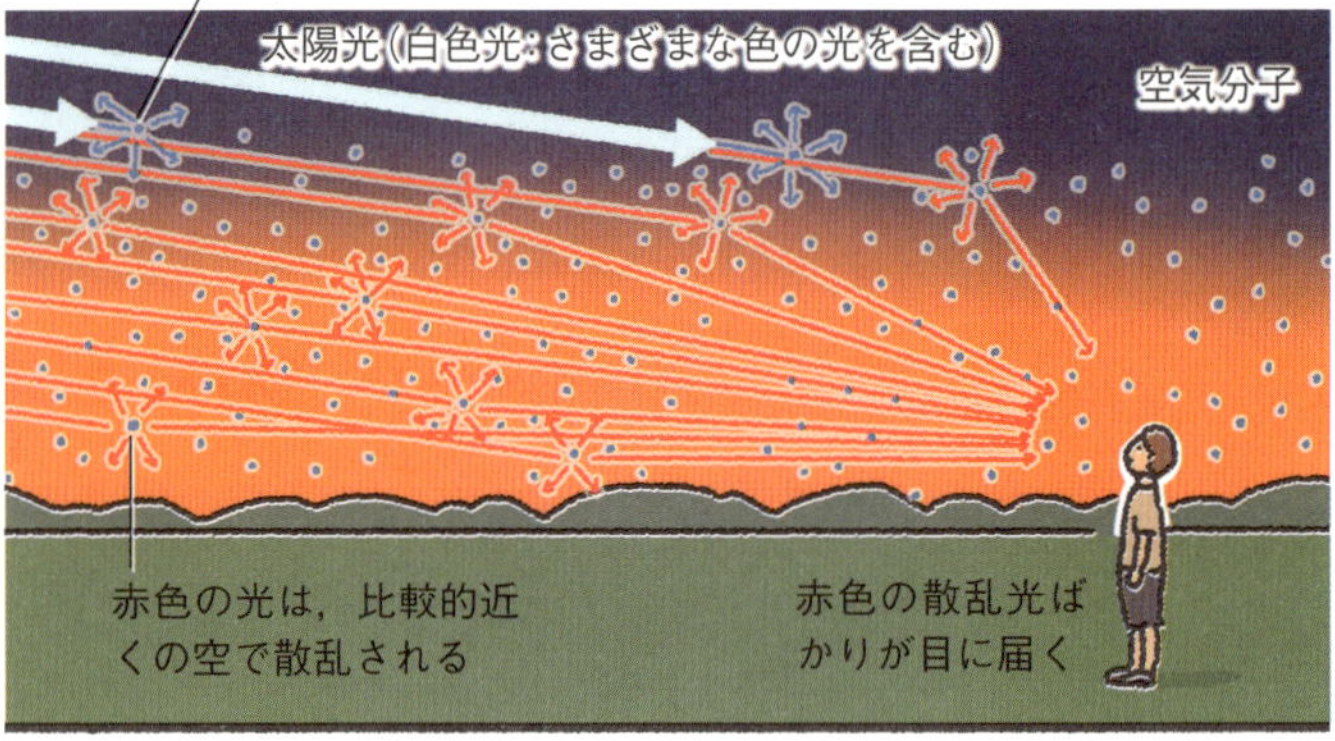

ポイント

散乱

光が空気中に不規則に分布する微小な粒子にぶつかり，四方八方に飛び散る現象。

5時間目

似たものどうしの「電気」と「磁気」

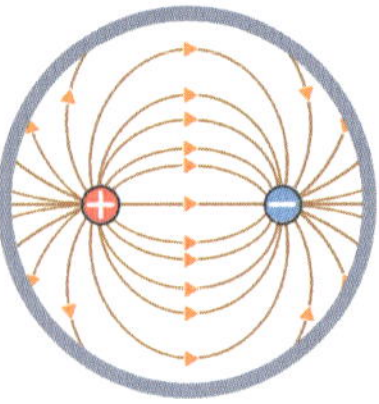

電気と磁気は双子のきょうだい

「電気」と「磁気」は，現代の私たちの生活に大いに活用されています。この二つは実はとてもよく似た性質をもっているのです。

「電気力」と「磁気力」は，はなれた場所に力をおよぼす

5時間目は，私たちの生活に欠かすことのできない**電気**と**磁気**について見ていきましょう。
現代の生活では，電気を利用する機器が欠かせません。こうしたさまざまな電気製品をつくることができるようになったのは，電気や磁気についての理解が進み，その性質を利用することができるようになったからです。

たしかに，電気なしの生活はありえないですね。

まず，電気と磁気についておおまかに説明しましょう。
たとえば，下敷きで頭をこすると髪の毛が逆立ちますよね。あれは，下敷きに**マイナス**の電気が，髪の毛には**プラス**の電気が発生して，お互いに引き合うからです。

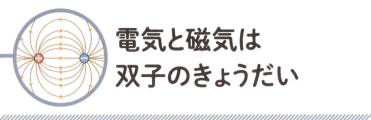

このような電気現象を引きおこすものを**電荷**といい，プラスの電荷とマイナスの電荷は引き合い，同じ電荷どうしは反発し合います。このように，電荷によって発生する力を**静電気力**といいます。
一方，磁石には，**S極**と**N極**がありますね。これを**磁極**といいます。
S極とN極は引き合い，同じ極どうしは反発し合います。このように，磁極によって発生する力を**磁気力**といいます。

ポイント

静電気力

プラス（正電荷）とマイナス（負電荷）の電荷によって発生する力。
プラスとマイナスの電荷は引き合い，プラスどうしやマイナスどうしは反発する。

磁気力

N極とS極の二つの磁極によって発生する力。
N極とS極は引き合い，N極どうしやS極どうしは反発する。

さて，静電気力も磁気力も，電荷どうしや磁極どうしの距離が近づくほど大きくなり，はなれるほど急激に弱くなり，**その大きさは「距離の2乗に反比例する」という法則があります。**

静電気力も磁気力も，その大きさが“距離”と関係しているんですね。何だか不思議です。

そうですよね。**電荷や磁荷は，そのまわりの空間の性質を変化させて，その空間の中にいる別の電荷や磁荷に作用する**と考えられています。このような空間の性質を**場**といいます。電荷のまわりに生じる場が**電場（電界）**，磁荷のまわりに生じる場が**磁場（磁界）**です（下のイラスト）。

電荷がつくる電場のイメージ

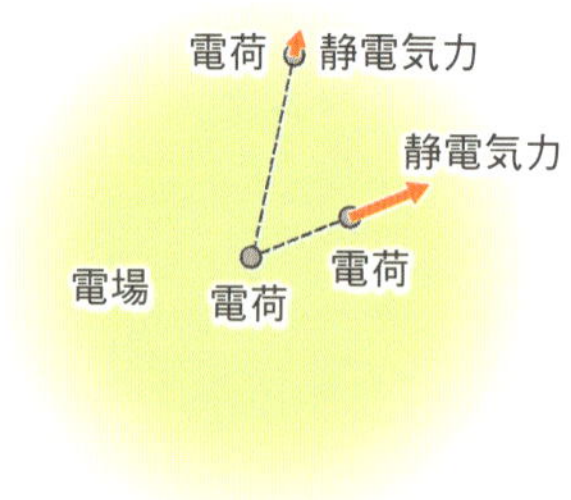

中央の電荷がつくる電場のみをえがいた。電場は，電荷から遠くなるほど弱くなる。そのため，中央の電荷の近くにある電荷ほど，大きな静電気力を受ける。

磁極がつくる磁場のイメージ

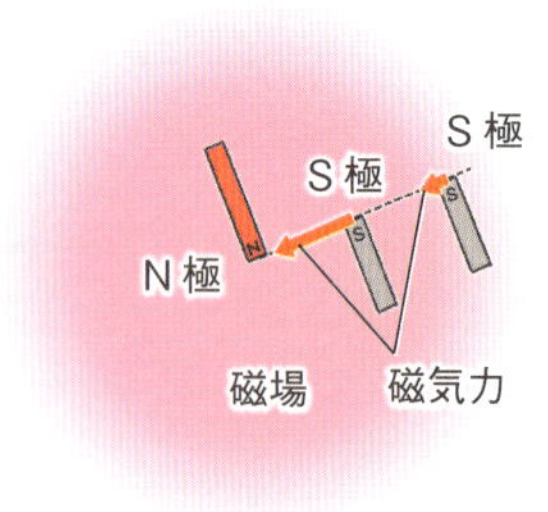

中央のＮ極がつくる磁場のみをえがいた。磁場は，磁極から遠くなるほど弱くなる。そのため，中央のＮ極の近くにあるＳ極ほど，大きな磁気力を受ける。

また，電場や磁場には“向き”があります。**電場（磁場）の向きは，電場（磁場）の中に正電荷（N極）を置いたとき，正電荷（N極）にはたらく力の向き**と定められています。

電場や磁場は目には見えませんが，その向きや大きさは，下のイラストのように電気力線や磁力線としてあらわすことができます。

力線の矢印の向きは電場や磁場の向きをあらわしています。また，線が混み合っているところほど電場や磁場が強いことになります。

電気力線

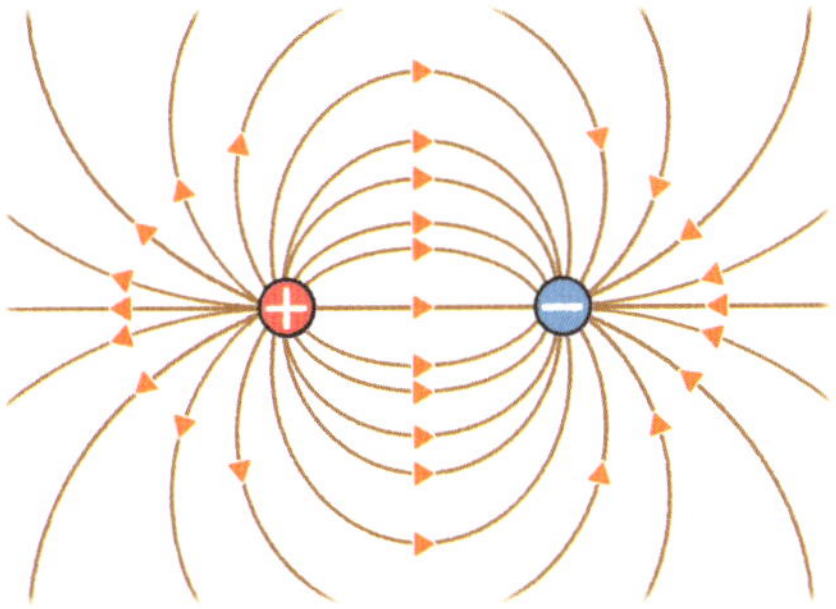

磁気力線

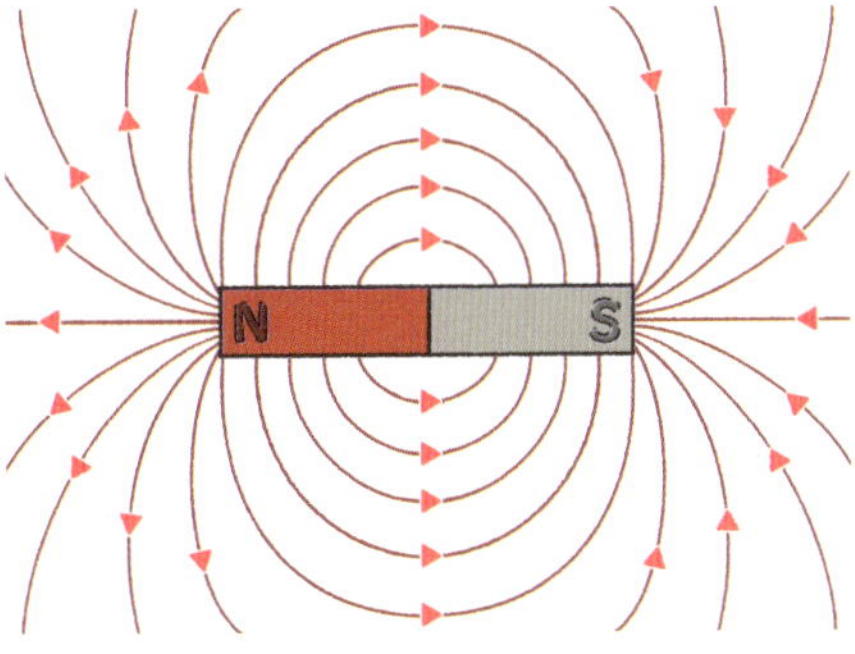

電流とは，電子の流れのこと

さて，電気力や磁気力がどんな力か，ぼんやりと輪郭が見えてきたでしょうか？
続いて，**電気**とはどういうものなのか，くわしくみていきましょう。

「電気」は身近なのに，どういうしくみではたらいているのかはあまり考えたことないかも……。

まず，**電気とは，導線などを流れる電流のことです。電流とは「電子の流れ」をいいます。**つまり，電気とは電子の流れのことなんですね。
電子とは，原子をかたちづくる部品の一つで，マイナスの電荷をもった粒子です。

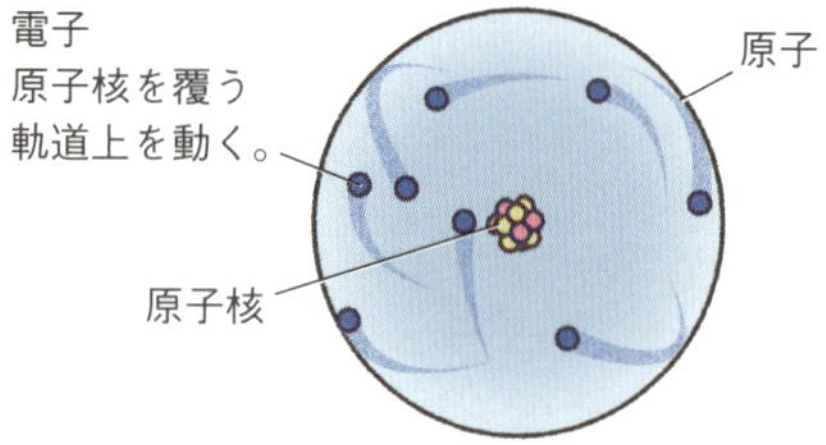

電子は，基本的に原子から離脱できませんが，金属などの物質に存在する電子は，原子から離脱することができ，それらの電子を**自由電子**といいます。

● memo

自由電子
原子核は，電子殻で覆われていて，電子は電子殻上を動いている。電子は電子殻から離脱することはできない。
しかし，金属に含まれる電子は，電子殻から離脱できる（自由電子）。

自由電子は，原子から離脱してことなる原子間を行き来することができるので，電気や熱を伝えることができるんですね。
導線を電池につなぐと，導線の自由電子が，マイナス極からプラス極へ向かっていっせいに移動します。これが電流の正体です。

なるほど〜！　電子はマイナスからプラスの向きに流れるのか。
あれ，でも理科の授業で，電流はプラス極からマイナス極に流れるって習ったような気が……。

実は，「電流の向き」と「電子が移動する向き」は逆なんですね。これは，かつて電流の正体が明らかになる前に，電流の向きを「プラスの電荷が移動する向き」と定めたからで，それがそのまま残っているのです。

さて，今はほとんどの人が，日常生活でスマートフォンを使っていると思います。スマートフォンを使っているとき，本体が熱くなった経験はありませんか？

あります！　動画を長い時間見ているとき，熱くなりやすい気がします。あれはなぜなんでしょう。

それは，電流のしわざなんです。
電子機器の中にある電子回路に電流が流れるとき，電子は導線をつくる金属の原子に衝突します。すると，電子の進行がさまたげられます。このときに金属の原子がゆれることで，熱が発生するのです。つまり，電子の運動エネルギーが金属原子の振動，すなわち熱エネルギーに変換されるのです。このようにして発生する熱を**ジュール熱**といいます。

あれはジュール熱っていうのか。

また，電子が金属の原子に衝突すると，そのぶん電子の流れがさまたげられ，電流が流れにくくなります。この**「電流の流れにくさ」**のことを**抵抗**といいます。

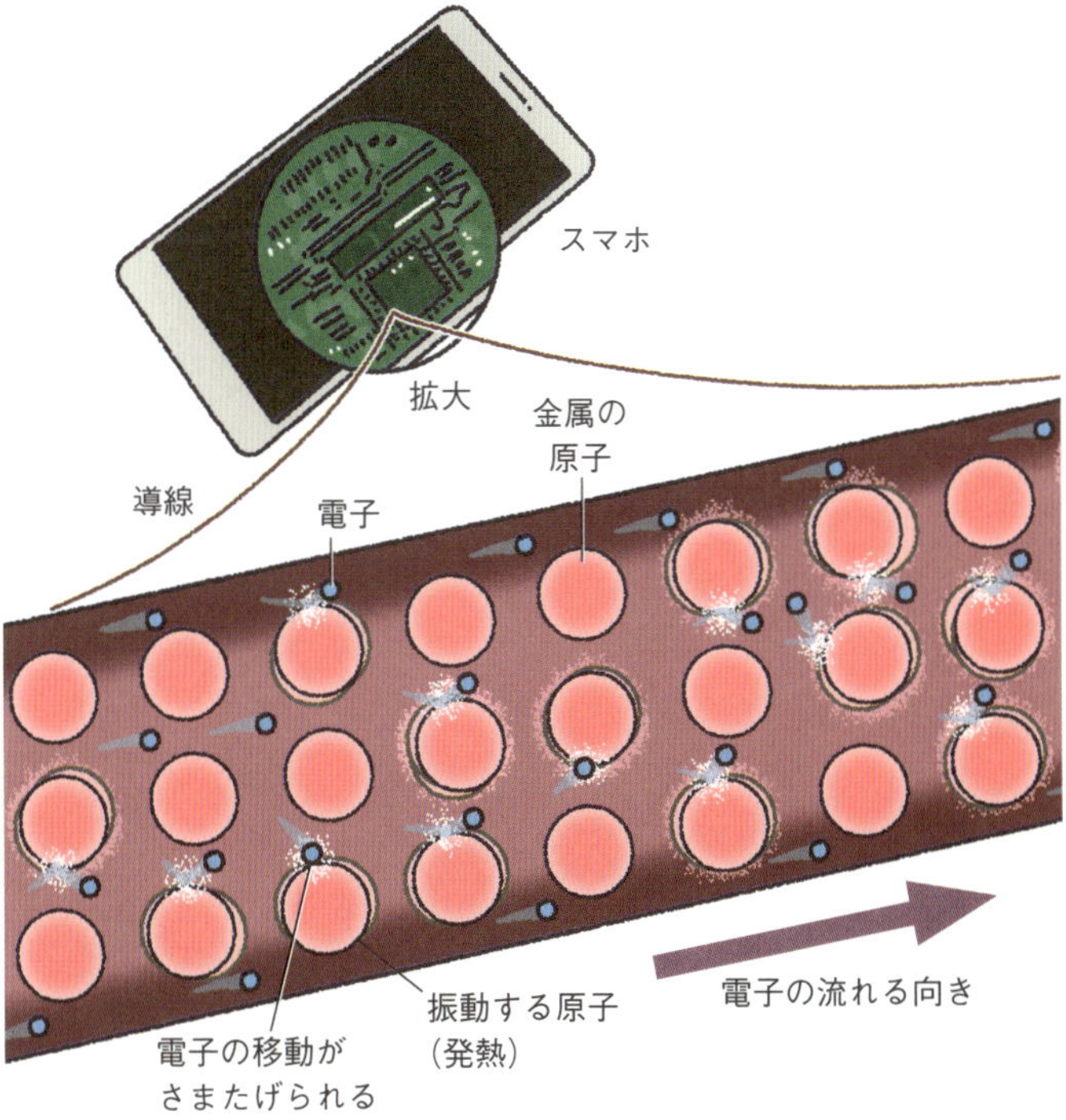

抵抗の大きさは物質によってことなります。抵抗が大きい（電子が金属の原子によくぶつかる）ほど多くの熱が発生することになり，また，金属の原子は温度が高くなるにつれ振動もはげしくなり，電子がさらに衝突しやすくなります。つまり，抵抗が大きくなります。

いったん熱くなったら，どんどん熱くなり続けてしまうんですね。気をつけないと！

導線に電流を流すと，磁石が生まれる

私たちの生活に欠かせない電気は，どうやって生みだされているのでしょうか？　続いては，**発電**や**モーター**のしくみについてご紹介しましょう。
これらは，電気と磁気のはたらきを応用しているんですよ。

電気はわかりますが，磁気もなんですね。

そうです。実は，電気と磁気は密接な関係にあるのです。たとえば導線に電流を流すと，磁力が生まれます。これは**電磁石**といわれるもので，鉄の芯に導線をコイル状に巻きつけたものに電流を流すと，磁力を発揮するのです。

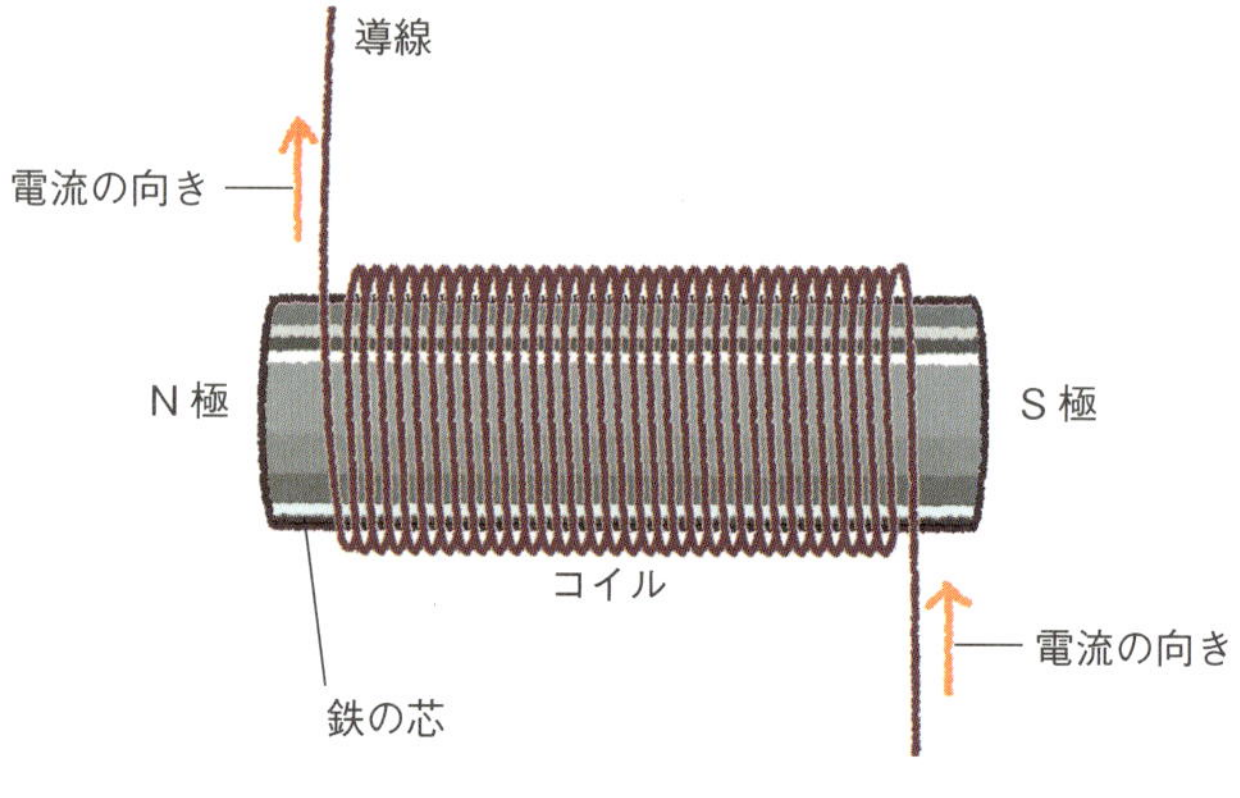

電磁石は，比較的簡単に強力な磁力を生みだすことができ，電流のON・OFFで磁力をコントロールしたり，逆向きの電流を流して磁極を反転したりできるといった利点があります。

そういえば小学校のとき，学校で作ったことがあります。

では，なぜコイルに電流を流すと磁石になるのか，そのしくみについて見ていきましょう。
実は，導線に電流を流すと，その導線を取り囲むように磁場が生じるのです。発生する磁場は電流の進行方向に対して右回りになり，これを**右ねじの法則**といいます。

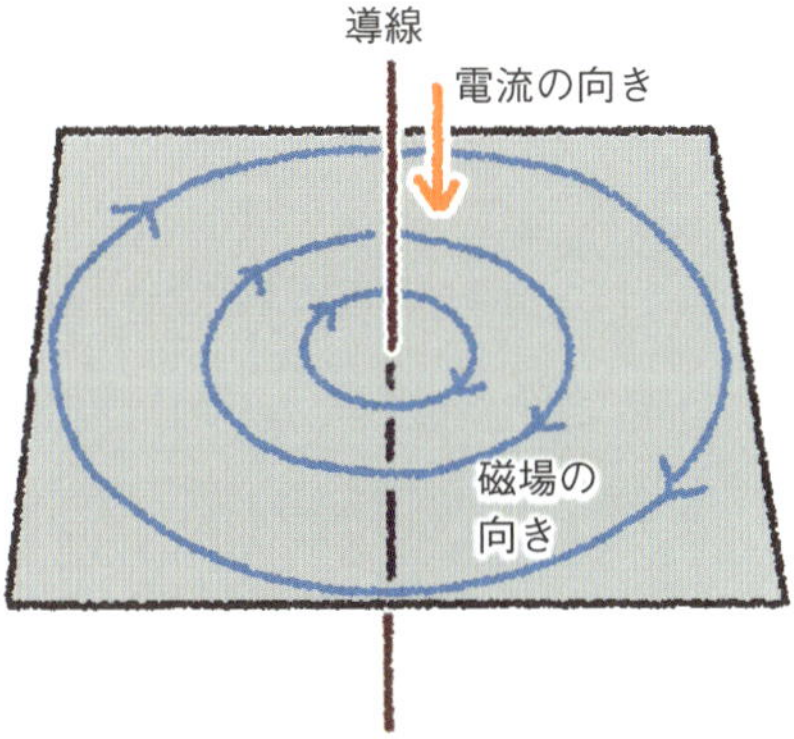

同じように，導線を輪にして電流を流すと，次のページのイラストのような形に磁場が発生します。

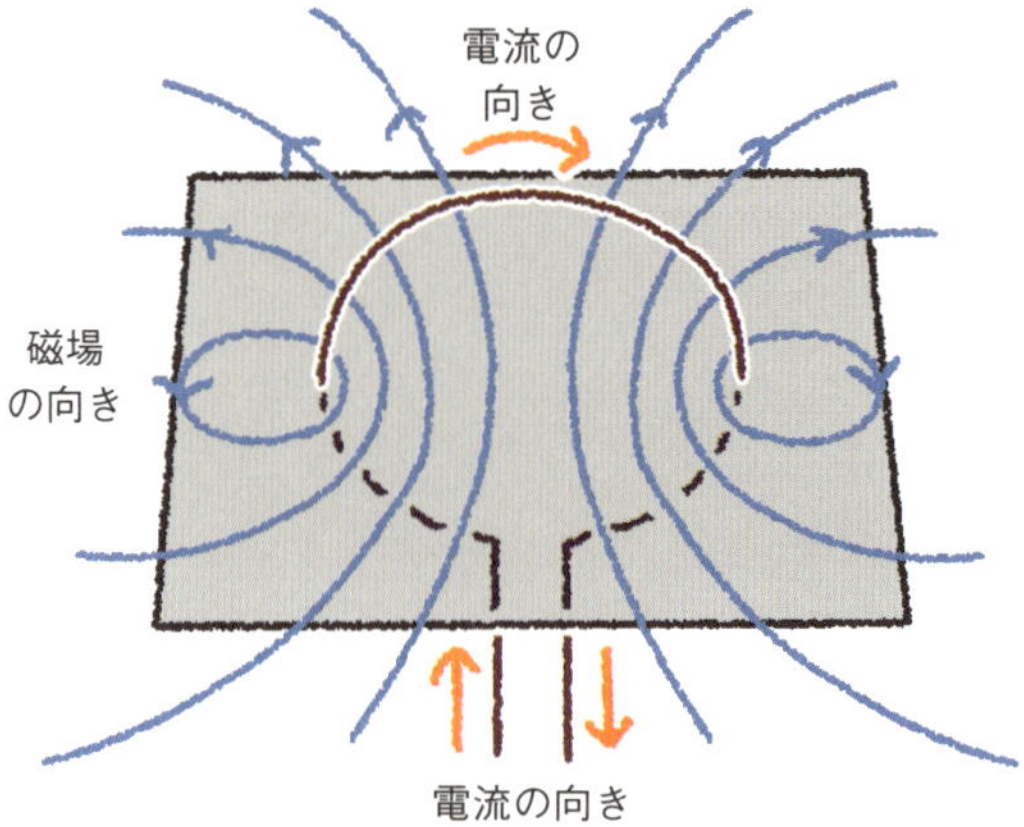

さらに導線を増やすと，次のような磁場が生じます。導線を巻きつける数を増やすほど磁場は強まります。これが電磁石のしくみです。

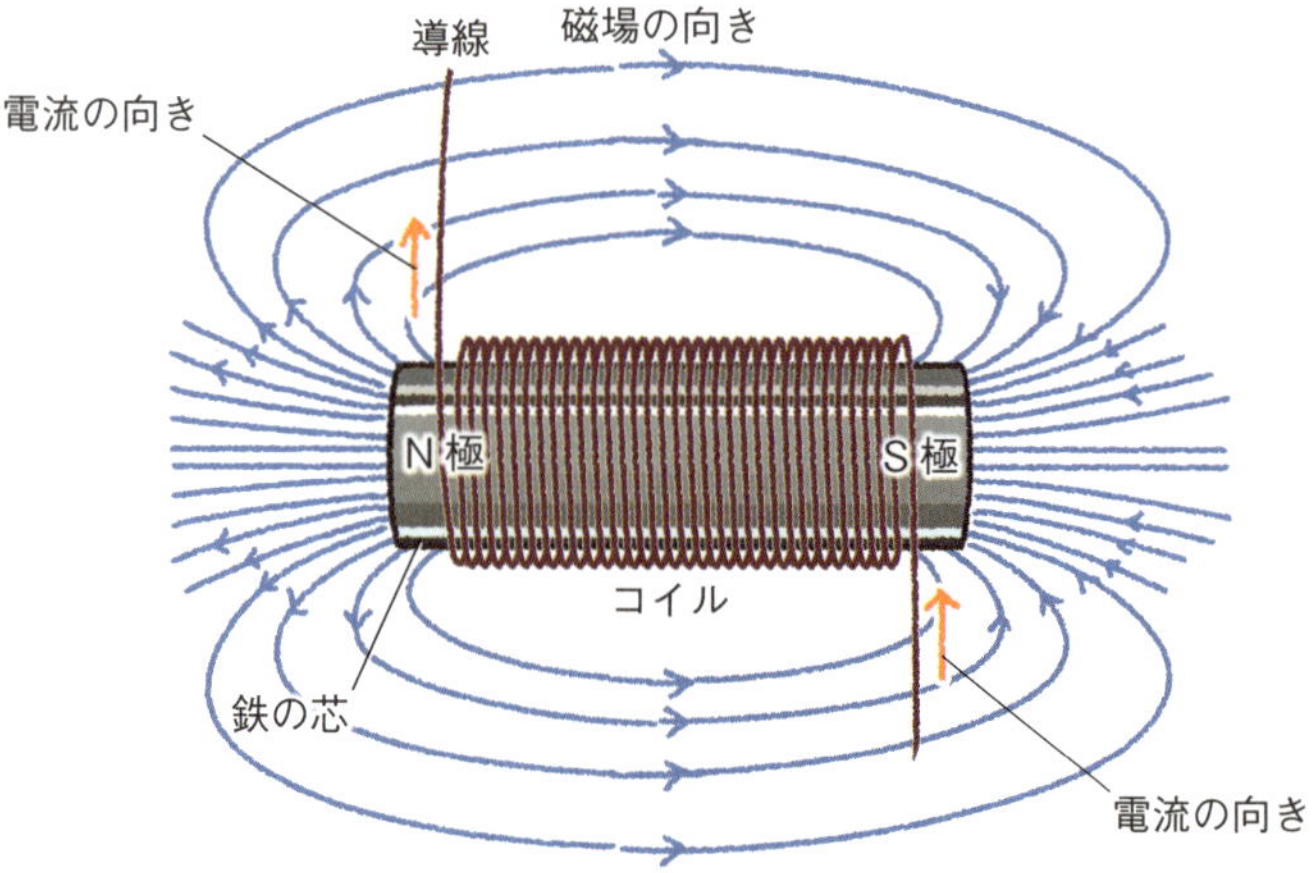

磁石を回転させると電気が生まれる

今お話ししたように，コイルに電流を流すと磁場が生じます。実は，その逆もおきるんじゃないかと考えた人物がいます。

それが，19世紀のイギリスの物理学者**マイケル・ファラデー**（1791～1867）です。

ファラデーは，「電流が磁気を生むのなら，その逆に，磁気から電流を生むこともできるのではないか」と考えました。

そして1831年，ファラデーは**電磁誘導**を発見したのです。

マイケル・ファラデー
（1791～1867）

でんじゆうどう……？

磁石をコイルに近づけたり遠ざけたりすると，コイルに電流が流れるんです。これが「電磁誘導」です。

◀ 電磁誘導では，**磁石を近づけるときと遠ざけるときで，コイルに流れる電流の向きは反対になります。**
さらに，**磁石を動かす速さが大きいほど，流れる電流（正確には電圧）は大きくなり，コイルの巻き数を増やすことでも，電流（電圧）は大きくなります。**
一般的に発電所では，この電磁誘導のしくみを使って発電をおこなっているんです。

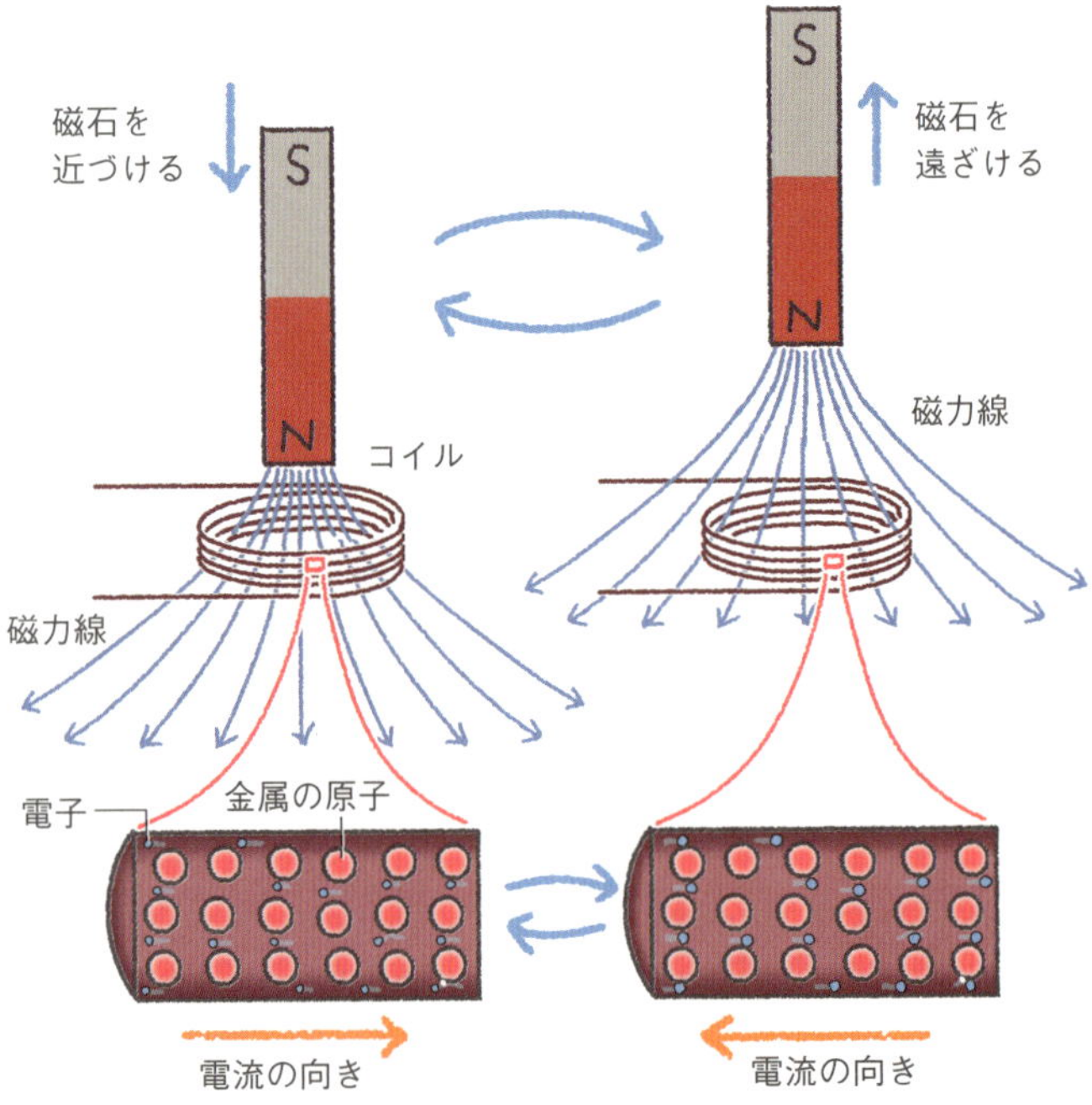

● ポイント

電磁誘導

磁石をコイルに近づけたり遠ざけたりすると，コイルに電流が流れる。

・磁石を近づけるときと遠ざけるときで，電流の向きは反転する。

・磁石を動かす速さが大きいほど，流れる電流（電圧）は大きくなる。

・コイルの巻き数が多いほど電流（電圧）は大きくなる。

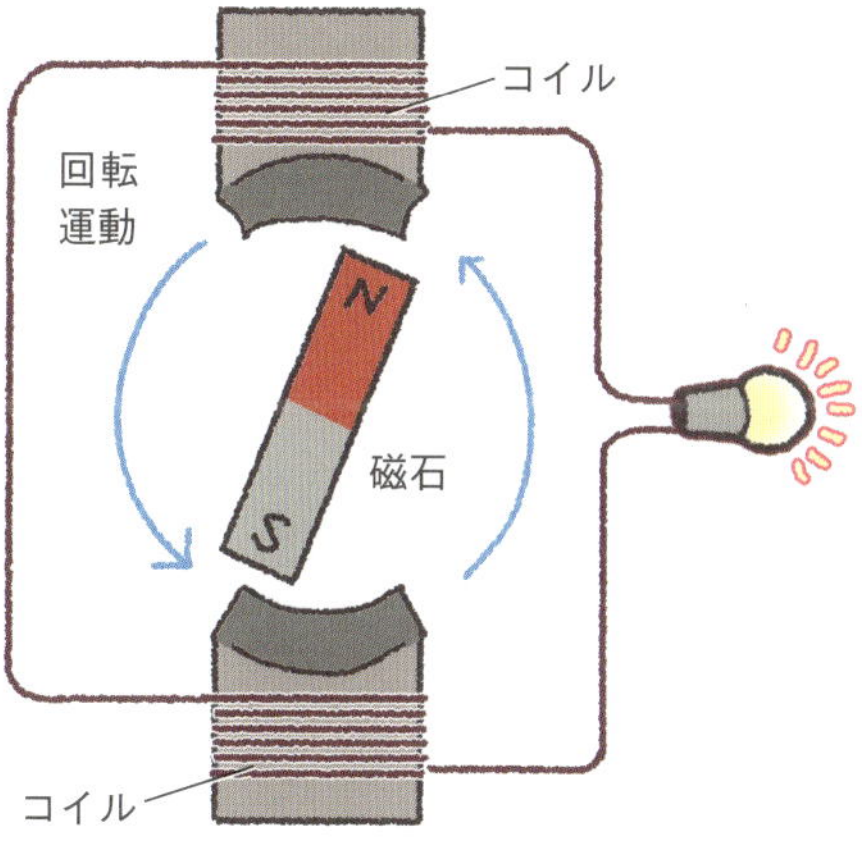

電力で運動を生みだす装置「モーター」

電磁誘導によって電気を生だすしくみをご紹介しました。続いて**モーター**についてご紹介しましょう。
モーターとは，電気を使って回転などの運動を生む装置のことをいいます。
モーターは，さまざまな製品に使われていて，生活に欠かせないものです。とくに自動車は，動力にガソリンを使用するガソリン車から，動力にモーターを使用する電気自動車へと移行が進んでいます。

そうですね。でも，モーターがどうやって動力を生むのか，イマイチよくわかっていません……。

モーターのしくみを理解するのに重要なのは，「磁石のそばにおいた導線に電流を流すと，導線に力がはたらき，導線が動く」という現象です。

そんな現象がおきるんですか!?

そうなんです。**磁場の中に置いた導線に電流を流すと，磁場の向きと電流の向きの両方に対して垂直の方向に力がはたらくんです。**

このとき，電流・磁場・力のそれぞれの向きは，**フレミングの左手の法則**を使うと簡単にわかります。

「フレミングの法則」は習った記憶があります！

そうでしょう。左手の中指，人さし指，親指を，それぞれが直角になるようにのばすんですね。
中指を電流の向きに，人さし指を磁場の向き（N極からS極へ向かう向き）に合わせたとき，親指がさす向きが導線にはたらく力の向きになるんです。

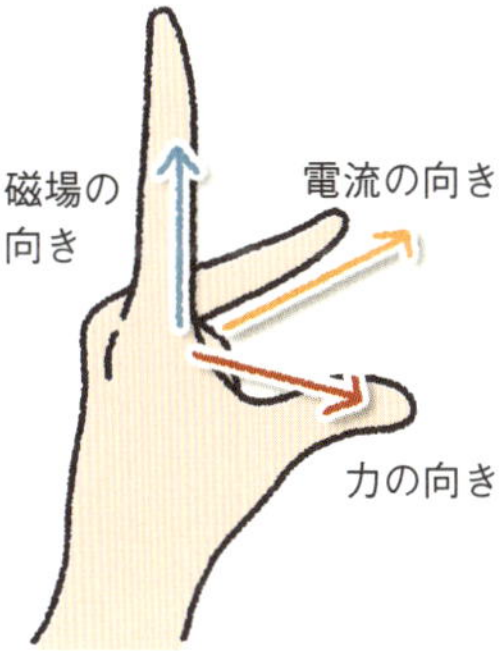

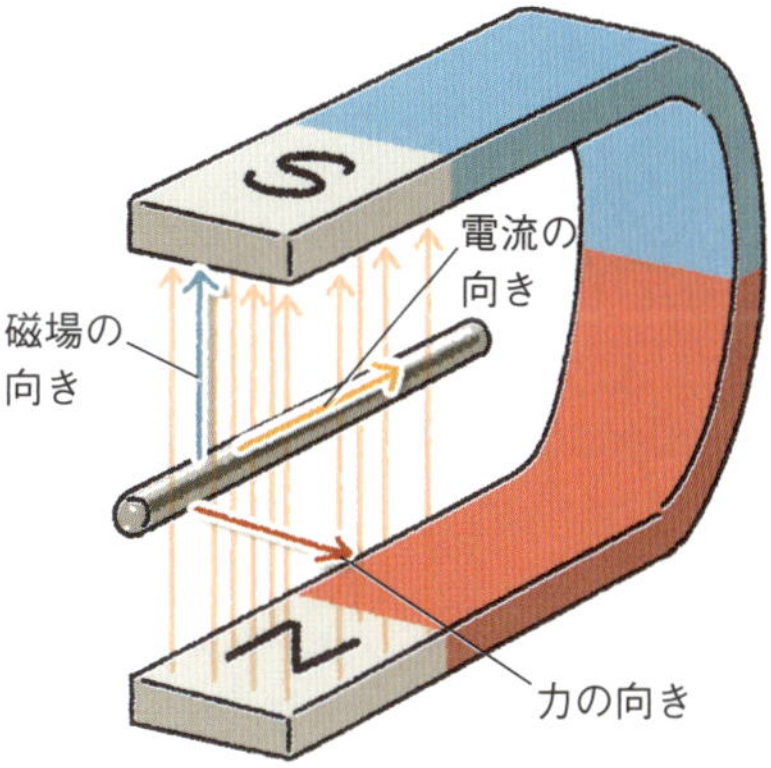

思いだしました。
でも，「磁石のそばにおいた導線に電流を流すと，導線に力がはたらき，導線が動く」って，どういうことですか？

実際に力がはたらくのは，導線中の電子に対してです。
電荷をもつ粒子が磁場の中を動くと，粒子は力を受けるんです。この力を**ローレンツ力**といいます。
電子一つ一つにはたらく力は微小ですが，たくさんの電子が集まって，結果的に導線が動くほどの大きな力となるんですね。

モーターは，ローレンツ力によって回転するというわけですか？

その通りです。次のページのイラストは，モーターのしくみをあらわしたものです。磁石の間，つまり磁場の中にコイルを置いた状態です。
ここに，プラス極からマイナス極へABCDの向きに電流を流します（イラスト1）。
ABとCDのそれぞれで，フレミングの左手の法則を使うと，ABには向かって右向きの力が，CDには左向きの力がはたらきます。その結果，コイルは反時計まわりに回転します。

なるほど。でも，このままでは，コイルが水平になったところで止まって，1回転できないような……？

その通り！　電流の向きは同じですから，コイルが反転すると力の向きが反対になり，コイルはまた180度回転して元に戻るだけですね。

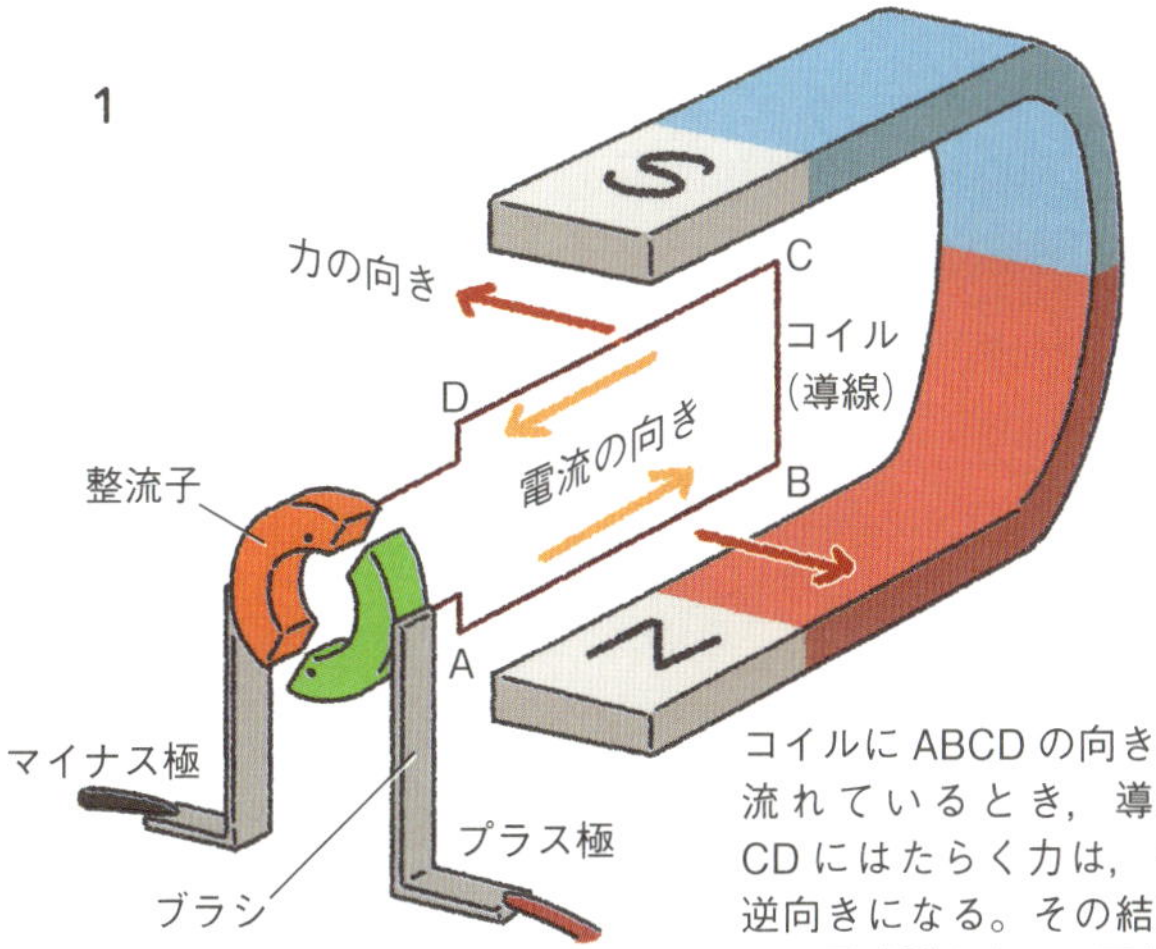

コイルにABCDの向きに電流が流れているとき，導線ABとCDにはたらく力は，それぞれ逆向きになる。その結果，コイルは反時計まわりに回転する。

そこで活躍するのが，コイルの根元にある**整流子**いう部品と，それぞれの電極に固定した**ブラシ**という部分です。
整流子は，切れ目の入った筒のような形をした装置で，ブラシは，電極に固定する部品です。ブラシが整流子に接触することで電気が流れます。

イラスト2を見てください。コイルが水平の位置にくると，ブラシの位置に，整流子の切れ目がきています。つまり，一瞬電流が途切れるんですね。しかし，コイル自体は，勢いのまま，ぐるんと回転します。
イラスト3を見てください。ブラシと整流子を見ると，また接触して，電気が流れています。しかし，コイル自体は回転しているので，電流の向きは，ABCDとは反対のDCBAの向きになります。
でも磁場の向きは変わりませんから，力の向きも同じです。

2

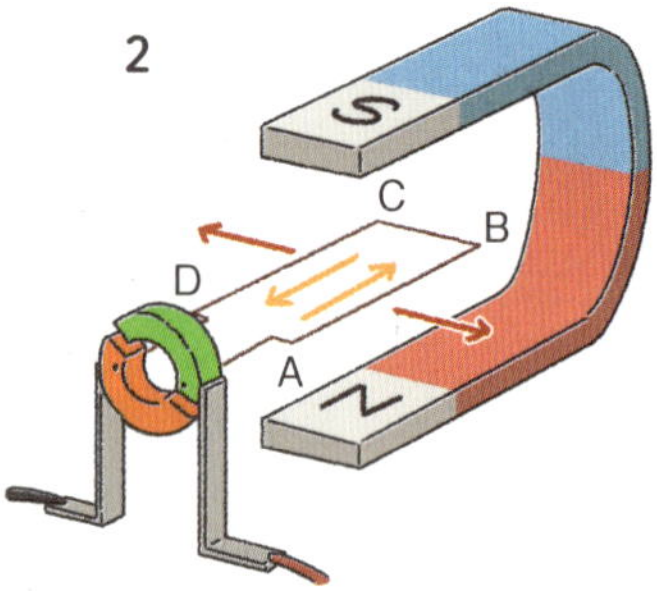

導線がイラスト1から約90°回転したところです。力は，コイルを回転させる方向にははたらきませんが，回転の勢いでそのまま回転をつづける。

3

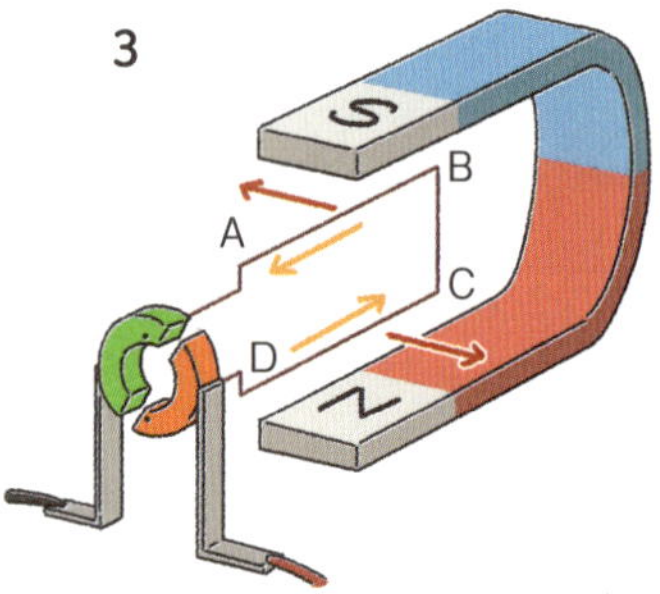

導線がイラスト1から90°をすぎると，整流子のはたらきで，電流がそれまでとは反対のDCBAの向きに流れる。その結果，コイルは同じ方向に回転をつづける。

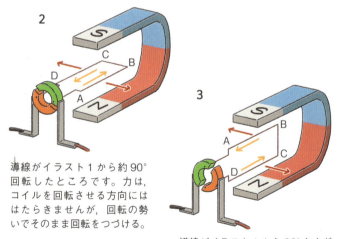

つまり，コイルの向きが半回転するたびに電流を途切れさせることで，同じ方向に力をかけ続けることができ，その結果，コイルは同じ方向に回転し続けることができるのです。


すっごい！

モーターのしくみがはじめてわかりました。ファラデーは天才ですね。

光の正体は電気と磁気だった！

先生，電気と磁気は，密接に関わり合っていることが，あらためてよくわかりました。


そうでしょう。電気は磁気を，磁気は電気を生じさせますし，電気と磁気は **“双子のきょうだい”** のような存在で，たがいに影響し合っているといえます。そして現在では，電気と磁気は，**電磁気学**という理論で統一的に理解されているんです。

この理論をつくり上げたのは，19世紀のイギリスの物理学者，**ジェームズ・マクスウェル**（1831～1879）です。

マクスウェルは，当時別物と思われていた電気と磁気をまとめることに成功したんです。

4時間目にお話しした電磁波の存在も，電磁気学の理論から，マクスウェルが明らかにしたものなんです。

電磁波って結局どういうものなのでしょうか？

たとえば，向きが変化しながら電流が流れると，周囲には変化する磁場が生じます。するとその磁場に巻きつくように，変化する電場が生じます。

電場が発生すると磁場が発生して，磁場が変化すると電場が発生する……。

そうです。それが延々と続くのです。**電場と磁場は連鎖的に生じ，その連鎖は波のように進みます。この波をマクスウェルは，電磁波と名づけたんです。**マクスウェルはさらに，電磁波が進む速さを，理論的な計算によって求めました。すると，その値は**秒速約30万キロメートル**となりました。そしてこの数値は，当時実験で明らかになっていた，光速の値と一致していたのです。このことから，マクスウェルは，**電磁波と光は同じものだと結論づけたんです。**

うわー，大発見ですね！

ジェームズ・マクスウェル
（1831 ～ 1879）

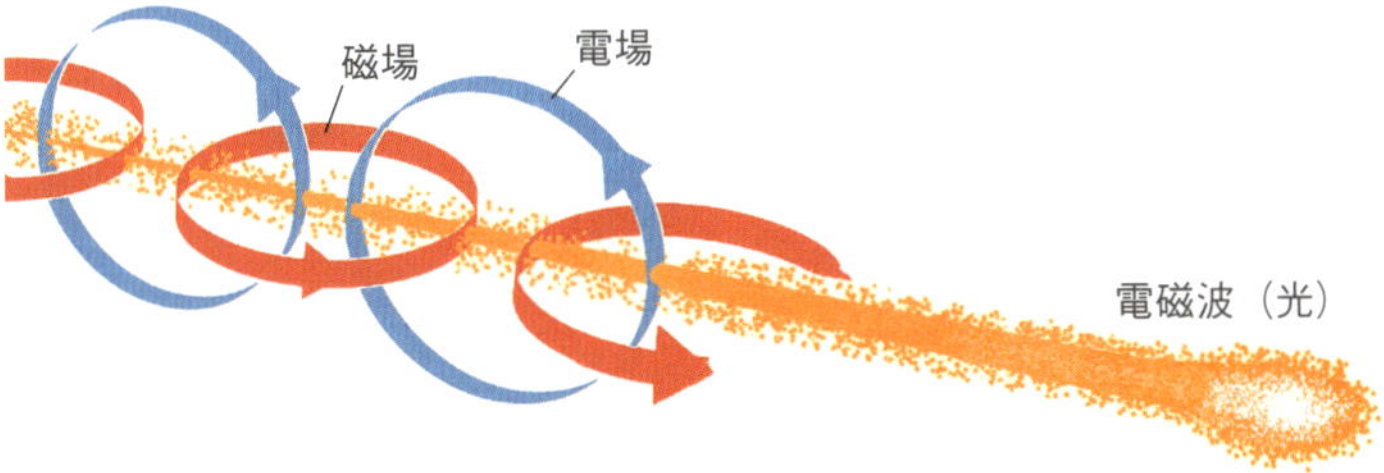

ちなみに，光速が有限であることを最初に指摘したのは，ガリレオ・ガリレイだといわれています。それから2世紀以上の時をへて，光の速さとその正体が，マクスウェルによって明らかにされたんですね。

電気や磁気が連鎖的に発生して「波」になる。それが「光」だなんて……。

不思議でしょう。続く最後の単元では，この世界の根源的な謎を解く鍵になりうる，ミクロな領域のお話をしましょう。

楽しみです！

6時間目

「原子」が秘める
エネルギー

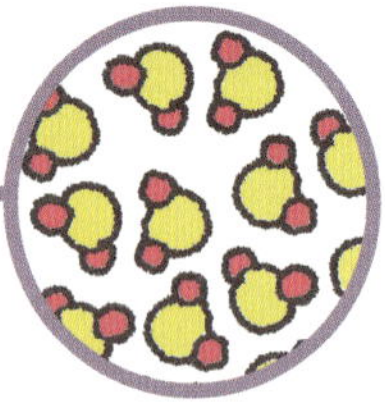

物理学でミクロな世界を解き明かす

あらゆる物質は「原子」でできています。原子の正体を探求していく中で，従来の物理学では説明できない現象があることがわかってきました。

「原子」の大きさは直径1000万分の1ミリメートル！

物理のお話もいよいよ最終章となりました。最後は，すべての物質の最小の単位である**原子**についてお話ししましょう。
20世紀に活躍した物理学者，**リチャード・ファインマン**（1918～1988）は，次のようにのべています。
「もしも今，大異変がおき，科学的な知識がすべてなくなってしまい，たった一つの文章しか次の時代の生物に伝えられないとしたら，それは“すべての物はアトム（原子）からできている”ということだろう」と……。

すべての物質は原子というミクロの粒子が集まってできている……。頭ではわかっていても，どうしても実感できないんですよね……。

そうですよね。

まずは，原子の大きさについて，あらためてみていきましょうか。

平均的な原子の大きさは**1000万分の1ミリメートル**です。ゼロを並べてあらわすと，**0.0000001ミリメートル**となります。

たとえば，ゴルフボールがあるとします。これを地球の大きさまで拡大したとき，元のゴルフボールの大きさが，原子の大きさに相当します。

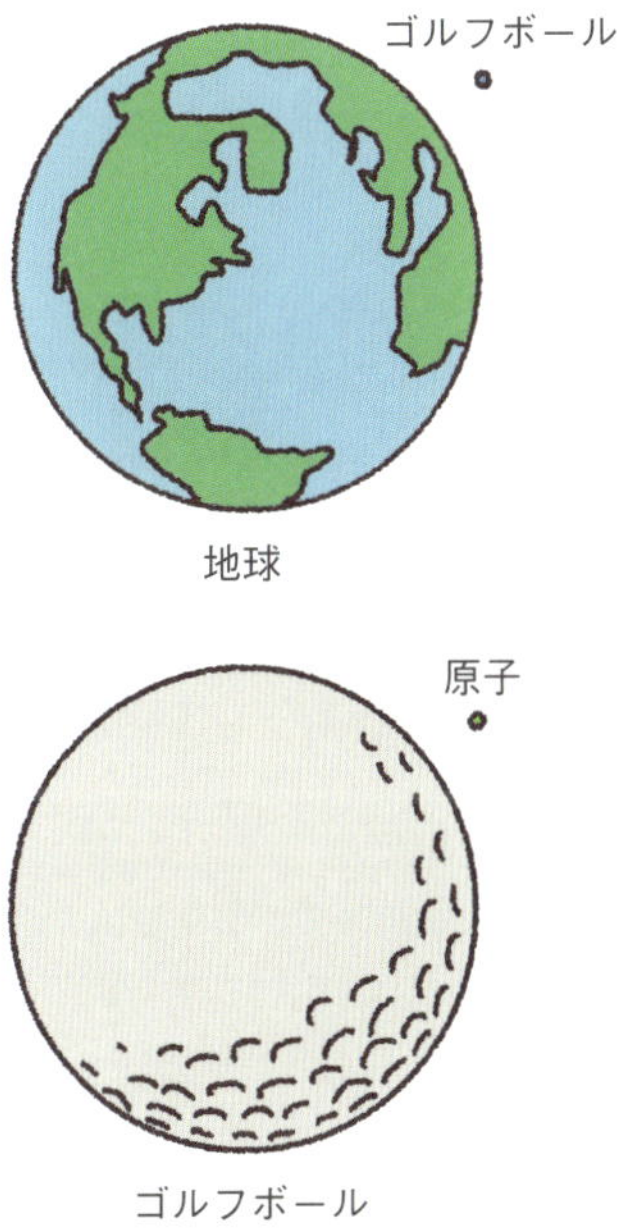

うわ〜！
小さい！

原子が二つ以上結合すると分子になり，化学的な性質をもちます。**「分子」とは，原子が二つ以上結合したもので，その物質の化学的な性質をあらわす最小の単位です。**

たとえば水は，水素原子2個，酸素原子1個が集まって水分子ができ，その水分子がたくさん集まったものです。

小さじ1杯の水に含まれる水分子の数は，なんと1.7×10^{23}個程度にもなります。

これは17億個の10億倍の，さらに10万倍という数です。

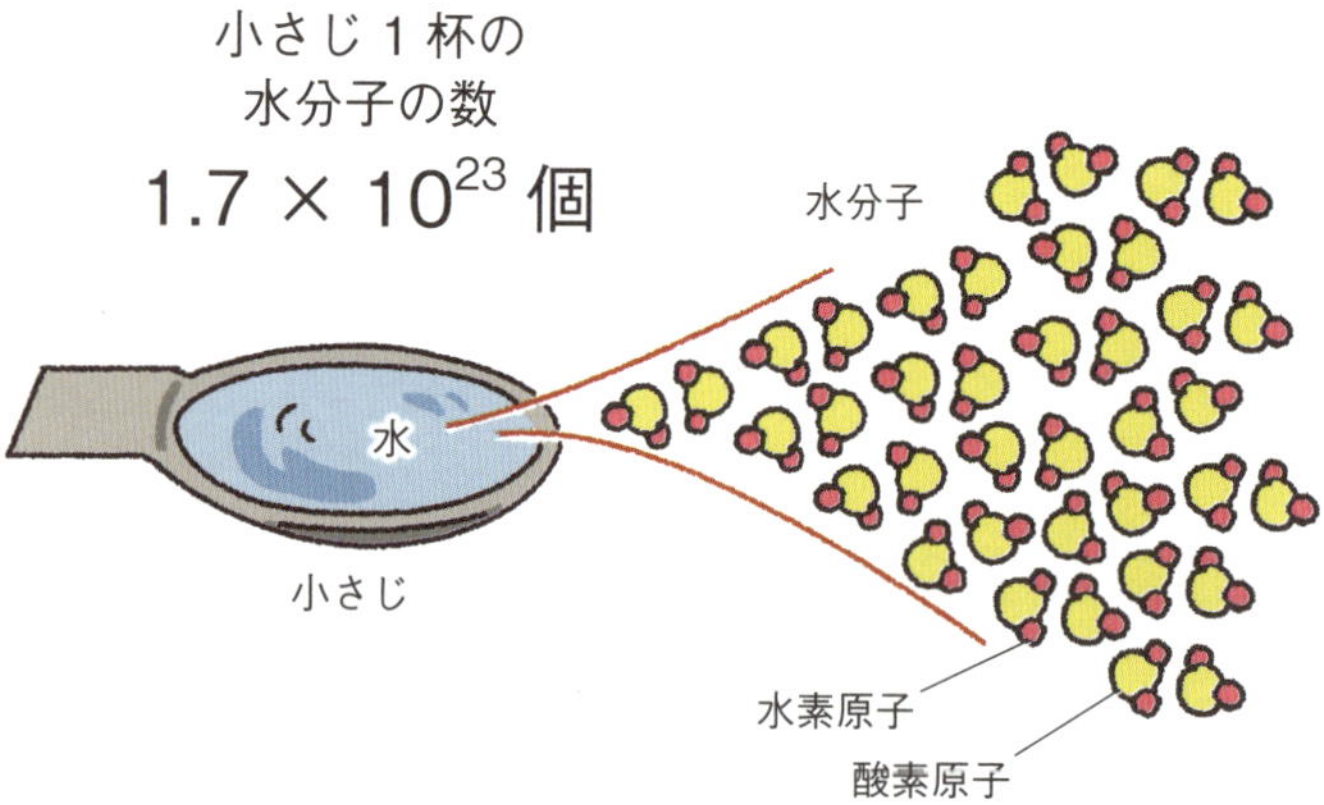

うっひゃー！

「原子」の構造が明らかになったのは20世紀!

さて，原子をさらに見ていきましょう。
「あらゆる物は原子でできている」という考え方は，19世紀末には科学者の間に浸透していたといいます。当時は原子はそれ以上分割のできない最小の粒子だと考えられていました。
しかし，1897年，イギリスの物理学者，**ジョセフ・ジョン・トムソン**（1856～1940）が，原子の“部品”である電子を発見し，さらに電子はマイナスの電荷を帯びていることもわかりました。原子は最小の粒子ではなかったのです。

ジョセフ・ジョン・トムソン
（1856～1940）

電子は，電流のときに出てきましたね。

そうですね。さて，トムソンによる電子の発見以来，原子の構造について，多くの憶測が飛びかいました。

原子は当時，「電気的に中性」だと考えられていました。ところが，電子はマイナスの電荷を帯びていたわけですから，それを打ち消すプラスの電荷がどこかにあるはずだと考えられたわけです。

その答を出したのは，イギリスの物理学者**アーネスト・ラザフォード**（1871 ～ 1937）です。

アーネスト・ラザフォード
（1871 ～ 1937）

ラザフォードは，アルファ線という粒子を原子に向かって飛ばす実験をおこなっていました。

アルファ線とは，電子より約8000倍重い，プラスの電荷を帯びた粒子です。すると，ごくまれに，この重いアルファ線が，進路を曲げられたり，はね返されたりすることがわかりました。

1911年，ラザフォードはこの実験結果から，「原子の中央のせまい領域にプラスの電荷が集中していれば，強い電気力が生じるため，アルファ粒子ははね返される」と考えました。

そして，この原子の中央にあるプラスの電荷のかたまりが，**原子核**だったんです。

電子は原子核のまわりをまわっているんでしたね。原子核はこうして発見されたんですねえ。

その通りです。その結果，原子は原子核と電子で構成されていることがわかり，その後さらに，原子核は，正の電荷を帯びた**陽子**と，電気的に中性な**中性子**という2種類の粒子でできていることが明らかになりました。
こうして，20世紀のはじめに，**原子の中心にプラスの電気をもった「原子核」があり，その周囲をマイナスの電気をもった「電子」がまわっている**という“原子の姿”が明らかになったのです。

原子

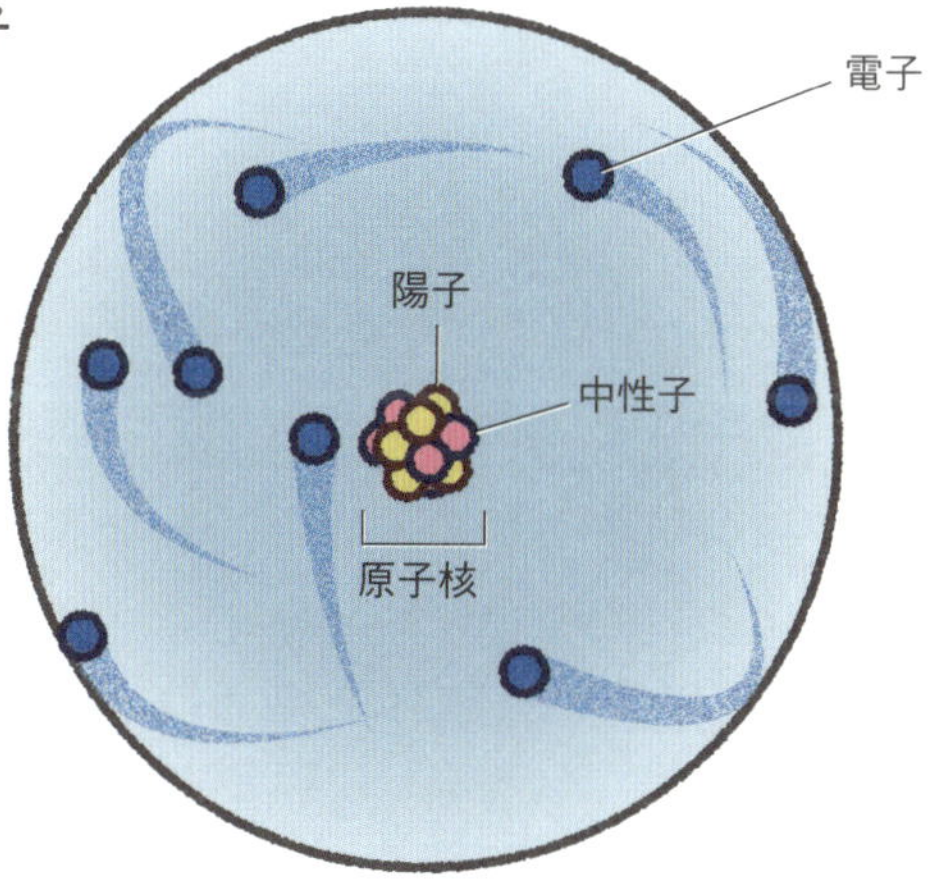

目に見えない，ミクロの物質の構造をあばていくなんて……。物理学者ってすごいですね。

ところが，当時，この原子の姿には問題があると考えられたんです。

ええー！　まだ何かあるんですか？

当時問題とされたのは，次のようなことです。電子は円運動をすると，光を放出してエネルギーを失う性質をもっています。ということは，「原子核の周囲をまわる電子は次第にエネルギーを失って原子核に落ちてしまい，原子はその姿を保てないはずだ！」と考えられたのです。

うーむ。そこまで考えますか……。

この問題に対する一つのヒントをあたえたのが，デンマークの物理学者**ニールス・ボーア**（1885～1962）です。
1913年，ボーアは，**「原子核をまわる電子は特別な軌道にしか存在できず，その特別な軌道に存在する電子は，光を放出しない」**と考えたんです。
そして，この電子の状態を**定常状態**とよびました。

ニールス・ボーア
（1885 ～ 1962）

電子は，原子核を覆う電子殻という軌道から出られないというお話でしたね。

その通りです。よく覚えていましたね！
その後，フランスの物理学者ルイ・ド・ブロイ（1892 ～ 1987）は，**「微小な粒子である電子は，実は波の性質ももっているのではないか」**と考えました。
次のページのイラストを見てください。電子が波の性質をもつとすると，電子の軌道の長さが「電子の波の波長の整数倍」であれば，電子の波が軌道にきれいにおさまります。一方，「軌道の長さが波長の整数倍にならない」場合の軌道には，電子は存在できないことになります。
つまり，軌道の長さが，電子の波にとって“ちょうどよい長さ”のときが，電子の定常状態であると考えられたんですね。

うーむ。

ルイ・ド・ブロイの考えた水素原子の電子の軌道

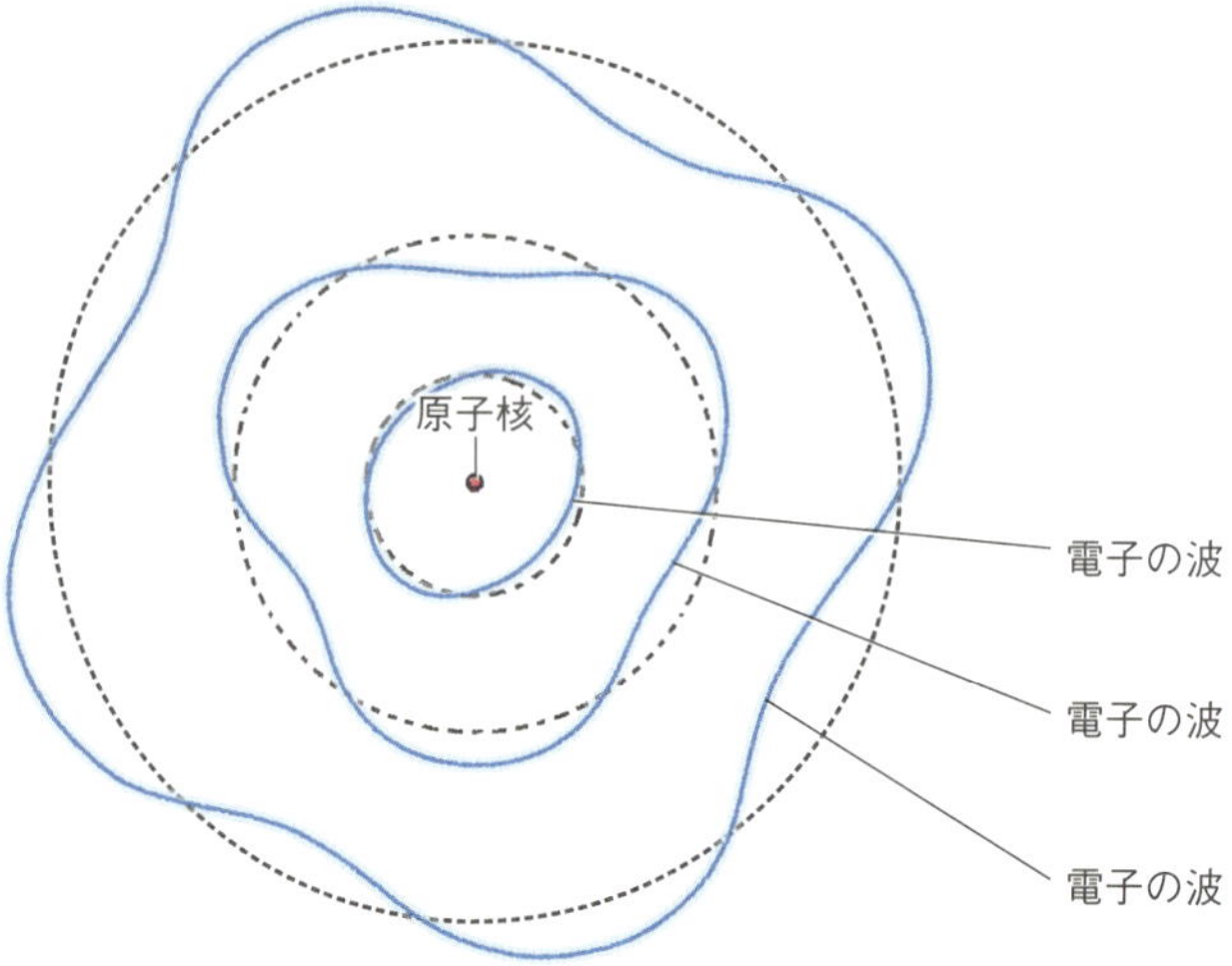

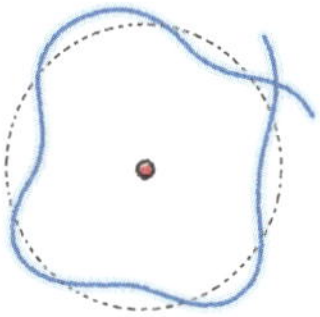

左のように，軌道の長さが波長の整数倍にならない場合，そのような軌道には，電子は存在できない。

注：実際には電子の軌道は３次元に広がっており，このイラスト通りではない。

◀ 少し専門的なお話ですから，ともかく，原子の姿はこのように，さまざまな議論を重ねて，少しずつ解明されていったということがわかれば結構です。

◀ それにしても，原子の姿がわかってきたのは，20世紀に入ってからということは，結構最近なんですね。

じゃあ，この，ニールス・ボーアやルイ・ド・ブロイが考えた，電子が波の性質ももっているというのが，完全に明らかになった原子の姿というわけなんですね。

ところがそうではないんです。

まだあるんですか！？

そうなんです。

ボーアらが考案したこの原子の姿では，原子のすべての性質を説明することはできないんです。

より厳密な原子の姿は，のちに完成する**量子力学**によって明らかになりました。

量子力学によって，さまざまな現象のしくみから，宇宙の謎にせまる現象までをも説明できるようになっていったのです。

これについては，最後にお話ししますね。

原子の存在が，太陽の輝きのしくみを解き明かした

さて，原子の姿の解明が進むにつれ，さまざまな現象のしくみも説明できるようになっていきました。
たとえば，太陽が輝き続けるメカニズムは，20世紀に原子の構造についての知見が得られてはじめて明らかになったんです。

たしかに，太陽はなぜずっと輝き続けていられるんでしょう？

太陽は，おもに**水素**と**ヘリウム**からできています。その中心は約**1500万℃**，**2300億気圧**という超高温・超高圧の世界です。
そのような場所では，水素の原子核と電子はばらばらになって飛びかっているのです。

原子は，通常の構造を保てないわけですね。

そうです。
その中で，4個の水素の原子核がはげしく衝突・融合することで，ヘリウムの原子核が生まれているのです。
このように原子核どうしがくっつくと，別の原子の原子核になるんです。
この現象を，**核融合反応**といいます。

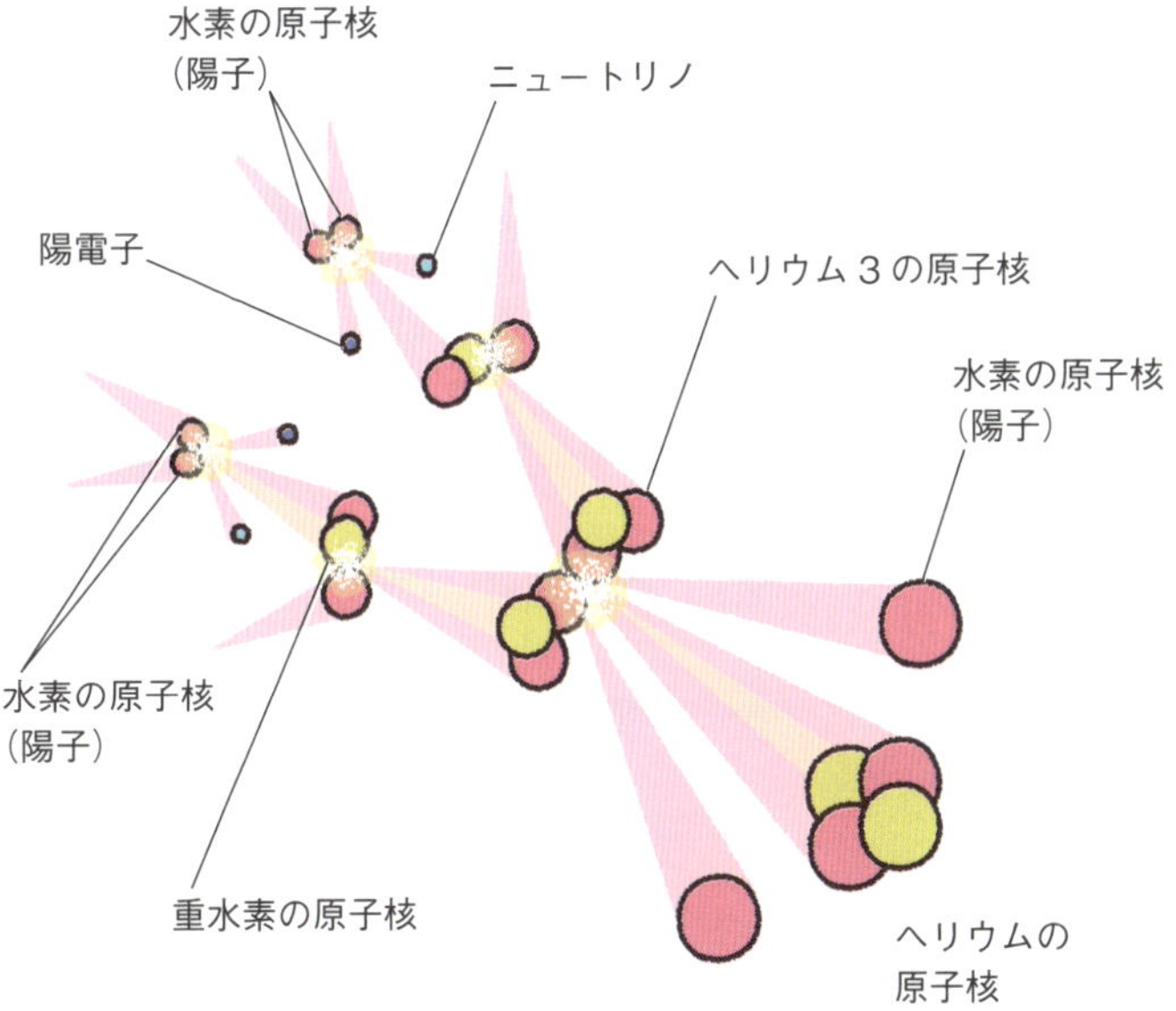

4個の水素原子核（陽子）から，ヘリウムの原子核がつくられる。この反応は，大きく３段階に分けられる。正味で水素原子核４個からヘリウム原子核１個ができる。

核融合反応では，膨大なエネルギーが放出されます。**太陽は，この核融合のエネルギーによって表面が約6000℃に保たれ，明るく輝いていたのです。**

核融合反応って言葉だけは聞いたことありますが，どのような原理でそんな莫大なエネルギーが生まれるんでしょうか。

核融合反応でエネルギーが生まれる原理は，1905年にドイツの天才物理学者，**アルバート・アインシュタイン**（1879～1955）が示した**$E=mc^2$**という数式で説明することができます。
Eはエネルギー，mは質量，cは光速（秒速約30万キロメートル）をあらわします。
この数式は，質量（m）とエネルギー（E）が本質的に同じもので，両者は移りかわることができ，さらに，移りかわったエネルギーは，質量に光速を2回掛け算したものと等しくなることを示しているのです。

アルバート・アインシュタイン
（1879～1955）

● ポイント

$$E=mc^2$$

E：物体のエネルギー
m：質量
c：光速
mc^2：質量に光速の二乗をかけ算した答

質量とエネルギーは同じもの！

光速を2回掛け算すると，とんでもない数値になりませんか……？

そうです。たとえば，太陽における核融合反応をみてみましょう。核融合反応前の4個の水素原子核の質量の合計と，反応後のヘリウム原子核および反応の途中で生じる粒子の質量の合計を比較すると，反応後のほうが0.7％ほど軽くなっているんですね。これを**質量欠損**といいます。
その欠損した質量に相当するエネルギーが，核融合反応で放出されたというわけなんです。

そんなわずかな質量が，光速の2乗分のエネルギーに移りかわっているわけですか！？

そういうことです。その結果，太陽は中心の核融合反応によって，約100億年輝き続けることがわかったのです。
類似した現象で，大きな原子核が分裂する**核分裂反応**というものもあります。核分裂反応も膨大なエネルギーが生じる反応で，これは**原子力発電**に利用されています。
たとえば，**ウラン235**という原子の原子核に中性子がぶつかると，ウラン235の原子核は**ヨウ素139**と**イットリウム95**といった，ほかの原子の原子核へと分裂します。その際に膨大なエネルギーが生じます。

ウラン235の核分裂反応前後で質量の合計をくらべると，反応後のほうが0.08％ほど軽くなっています。この失われた質量の分のエネルギーが生みだされているわけですね。
原子力発電では，このウラン235の核分裂反応によるエネルギーでタービンをまわし，発電をおこなっているのです。

ウラン235の核分裂反応

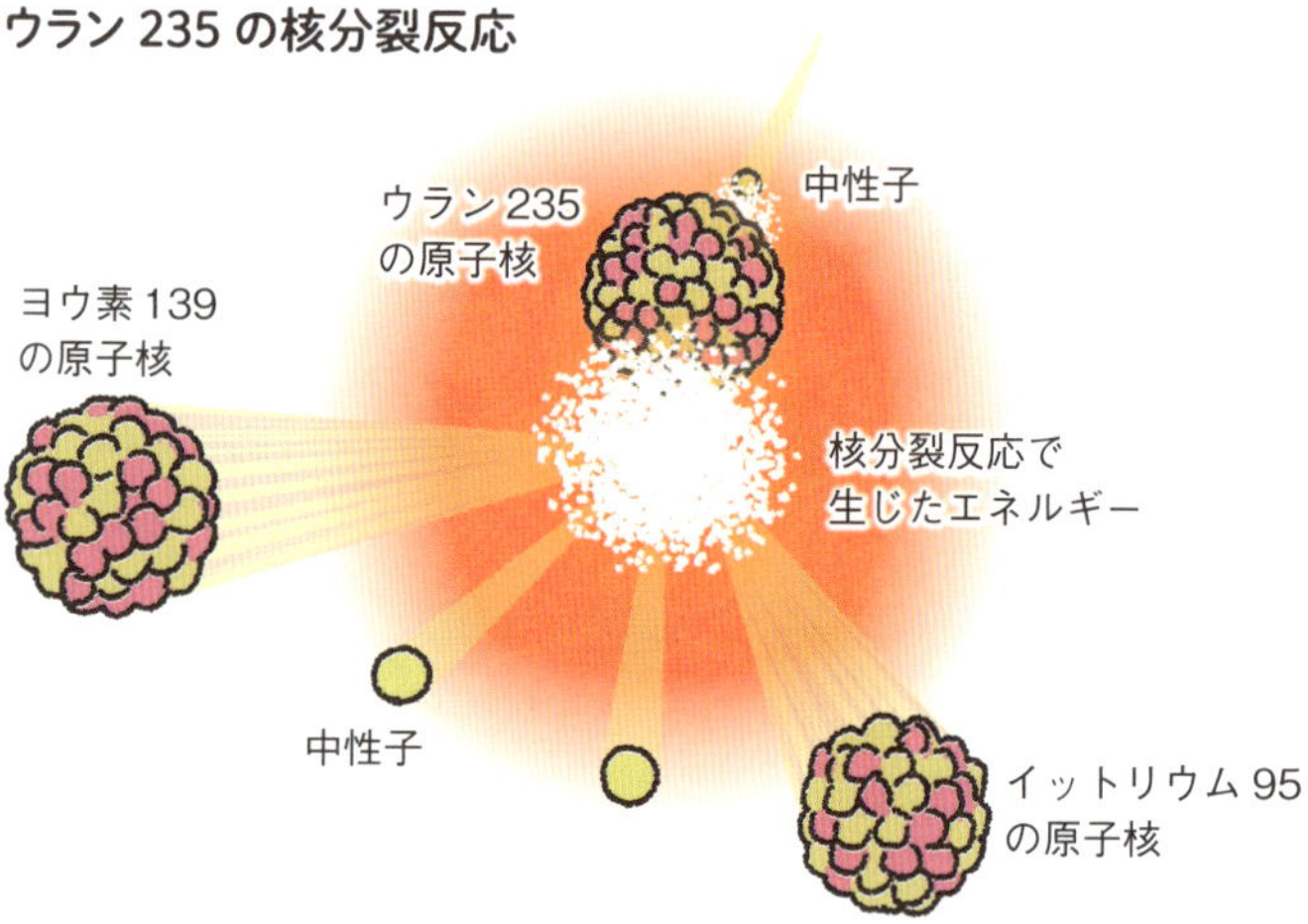

核融合反応や核分裂反応で放出されるエネルギーは，一体どれぐらいになるんでしょう？

たった1グラムの質量の物質をすべてエネルギーに変換できるとしたら，$0.001 \times 3 \times 10^{8} \times 3 \times 10^{8} = 9 \times 10^{13}$（90兆）ジュール（J）と計算できます。

ジュールとはエネルギーの大きさ(熱量)をあらわす単位です。これを電力に置きかえると，私たち日本人の，4人家族の平均的な月平均の消費電力をおおまかに14億5000万Jとすると，たった1グラムから，およそ70000万世帯の1か月分のエネルギーが得られることになります。

うわあ～！　すごいですね。
原子というとてつもなく小さいものから，とてつもないエネルギーが生まれているんですね……。

現代物理学のかなめ，量子力学と相対性理論

さて，ニュートン力学からはじまった物理学のお話も，いよいよ最後となります。
最後のテーマは，先ほど少し触れた**量子力学**と**相対性理論**です。
量子力学と相対性理論は，現代物理学のかなめです。ただ，どちらもちゃんと説明するととても長くなってしまうので，概要だけをお話ししますね。

うわ～。名前だけしか聞いたことないです。

ではまず，量子力学からはじめましょう。

1時間目に登場した「ニュートン力学」は物体の運動について解き明かすものでしたね。

一方，量子力学は，電子などのミクロな物質をあつかう物理理論です。

物質を原子レベルにまで拡大してみると，ニュートン力学では説明できない，不思議なふるまいをしているのです。


一体どんなふるまいをしているんでしょう。


先ほど，「電子は波と粒子の両方の性質をあわせもっている」とお話ししました。

実はこれは電子だけの話ではなく，ほかのすべてのミクロな粒子にも当てはまるのです。

つまり，**原子，原子核，陽子，中性子，その他の素粒子などもすべて，波と粒子の両方の性質をもっているんです。**


「粒子だけど波でもある」ということですか……。どう考えればよいのでしょうか。


量子力学では，たとえば電子は，「観測していないときは，波の性質を保ちながら空間に広がって存在している」と考えます。

また，「一点を観測してそこに電子があった場合，私たちには電子が粒子のように見える」ということなんです。

つまりいい方を変えると，**電子は“見ていないとき”は波としてふるまい，“見る”と粒子としての姿をあらわすんです。**

やっぱりよくわかりません……。

もう少し踏み込んで説明しましょう。
電子を観測すると，粒子としての電子は，観測前に波として広がっていた範囲内のどこかに出現します。
しかし，どこに出現するかは，確率的にしかわかりません。この範囲に出現する確率は30%，あの範囲に出現する確率は2%といったぐあいに。そして，電子の波の振幅が大きい場所ほど，この電子の存在確率が高くなるんです。
このような考え方を**コペンハーゲン解釈**といいます。

はじめて聞きました……。粒なのに波，っていう，ニュートン力学では説明のつかない解釈で考えなくちゃいけないんですね。

その通りです。専門的なお話ですから，こういう考え方があることを知るだけで十分です。
ともかく，電子のふるまいを知るためには，粒子の波の変化を知る必要があるわけです。

◀ 波の形がわかれば，電子がどこに出現する確率が高いかわかるわけですね。

◀ その通りです。そして，粒子の波がどのような形をとるのか，時間とともにどのように変化するのかを導くための方程式があります。
この方程式を**シュレディンガー方程式**といいます。この方程式は，ドイツの物理学者**エルヴィン・シュレディンガー**（1887 ～ 1961）によって導きだされました。
この方程式を数学的に解くことで，原子内の電子の軌道を求めることができるのです。
こうした，ミクロな粒子のふるまいを記述する理論を量子力学あるいは量子論というんですね。その基本となる方程式が，シュレディンガー方程式なのです。

● **ポイント**

シュレディンガー方程式

$$i\hbar\frac{\partial\psi}{\partial t}=\left\{-\frac{\hbar^2}{2m}\frac{\partial^2}{\partial x^2}+U(x)\right\}\psi$$

エルヴィン・シュレディンガー
（1887 ～ 1961）

ですから，量子力学の世界では，電子は原子核のまわりをまわってはおらず，**たとえ1個の電子でも，原子核のまわりをぼんやりと広がって存在している**と考えられるのです。

量子力学以前の水素原子のイメージ

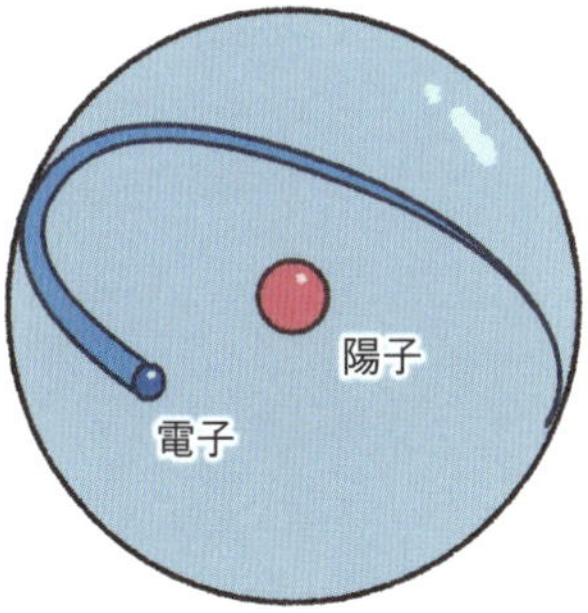

量子力学による水素原子のイメージ

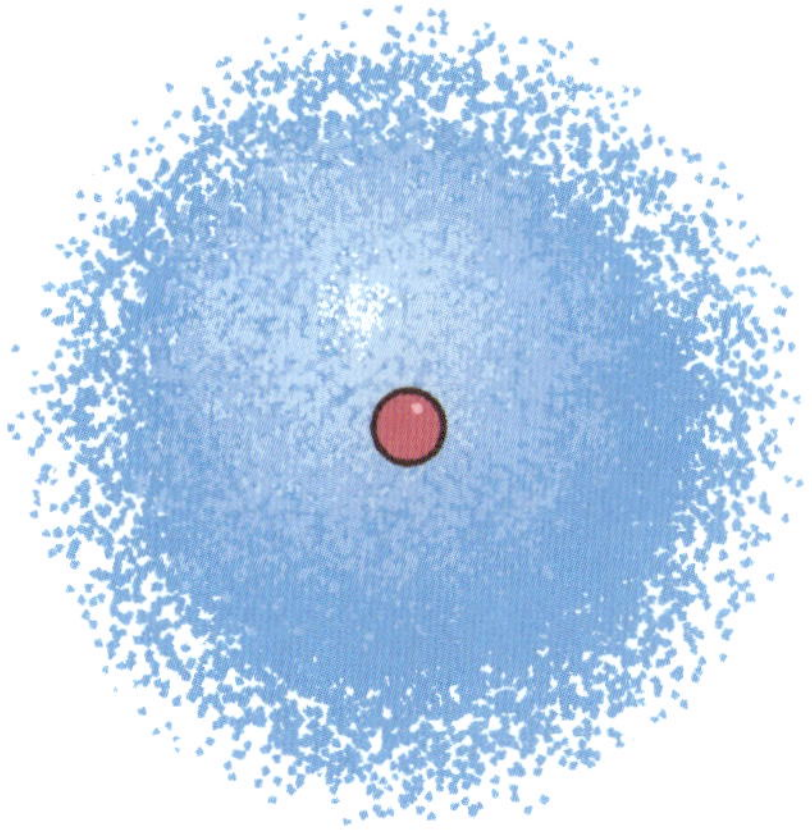

ぼんやりと広がって存在する電子

本当だ，量子力学で考えると，原子の姿は，ボーアたちが考えたものとはまたちがうものになるんですね。

その通りです。量子力学は，私たちが生きている現実の世界の常識とはあまりにもちがいすぎるので，数式を使わずにこの考え方を納得するのは，なかなかむずかしいのです。

むずかしいですが，面白いですね。

さて，量子力学とならんで現代物理学を支える理論が，アインシュタインによる**相対性理論**です。相対性理論は，時間と空間，そして重力に関する理論で，アインシュタインが1905年に発表した**特殊相対性理論**と，その約10年後に発表した**一般相対性理論**を総称して，相対性理論といいます。

名前だけは知っています。

そうですよね。まず，特殊相対性理論は，**光速度不変の原理**という考え方を理論の土台にしています。

これは，**「光を観測する人がどんな速さで動いていようと，光源がどんな速さで動いていようと，光の速度はつねに秒速30万キロメートルで一定である」**という考え方です。
そしてこの考え方は，私たちが日常で感じる速度の常識をくつがえす考え方でもあるんです。

● ポイント

光速度不変の原理
光の速度は，たがいに等速度運動をするすべての観測者から見て，観測者の速度によらずつねに一定である。

常識をくつがえす!?　どういうことですか？

たとえば，時速50キロメートルで走る電車の中から，進行方向に向かって時速100キロメートルでボールを投げれば，電車の外から見たボールの速度は，50キロ＋100キロで時速150キロメートルになりますよね。

はい。1時間目にやりました。

ところが，光については，このような速度の足し算は成り立ちません。つまり，**どんな観測者から見ても，光の速度は常に秒速30万キロメートルなんです。**

えっ！

この光速度不変の原理を土台に構築された特殊相対性理論は，ニュートン力学の“常識”が必ずしも正しいわけではないことを明らかにした理論だといえます。
たとえば，静止しているあなたの前を，宇宙船がものすごい速度で横切ったとします。
このとき，宇宙船の中で1秒経過する時間間隔は，外から見ているあなたにとっては1秒よりずっと長くなるんです。
つまり，**特殊相対性理論によると，1秒や1メートルの長さは誰から見ても同じではなく，観測する人によって変化するのです。**

うーん。時間や長さは，固定されたものではなくて，見る人の立場によって，伸びたり縮んだりするということですか。

まさにその通りです。

一方，一般相対性理論は，重力に関する理論です。**一般相対性理論では，質量をもつ物体は周囲の時空をゆがめ，その結果，重力が生じると考えます。**

ニュートン力学では，人が落下するときは地球の重力で引っ張られて，人もまた引っ張られるぶんだけ地球を引っ張っている，ってお話でした。
一般相対性理論は，重力そのものの正体を明らかにしちゃったというわけですか!?

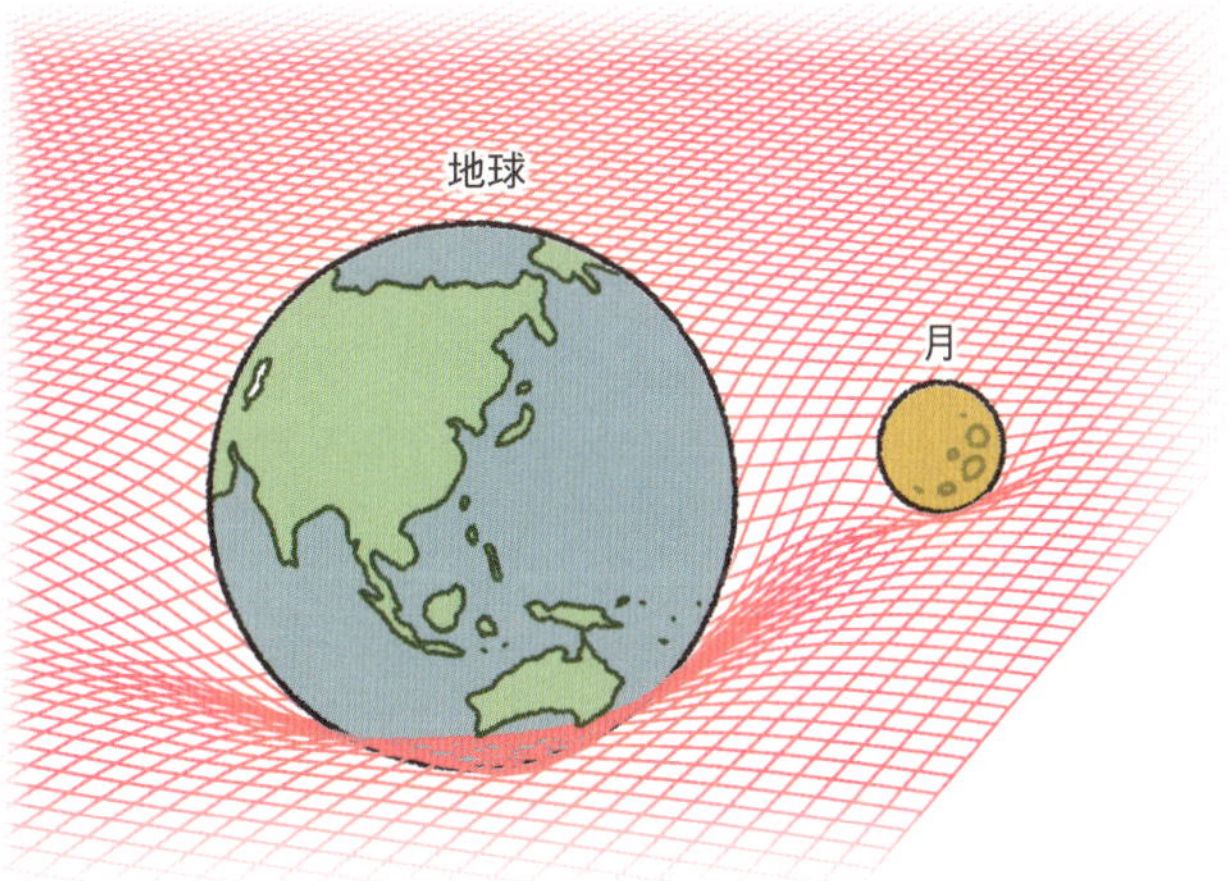

そうなんです。現在，相対性理論は，宇宙の成り立ちの謎にせまる宇宙論においては，なくてはならないものになっています。

すごいなあ……。

ボールを投げる話から，こんな壮大な話になるなんて。何だかすごく長い冒険の旅をしたみたいな気分です。


自然界のあらゆる現象のしくみを解き明かす物理学は，私たちが存在するこの宇宙のはじまりを解き明かすことにつながります。

そんな物理学は，いまだ道の途中です。物理学者たちは今なお，自然界にひそむ“ルール”を探求し続けているんですよ。

現代物理学を支える「量子力学」と「相対性理論」の説明は非常に駆け足でしたが，本書をきっかけに，物理学に興味をもってもらえたら幸いです。


物理学って面白いですね。ふだんあんまり深く考えてなかった自然現象が気になってきました！

先生，どうもありがとうございました！

Staff

Editorial Management	中村真哉
Editorial Staff	井上達彦，宮川万穂
Cover Design	田久保純子
Design Format	村岡志津加（Studio Zucca）

Illustration

イラスト着彩	松井久美
表紙カバー	松井久美，羽田野乃花
生徒と先生	松井久美
1～23	松井久美
27	羽田野乃花，
29	松井久美
30-31	羽田野乃花
33	松井久美
36	羽田野乃花
38～45	松井久美
49	羽田野乃花
51～56	松井久美
58～63	羽田野乃花
65～74	松井久美
78	羽田野乃花
82	松井久美
86	羽田野乃花
89	松井久美
91	羽田野乃花
93	松井久美
96～116	羽田野乃花，
118～119	松井久美
121～122	羽田野乃花
124	松井久美
125～130	羽田野乃花
134	松井久美
136	羽田野乃花
137～138	松井久美
141～144	羽田野乃花
145	松井久美
146～152	羽田野乃花
155	羽田野乃花，松井久美
158～160	羽田野乃花
161～162	松井久美
163	羽田野乃花
165	松井久美
166～169	羽田野乃花
170	松井久美
172～182	羽田野乃花

監修（敬称略）：
松尾 泰（東京大学大学院教授）

本書は主に『東京大学の先生伝授 文系のためのめっちゃやさしい 物理』を再編集したものです。

知識ゼロから楽しく学べる!
ニュートン先生の
物理講義

2025年2月10日発行

発行人　松田洋太郎
編集人　中村真哉
発行所　株式会社 ニュートンプレス　〒112-0012 東京都文京区大塚 3-11-6
https://www.newtonpress.co.jp/

ISBN978-4-315-52886-2